제2판

학교폭력예방 및 학생의 이해

장기덕 · 강유정 · 신연희 · 최성열

창지사

머리말

"매일 남몰래 울고 제가 한 짓도 아닌데 억울하게 꾸중을 듣고 매일 맞던 시절을 끝내는 대신 가족들을 볼 수가 없다는 생각에 벌써부터 눈물이 앞을 가리네요. 그리고 제가 없다고 해서 슬퍼하시거나 저처럼 죽지 마세요. 저의 가족들이 슬프다면 저도 분명히 슬플 거예요. 부디 제가 없어도 행복하길 빌게요."

– 우리 가족을 너무나 사랑하는 막내 ○○○ 올림 –

P.S. 부모님께 한 번도 진지하게 사랑한다는 말 못 전했지만 지금 전할게요.

엄마, 아빠 사랑해요!!!!

위의 내용은 2011년 12월 대구에서 중학교 학생이 친구들의 학교폭력을 견디다 못해 자살하기 전에 써 놓은 유서의 마지막 부분이다. 이 유서의 글을 읽는 부모의 심정은 어떠했을까? 이 글을 읽는 교사와 친구들은 어떠했을까? 전 국민이 이 사건을 계기로 보다 더 학교폭력에 대해 생각하고 행동의 실천이 필요하다고 여겼다. 이를 계기로 예비교사들의 학교폭력에 대한 인식을 보다 강화해야 한다고 생각하게 된 것이다. 이에 교직과목을 이수하는 학생들에게 2013학년도 입학자부터 '교직소양 4학점'을 '교직소양 6학점'으로 상향 개정하여 '교직소양 분야'에 '학교폭력의 예방 및 대책(2학점 이상)'을 신설하여 이수하도록 하였다.

이 과목은 예방과 대책뿐만 아니라 인성의 중요성을 강조하게 되면서 '학교폭력 예방 및 학생의 이해'로 학교폭력에 대한 교과목명이 변경되었다. 폭력은 어떠한 경우에도 허락될 수 없는 것이다. 따라서 예비교사들이 학교폭력의 실체와 원인을 심층적으로 이해하고, 실질적 대응 역량을 키울 수 있도록 학교현장과 연계한 교육과정이 운영될 수 있도록 하는 것이 필요하다.

본 저서는 앞에서 언급한 부분들을 고려하면서 집필하였다. 이 책은 예비교사들이 일선 학교에서 학생들이 폭력을 저지르는 행위를 예방할 수 있도록 집필하였으며, 3부 13장으로 구성되었다. 제1부 학교폭력의 기초에서는 1장 학교폭력의 이해, 2장 신체폭력 및 언어폭력, 3장 금품갈취 및 강요, 4장 따돌림, 5장 성폭력, 6장 사이버폭력으로 이루어졌다. 제1부에서는 학교폭력의 이해와 유형에 대해 개관하였다. 제2부는 학교폭력 예방 및 대응으로 7장 학교폭력 예방교육, 8장 학교폭력 대응, 9장 사안조사 및 학교폭력 통합지원, 10장 학교장 자체 해결제 및 관계회복, 11장 조치 결정 및 이행으로 구성되었다. 제2부에서는 실제로 학교폭력 문제가 발생했을 경우에 대한 조치를 중심으로 기술되었다. 제3부는 교사를 위한 학교폭력과 인성교육으로 12장 학교폭력과 인성교육, 13장 교사와 인성교육 이루어졌다. 제3부는 현장에서 필요로 하는 인성교육에 대해 수강하는 학생들이 현장에서 바로 쉽게 접목할 수 있도록 학습지 형식으로 구성하였다.

학교폭력의 문제점은 모두가 아는 사실이고 많은 노력을 함에도 잘 줄지 않고 있다. 이제는 학교가 두려운 곳이 아니라 행복한 곳으로, 학생들이 가고 싶은 곳으로 변화시키는 데 이 책이 조금이나마 도움이 되기를 바란다. 그리고 이 책이 나오기까지 많은 자료를 제공해 주고 격려와 조언을 주신 분들과 창지사 관계자 여러분께 감사를 드립니다.

2024년 8월

저자 일동

차례

01

PART

학교폭력의 기초

1장 학교폭력의 이해

최근 우리나라에서 발생하는 학교폭력의 양상이 더욱 다양해지고 심각해져가는 실정이다. 이 장에서는 학교폭력의 다양한 개념 및 특징, 신체폭력·언어폭력·금품갈취·강요·따돌림·성폭력·사이버폭력 등의 학교폭력 유형들, 그리고 학교폭력 피해의 실태들을 자세히 살펴보기로 한다.

1. 학교폭력의 개념

학교폭력이란 폭력의 일종으로, 폭력이 일어나는 배경이 학교이기 때문에 학교폭력이라고 지칭한다(지영환, 2013). 그러나 학교폭력에 대한 개념은 연구자에 따라 학교폭력의 발생장소, 가해자 및 피해자의 대상, 정의에 대한 시각이 조금씩 상이하므로(임영식, 1998), 학자들 모두가 공통적으로 인정하는 개념은 없다(문용린, 2006).

- "학교폭력"이란 학교 내외에서 학생을 대상으로 발생한 상해, 폭행, 감금, 협박, 약취·유인, 명예훼손·모욕, 공갈, 강요·강제적인 심부름 및 성폭력, 따돌림, 사이버폭력 등에 의하여 신체·정신 또는 재산상의 피해를 수반하는 행위를 말한다(학교폭력예방 및 대책에 관한 법률 제2조 제1항).
- 학교 내·외에서 청소년들이 당하는 폭행, 금품갈취 등 신체적·물리적 폭력과 협박, 따돌림과 같은 정신적 폭력 및 성적인 폭력을 포함한다(청소년폭력예방재단, 1996).

- 학교폭력이란 학교 교내, 주변, 등하굣길, 집 주변, 학원 주변 등 물리적인 장소는 물론이고 교육과 관련된 장소 및 현장에서 부모와 교사를 제외한 모든 사람이 학생에게 행사한 정도가 상당히 심각한 유형·무형의 모든 폭력을 말한다(문용린, 2006).
- 학교폭력이란 폭력의 발생 원인이 학교 내 또는 학생 사이에 있어야 하며, 그 폭력의 발생 장소가 학교 내 혹은 학교 주변 그리고 학교교육의 연장선상에 있는 장소이어야 하고, 피해자는 학생이어야 하며, 그 유형은 피해학생의 의사에 반하는 일련의 행동을 포함한다(박범규, 2009).
- 폭력은 다른 사람에 대해 상해나 피해를 입히기 위해 사용되는 물리력을 뜻하고 이러한 폭력이 학교라는 공간적 개념과 결합된 것이 학교폭력인데, 우리나라에서는 이와 관련된 유사한 용어들로 교내폭력, 학원폭력, 청소년폭력, 또래 괴롭힘, 왕따 등 바라보는 관점에 따라 다양하게 사용되고 있다(김언지, 2005).

학교폭력에 대한 기존의 개념은 관점과 적용범위에 따라서 학원폭력, 학교폭력, 학생폭력, 또래폭력 등의 용어로 혼용되어 왔다. 이후 2005년에 「학교폭력예방 및 대책에 관한 법률」이 제정되면서 '학교폭력'이 정의되어 현재까지 사용되고 있다(신재흡, 2017). 「학교폭력예방 및 대책에 관한 법률」에 의하면 학교폭력에 대한 법률적 '개념' 규정은 지금까지 다섯 차례(개정 2009. 5. 8., 2012. 1. 26., 2012. 3. 21., 2021. 3. 23., 2023. 10. 24.)에 걸쳐 변화되어 왔는데, 2008년 3월 법률 제8887호 개정을 통해 이전의 '학교내·외에서 학생 간에 발생한 폭행, 협박, 따돌림 등에 의하여 신체·정신 또는 재산상의 피해를 수반하는 행위로서 대통령령이 정하는 행위(상해, 폭행, 감금, 협박, 약취, 유인, 추행, 명예훼손·모욕, 공갈, 재물손괴 및 집단 따돌림, 그 밖에 피해자의 의사에 반하는 행위)를 가하거나 하게 한 행위' 라는 규정이 확대되어 성폭력을 포함시키게 되었고, 2012년 1월 법률 제11223호로 개정 시 따돌림의 정의가 신설됨과 더불어 강제적 심부름이 추가되었다. 이후 2012년 3월 법률 제113885호로 동법이 개정되면서 '학생 간의 행위'에서 '학생을 대상으로 하는 행위'로 개념이 일부 변경되었으며, 사이버 따돌림이 추가되어 지금의 개념이 정착되었다(윤태현, 2017).

학교폭력에 사용되는 폭력행위 등에 대한 개념을 정의하면 다음과 같다(박교선, 2009).

① '가해학생'에는 학교폭력 행위에 가담한 학생도 포함된다.

② '상해'는 신체의 완전성을 해하는 것으로 남의 몸에 상처를 내어 해를 입히는 것이다.

③ '폭행'은 학생 간 발생하는 폭행으로 「형법」상 협의의 개념인 사람의 신체에 대한 유형력의 행사이다(「형법」상 폭행죄에 해당하는 협의의 개념임, 「형법」 제125조).

④ '감금'은 장소 이전의 자유를 침해하는 행위를 말하는 것으로, 신체 그 자체를 구속하지 않더라도 일정한 장소로부터 나오지 못하게 하는 일이 그 성립 요건이다.

⑤ '협박'은 상대방의 반항을 불가능하게 하거나, 곤란하게 될 정도는 아니라도 상대방이 현실로 공포심을 느낄 수 있을 정도의 해악의 고지가 있는 경우이다.

⑥ '약취'란 폭행 또는 협박으로 사람의 현재 상태에서 자기 또는 제삼자의 실력적 지배하에 옮기는 것이다.

⑦ '유인'은 허위의 사실을 가지고 상대방을 착오에 빠뜨리게 하거나 감언이설로 상대방을 현혹시켜 판단을 바르게 할 수 없게 된 사람을 자기 또는 제삼자의 실력적 지배 내에 옮기는 행위이다.

⑧ '명예훼손'은 특정 또는 불특정 다수가 인식할 수 있는 상태에서 진실한 사실이나 허위의 사실을 적시하여 사람의 사회적 평판, 사회적으로 그 사람이 가지는 가치를 떨어뜨리는 행위이다.

⑨ '모욕'은 공연히(불특정 다수가 인식할 수 있는 상태) 사실을 적시하지 아니하고 사람에 대하여 경멸의 의사표시를 하는 행위이다.

⑩ '공갈'은 재물을 교부받거나 재산상의 이득을 취득하기 위하여 폭행 또는

협박으로 공포심을 일으키는 행위이다.

⑪ '성폭력'은 영리의 목적으로 미성년자나 정상적 부녀자를 매개하여 간음하는 것, 음란한 그림이나 동영상 등을 제작하거나 배포·판매·대여하는 일, 공공연한 음란행위, 추행이나 간음을 목적으로 유인하거나 매매하는 경우, 강제로 성매매를 하거나 성매매를 알선하는 행위, 강제추행, 준강간 및 준강제추행, 강간, 특수강간, 미성년자 등에 대한 간음, 업무상 위력 등에 의한 간음 등이다(「성폭력범죄의 처벌 및 피해자보호 등에 관한 법률」 제2조).

⑫ '따돌림'은 학교 내·외에서 2명 이상의 학생들이 특정인이나 특정집단의 학생들을 대상으로 지속적이거나 반복적으로 신체적 또는 심리적 공격을 가하여 상대방이 고통을 느끼도록 하는 일체의 행위이다.(「학교폭력예방 및 대책에 관한 법률」 제2조).

⑬ '사이버폭력'이란 정보통신망(「정보통신망 이용촉진 및 정보보호 등에 관한 법률」 제2조제1항제1호의 정보통신망을 말한다)을 이용하여 학생을 대상으로 발생한 따돌림과 그 밖에 신체·정신 또는 재산상의 피해를 수반하는 행위를 말한다.(「학교폭력예방 및 대책에 관한 법률」제2조).

이상에서 학교폭력에 대한 개념 정의를 살펴본 것처럼, 학교폭력이란 학생과 학생 간, 그리고 학생을 대상으로 일어나는 신체적·언어적 폭력을 의미하며, 학생 간의 폭력 중에서도 처음에는 개인 대 개인 싸움, 학교 대 학교, 또는 학교 내 집단 패싸움 등 신체적인 가해행위를 학교폭력으로 간주했지만, 이후 심리적 위협과 집단의 따돌림을 포함한 다양한 형태의 폭력을 학교폭력으로 정의하고 있다. 비록 타인의 입장에서 볼 때 하찮은 놀림이나 대수롭지 않은 행동일지라도 그것을 당하는 사람이 그로 인해 심리적 또는 행동적 불편함을 느끼면 그것 역시 엄연한 폭력행위가 된다(송재홍 외, 2013).

2. 학교폭력의 특징

2019년 1차 학교폭력 실태조사 결과에 따르면, 학교폭력 피해는 언어폭력, 집단 따돌림, 스토킹, 사이버 괴롭힘, 신체폭행 순으로 나타났다. 언어폭력, 사이버 괴롭힘, 스토킹 등의 폭력은 공격을 당하는 당사자 이외에는 알기가 어렵고 타인의 개입이 어려운 특징을 지닌다. 간접적으로는 사회적 네트워크를 붕괴시키며, 우울이나 불안과 같은 정신적 괴로움으로 심한 경우에 자살에까지 이르게 한다(한영경·김은정, 2011).

학교폭력은 가해자가 타인에게 해를 끼치려는 의도를 가졌다면 어떤 경우, 어떤 행동도 폭력으로 간주한다. 대체적으로 학생 간 발생하는 폭력행위 중 학교폭력으로 규정할 수 있는 행동에는 세 가지 성립요건이 있다. 다음의 세 가지 항목 중 하나 이상의 요건이 성립된다면 그 행동은 학교폭력이라고 볼 수 있다(송재홍 외, 2013).

- 고의성(intentional): 실수가 아닌 고의적으로 해를 입히거나 괴롭히는 말과 행동
- 반복성(repeated): 어쩌다 한번 일어난 행동이 아니고 반복적으로 되풀이되는 행동
- 힘의 불균형(imbalance): 힘이 더 센 학생이 약한 학생을, 상급생이 하급생을, 다수의 학생이 한두 명의 소수의 학생을 괴롭히는 것

최근 우리나라에서 발생하는 학교폭력의 양상은 더욱 다양해지고 심각해져가는 실정이다. 학교폭력의 근절을 위하여 다양한 대책이 세워지고 있으나 그 실효성은 긍정적이지만은 않다(청소년폭력예방재단, 2012). 최근 우리나라에서 발생하는 학교폭력의 주요한 특징들을 구체적으로 살펴보면 다음과 같다.

첫째, 학교폭력의 발생 연령대가 점차 낮아지고 있는 추세이다. 학교폭력 피해학생 중 79.6%가 초등학생 때 최초로 학교폭력 피해를 경험한 것으로 나타났다

(교육부, 2015). 학교폭력의 경험 연령이 낮아지는 이유로는 ① 초등학생의 경우 한 학교에서 함께 생활하는 아동들의 연령차가 크고, ② 어린 아동들은 아직 다른 사람을 괴롭히는 것이 무엇인지 충분히 알 수 있을 만큼 사회화되지 못하였고, ③ 아동들이 집단 따돌림이나 학교폭력과 같은 상황에 대처하는 데 필요한 자기 주장이나 사회적 기술을 습득하지 못하였기 때문이라고 분석할 수 있다(김선애, 2003).

둘째, 초등학생의 학교폭력 발생 비율이 가장 높은 상황이다. 2023년 제1차 학교폭력 실태조사에 의하면 학교 급별로 초 3.9%, 중 1.3%, 고0.4%로 조사되어 초등학생의 피해응답률이 중.고등학생에 비해 높은 추세이다(교육부, 2023).

셋째, 학교폭력이 범죄라는 인식이 결여되어 있다. 우리나라 아동과 청소년들은 학교폭력 가해 이유에 대해 절반이 넘는 학생들이 '장난이나 특별한 이유 없이(34.8%)', '피해학생이 먼저 괴롭혀서(25.6%)', '피해학생과의 오해와 갈등으로(12.1%)' 순으로 나타났다(교육부, 2023). 가해학생들은 폭력을 행사하거나 괴롭혀도 죄의식이나 죄책감을 별로 느끼지 않으므로(청소년폭력예방재단, 2012), 학교교육 차원에서 엄격한 교육 실천이 요구된다.

넷째, 정서적 폭력의 증가이다. 과거의 학교폭력은 주로 신체적 폭력이 중심이었으나 엄벌주의 정책으로 인하여 감소하는 추세이지만, 최근에는 '언어폭력(37.1%)', '신체폭력(17.3%)', '집단따돌림(15.1%)', '강요(7.8%)' 등의 순으로 나타나고 있다(교육부, 2023). 언어적·정신적 폭력의 경우 휴대전화 문자, SNS 등을 통해 손쉽게 반복적으로 이루어지고 있어 심각성이 문제가 된다.

학교폭력은 청소년의 공격성, 낮은 자아존중감, 우울감 등의 정서 요인에 영향을 미치는데, 이러한 부정적 정서 요인들은 삶의 만족도를 비롯해 안녕감과 자아존중감, 자아효능감 등의 긍정적인 심리적 특성들과 부정적인 관련성을 맺는다(조주영, 2014). 대인관계 측면에서는 피해학생들이 사람들과 접촉하지 않으려는 대인관계 기피와 대인공포증을 갖게 되고, 사람들을 무서워하게 되어 정상적인 인간관계를 맺지 못하게 된다(원혜욱·김자용, 2009). 한편 심리·정서적인 문제가 심각한 가해학생들도 그대로 방치될 경우 성인이 되어 문제행동이 심각해지고 결과적으로 사회부적응 및 범죄자로 전환될 가능성이 높아진다(정현주·김하나·최보영, 2012).

이처럼 피해학생뿐만 아니라 가해학생에게도 여러 측면에서 부정적 영향을 미치는 학교폭력의 발생 시 교사의 유의 사항은 다음과 같다(교육과학기술부, 2012).

첫째, 학생들에 대한 생활지도 시 '사소한 괴롭힘', 학생들이 '장난'이라고 가장한 행위도 학교폭력임을 분명하게 가르쳐야 한다. 「학교폭력예방 및 대책에 관한 법률」에서 정의된 학교폭력은 폭행, 상해뿐만 아니라 명예훼손, 모욕 등 법 제2조에서 정한 여러 형태를 포함하는 개념이고, 그중 강제적인 심부름, 따돌림, 사이버 따돌림을 제외한 나머지 모두는 「형법」 또는 특별법상 그 자체가 범죄로 되어 있는 죄명이다.

둘째, 「학교폭력예방 및 대책에 관한 법률」의 학교폭력은 '학생들을 대상으로 하는 폭력'이므로, 가해자가 학생이 아니라도 피해자가 학생인 경우 반드시 「학교폭력예방 및 대책에 관한 법률」에 준거하는 피해학생에 대한 보호조치를 실시하고, 해당 사안을 경찰 등 수사기관에 반드시 신고하여 가해자가 「형법」상의 폭력에 관한 법적 절차를 받도록 한다.

교사는 학교폭력이 발생하지 않도록 예방하는 것이 우선시 되어야 한다. 만일, 학교폭력 사안이 발생하여 「학교폭력예방 및 대책에 관한 법률」의 적용을 따르게 될 때는 학교폭력 행위에 대한 가해학생의 처벌만이 목적이 아니다. 폭력에 따른 피해학생에게는 피해 회복 차원에서 접근하고, 가해학생에게는 반성의 기회를 주어 서로 간에 또래관계의 회복을 위한 교육적 목적을 우선으로 해야 한다. 학교폭력의 희생자를 생각하면 강력한 처벌이 학교폭력을 근절시킬 수 있다고 생각할지도 모르지만, 성장기에 있는 학생들에게 같이 생활하고 어울리는 또래관계 회복을 통해 서로의 입장에서 상대방을 이해하는 교육적 차원에서 접근해야 한다(신재흡, 2017).

3. 학교폭력의 유형

학교폭력은 신체폭력, 언어폭력, 금품갈취, 강요, 따돌림, 성폭력, 사이버폭력 등의 유형으로 발생하고 있다. 법률에서 정하고 있는 학교폭력 정의를 기준으로 각 유형의 의미를 설명하면 다음과 같다.

1) 신체폭력

신체폭력은 상대에게 해를 끼치기 위해 사용하는 물리적 힘으로, 신체에 직접적으로 해를 끼치는 행동을 비롯하여 공포심을 주는 심리적 위협행위도 포함된다. 주먹으로 때리거나 발로 차는 행위, 찌르고 목 조르는 행위, 꼬집기 등 자신의 신체 일부를 사용하는 폭력이 있고, 칼이나 몽둥이, 의자 등 물리적 도구를 이용하여 상대방에게 위해를 가하는 폭력 등이 여기에 해당된다. 신체폭력의 형태에는 상해, 폭행, 감금, 약취, 유인 등이 있다.

2) 언어폭력

언어폭력은 신체에 직접적인 폭력을 행사하는 것이 아니라 정서나 감정 등 정신적으로 부정적인 반응을 불러일으키는 폭력의 유형이다. 이것은 여러 사람 앞에서 상대방의 명예를 훼손하는 구체적인 말을 하거나 그런 내용의 글을 인터넷, SNS 등으로 퍼뜨리는 행위로서 언어폭력의 형태에는 명예훼손, 모욕, 협박 등이 있다.

3) 금품갈취 및 강요

금품갈취란 법적으로 '사람을 공갈하여 재물의 교부를 받거나 재산상의 불법한 이익을 취득하거나 타인으로 하여금 이를 얻게 함으로써 성립하는 범죄'로 규정하고 있다. 구체적으로 학교 내·외에서 갚을 생각이 없으면서 돈을 빌리는 행위,

상대방의 옷, 신발, 교통카드, 핸드폰 등을 빼앗는 경우가 여기에 해당한다. 강요는 폭행 또는 협박으로 상대방의 권리행사를 방해하거나 의무 없는 일을 하게 하는 행위이다. 여기에는 일반적인 강요에 의한 소위 돈을 주지 않고 빵을 사오라는 '빵 셔틀', '와이파이 셔틀' 등 강요에 따른 금품갈취의 유형이 증가하고 있다(김다현·임성숙·정석환, 2013).

4) 따돌림

따돌림이란 학교 내·외에서 2명 이상의 학생들이 특정인이나 특정집단의 학생들을 지속적이거나 반복적으로 신체적 또는 심리적 공격을 가하여 상대방이 고통을 느끼도록 하는 일체의 행위를 말한다(「학교폭력예방 및 대책에 관한 법률」 제2조 1의2). 싫어하는 말로 바보 취급 등 놀리기, 빈정거림, 면박 주기, 겁주는 행동, 골탕 먹이기, 비웃기, 다른 학생들과 어울리지 못하도록 막기 등이 따돌림 유형에 속한다.

5) 성폭력

성폭력이란 상대방의 동의 없이 폭행과 협박을 하면서 강제적인 성행위를 하거나 신체적인 접촉 등을 하는 것, 성적인 말과 행동으로 상대방이 성적 굴욕감과 수치감을 느끼도록 하는 행위를 말한다. 상대방의 의사에 반하여 가하는 성적 행위, 신체적·언어적·정서적 폭력을 포괄하는 광범위한 행위를 의미한다(황혜경 외, 2020). 강간, 성추행, 성희롱, 음란전화, 성기 노출, 강요된 키스 등이 여기에 해당된다.

6) 사이버폭력

사이버폭력이란 특정인에 대한 모욕적인 말이나 욕설 등을 인터넷 게시판, 채팅, 문자카페 등에 올리는 행위, 특정인에 대한 허위내용의 글이나 사생활에 관한 사실을 인터넷이나 SNS 등으로 불특정 다수에 공개하는 행위, 위협·조롱·성적 수치심을 주는 글이나 그림 혹은 동영상 등을 정보통신망을 통하여 유포하는 행위, 공포심이나 불안감을 유발하는 문자나 음향 혹은 영상 등을 휴대전화 등 정보통신망으로 반복적으로 전송하는 행위를 말한다(송재홍 외, 2013). 인터넷이나 휴대전화 등으로 협박·비난·위협하기, 헛소문 퍼뜨리기, 사이버 머니나 아이템 훔치기, 악성 댓글 달기, 원치 않는 사진이나 동영상을 찍거나 유포시키기 등이 사이버폭력에 해당한다.

학교폭력의 유형을 정리하면 다음과 같다.

〈표 1-1〉 학교폭력의 유형

유형	예시상황
신체폭력	• 신체를 손, 발로 때리는 등 고통을 가하는 행위(상해, 폭행) • 일정한 장소에서 쉽게 나오지 못하도록 하는 행위(감금) • 강제(폭행, 협박)로 일정한 장소로 데리고 가는 행위(약취) • 상대방을 속이거나 유혹해서 일정한 장소로 데리고 가는 행위(유인) • 장난을 빙자한 꼬집기, 때리기, 힘껏 밀치기 등 상대 학생이 폭력으로 인식하는 행위
언어폭력	• 여러 사람 앞에서 상대방의 명예를 훼손하는 구체적인 말(성격, 능력, 배경 등)을 하거나 그런 내용의 글을 인터넷, SNS 등으로 퍼뜨리는 행위(명예훼손) ※내용이 진실이라고 하더라도 범죄이고, 허위인 경우에는 「형법」 상 가중 처벌 대상이 됨 • 여러 사람 앞에서 모욕적인 용어(생김새에 대한 놀림, 병신, 바보 등 상대방을 비하하는 내용)를 지속적으로 말하거나 그런 내용의 글을 인터넷, SNS 등으로 퍼뜨리는 행위(모욕) • 신체 등에 해를 끼칠 듯한 언행("죽을래" 등)과 문자메시지 등으로 겁을 주는 행위(협박)
금품갈취(공갈)	• 돌려줄 생각이 없으면서 돈을 요구하는 행위 • 옷, 문구류 등을 빌린다며 되돌려주지 않는 행위 • 일부러 물품을 망가뜨리는 행위
강요	• 속칭 빵 셔틀, 와이파이 셔틀, 과제 대행, 게임 대행, 심부름 강요 등 의사에 반하는 행동을 강요하는 행위(강제적 심부름) • 폭행 또는 협박으로 상대방의 권리행사를 방해하거나 해야 할 의무가 없는 일을 하게 하는 행위(강요) • 돈을 걷어오라고 하는 행위

유형	예시상황
따돌림	• 집단적으로 상대방을 의도적이고 반복적으로 피하는 행위 • 싫어하는 말로 바보 취급 등 놀리기, 빈정거림, 면박주기, 겁주는 행동, 골탕 먹이기, 비웃기 • 다른 학생들과 어울리지 못하도록 막는 행위
성폭력	• 폭행 · 협박을 하여 성행위를 강제하거나 유사 성행위, 성기에 이물질을 삽입하는 등의 행위 • 상대방에게 폭행과 협박을 하면서 성적 모멸감을 느끼도록 신체적 접촉을 하는 행위 • 성적인 말과 행동을 함으로써 상대방이 성적 굴욕감, 수치감을 느끼도록 하는 행위
사이버폭력	• 사이버 언어폭력, 사이버 명예훼손, 사이버 갈취, 사이버 따돌림, 사이버 영상 유포 등 정보통신기기를 이용하여 괴롭히는 행위 • 특정인에 대해 모욕적 언사나 욕설 등을 인터넷 게시판, 채팅, 카페 등에 올리는 행위, 특정인에 대한 저격글이 그 한 형태임 • 특정인에 대한 허위 글이나 개인의 사생활에 관한 사실을 인터넷, SNS 등을 통해 불특정 다수에 공개하는 행위 • 성적 수치심을 주거나, 위협하는 내용, 조롱하는 글, 그림, 동영상 등을 정보통신망을 통해 유포하는 행위 • 공포심이나 불안감을 유발하는 문자, 음향, 영상 등을 휴대폰 등 정보통신망을 통해 반복적으로 보내는 행위

출처: 교육부 · 이화여자대학교 학교폭력예방연구소(2024).

4. 학교폭력의 실태

교육부는 16개 시도교육청(전북교육청 자체 추진)과 2023년 4월 10일부터 5월 10일까지 4주 동안 실시한 2023년 1차 학교폭력 실태조사(전수조사) 결과는 최근 학교폭력의 실태와 현황을 잘 설명하고 있다. 2023년 4월 10일에서 5월 10일까지 전국 초4~고3 재학생 약 384만 명을 대상으로 온라인 조사를 실시하였으며, 조사 참여율은 82.6%로 약 317만 명이 참여하였다. 여기에서는 교육부의 2022년과 2023년 1차 학교폭력 실태조사를 중심으로 학교폭력 실태와 현황을 살펴보고자 한다(교육부, 2022, 2023).

1) 학교폭력 피해 실태

(1) 학교폭력 피해율

학교폭력 관련 경험 및 인식에 대한 조사 결과, 전체 피해응답률은 1.9%로 지난해 1차 조사(2021년 2학기~2022년 4월 응답시점)에 비해 0.2% 증가했다. 학교 급별로 초 3.9%, 중 1.3%, 고 0.4%로 조사되어, 초·중·고등학교는 각각 0.1%, 0.4%. 0.1% 증가한 것으로 나타났다. 초등학생의 피해응답률이 중·고등학교 보다 높게 나타나는 추세에 대한 대책이 필요하다.

〈표 1-2〉 피해응답률(%)

구분	전체		초		중		고	
	2022	2023	2022	2023	2022	2023	2022	2023
비율	1.7	1.9	3.8	3.9	0.9	1.3	0.3	0.4
명수(천명)	53.8	59.0	41.6	41.1	9.6	14.0	2.4	3.7

(2) 학교폭력 피해 유형

학교폭력 피해유형은 언어폭력(37.1%), 신체폭력(17.3%), 집단따돌림(15.1%) 순으로 나타났으며, 2022년 1차 조사 대비 언어폭력(41.8%→ 37.1%)과 사이버폭력(9.6% → 6.9%) 비중은 감소하였으나 신체폭력(14.6%→ 17.3%) 비중은 증가하였다. 집단 따돌림, 사이버폭력은 학교급이 높아질수록 응답률이 높게 나타났고, 과잉 접근 행위(스토킹), 신체폭력은 학교급이 높아질수록 응답률이 낮게 나타났다.

〈표 1-3〉 학교폭력 피해유형별 비율(복수응답, 건수 기준)

구분		언어 폭력	신체 폭력	집단 따돌림	강요	사이버 폭력	스토킹	성폭력	금품 갈취
2022	전체	41.8	14.6	13.3	5.3	9.6	5.7	4.3	5.4
	초	42.8	14.6	12.9	5.6	8.7	6.3	3.6	5.5
	중	37.8	15.5	14.3	4.1	12.9	3.4	6.6	5.4
	고	40.0	11.8	15.4	4.6	12.6	3.9	7.1	4.4
2023	전체	37.1	17.3	15.1	7.8	6.9	5.5	5.2	5.1
	초	36.9	18.2	14.3	8.6	5.9	6.5	4.5	5.1
	중	36.8	15.7	17.0	6.0	9.2	3.4	6.6	5.3
	고	39.7	12.3	17.7	5.8	9.8	2.7	6.8	5.0

(3) 학교폭력 가해자 유형

학교폭력의 가해자를 묻는 질문에 같은 학교 같은 반이라고 응답한 학생이 48.3%로 나타났으며, 전년도에서도 같은 학교 같은 반이 가장 많은 비율을 차지하고 있으며, 2.5% 증가한 것을 알 수 있다. 피해학생이 가해학생과 같은 공간에서 오랜 시간을 보내야 하기 때문에 문제의 심각성이 더욱 크다고 볼 수 있다.

〈표 1-4〉 가해자 유형(%)

구분		같은 학교 같은 반	같은 학교 같은 학년	같은 학교 다른 학년	다른 학교 학생	잘 모르는 사람	기타
2022	전체	45.8	29.7	8.4	5.6	3.8	6.7
	초	45.9	29.0	9.2	4.9	3.8	7.2
	중	46.2	31.6	5.8	7.8	3.5	5.1
	고	42.7	33.8	4.9	8.9	4.8	4.8

2023	전체	48.3	30.5	7.8	5.3	3.4	4.6
	초	48.1	29.9	8.9	4.6	3.5	4.9
	중	49.6	32.1	5.2	6.5	3.0	3.5
	고	46.3	31.8	5.3	8.2	3.7	4.7

(4) 학교폭력 피해 장소

학교폭력 피해를 당한 장소를 묻는 질문에, 가장 생활을 많이 하는 교실안이 29.0%로 나타났으며, 학교 안에서의 피해가 전년도에 비해 7.0% 증가되어, 학교안에서의 학교폭력 피해가 심각해지고 있음을 알 수 있다.

〈표 1-5〉 피해 장소(%)

구분		교실안	복도, 계단	운동장, 강당 등	화장실	특별실방과후교실 등	급식실, 매점 등	기숙사	공원, 놀이터등	사이버 공간	학원, 학원 주변	집, 집근처	학교밖 체험 활동 장소	PC 노래 방등	기타
2022	전체	학교 안 (61.8)							학교 밖 (34.3)						
		26.6	16.1	9.2	4.1	2.9	2.5	0.4	11.1	8.5	5.7	5.2	3.2	0.6	3.9
	초	25.7	15.1	9.5	4.0	2.6	2.3	0.2	13.2	7.2	6.6	5.8	3.4	0.4	4.1
	중	29.6	19.9	8.2	4.4	3.3	2.8	0.4	4.6	13.3	3.2	3.5	2.3	1.4	3.1
	고	29.2	17.4	7.7	5.1	5.7	4.9	2.5	2.7	12.5	2.2	2.9	2.0	1.4	3.8
2023	전체	학교 안 (68.8)							학교 밖 (27.3)						
		29.0	17.7	10.4	4.4	3.7	3.2	0.4	9.0	6.3	5.0	4.2	2.0	0.8	3.9
	초	27.9	16.7	11.1	4.2	3.3	2.8	0.2	11.6	4.8	6.0	4.8	1.9	0.6	4.1
	중	31.3	20.9	9.2	4.8	4.3	3.6	0.4	3.6	9.3	3.0	2.8	1.9	1.5	3.3
	고	31.3	17.8	8.4	4.9	6.0	5.0	1.9	2.4	10.5	1.7	2.7	2.4	1.4	3.6

(5) 학교폭력 피해 시간

학교폭력 피해를 당한 시간을 묻는 질문에 쉬는 시간이 31.2%로 가장 많이 발생하는 것으로 나타났으며, 심지어 수업시간에도 10.8%로 나타났다.

〈표 1-6〉 피해 시간(%)

구분		쉬는 시간	점심 시간	하교 이후	하교 시간	수업 시간	등교 시간	방과후 수업	학교밖 체험 활동 시간	기타
2022	전체	29.7	14.4	17.4	12.6	8.7	4.2	4.3	4.1	4.6
	초	29.1	12.6	18.3	14.2	7.8	4.0	4.6	4.5	4.9
	중	32.6	20.0	15.4	7.8	10.6	4.5	3.1	2.9	3.2
	고	28.2	20.5	12.7	7.5	14.4	4.9	4.4	2.9	4.4
2023	전체	31.2	19.2	14.6	11.4	10.8	3.7	3.5	2.5	3.2
	초	30.7	18.1	15.9	13.1	9.1	3.5	3.9	2.5	3.3
	중	33.4	21.6	12.2	7.8	13.6	3.8	2.4	2.5	2.6
	고	28.9	21.3	10.9	7.7	16.1	4.6	3.7	3.1	3.7

(6) 학교폭력 피해사실을 알린 사람

학교폭력 피해사실을 알린 사람은 누구냐는 질문에 보호자나 친척이 36.8%, 학교선생님이30.0%로 나타났다. 전년도에 비해 선생님에게 신고하는 비율이 1.9% 증가했다. 한편, 학교폭력 후 도움이 필요한 학생들의 피해사실에 대한 미신고 비율을 살펴보면, 전년도에 비해 1.6% 감소하였으나 여전히 미신고가 7.6%로 나타났다. 학교폭력 피해에 대한 도움 요청이 피해학생들에게 실제적인 해결이 될 수 있는 대책마련이 필요함을 알 수 있다.

〈표 1-7〉 피해사실을 알린 사람(%)

구분		보호자나 친척	학교 선생님	친구 선·후배	학교 상담실 선생님	117 신고 센터	학교 전담 경찰관, 경찰	학교밖 상담 기관	학교 폭력 신고함	미신고
2022	전체	주위에 알리거나 신고 (90.8)								9.2
		38.1	28.1	15.4	4.0	2.1	1.4	1.0	0.8	
	초	40.3	27.3	14.9	2.8	2.1	0.9	0.6	0.8	10.1
	중	32.9	30.6	16.4	6.8	1.9	2.1	1.6	0.6	7.0
	고	28.9	28.7	17.5	9.6	2.2	4.0	3.0	1.0	5.0

2023	전체	주위에 알리거나 신고 (92.3)								7.6
		36.8	30.0	14.9	5.2	1.9	1.4	1.2	0.9	
	초	38.9	29.2	14.7	3.6	2.0	1.0	0.8	0.9	8.9
	중	33.6	32.0	15.0	7.9	1.7	1.9	1.7	0.7	5.6
	고	30.2	30.2	16.9	9.5	1.9	3.4	2.9	0.8	4.2

(7) 학교폭력 피해 미신고 이유

학교폭력 피해 미신고 이유에 대한 질문에 '별일이 아니라고 생각해서'가 28.7%로 나타나 학생들의 학교폭력 이해에 대한 다양한 교육이 필요함을 시사한다고 볼 수 있다. 그리고 여전히 많은 학생들이 학교폭력 피해를 '이야기해도 소용이 없을 것 같아서'가 21.4%로 생각하고 있는데, 전년도에 비해 4.1% 증가한 것으로 나타나 피해학생들이 신고 후 학교폭력으로부터 보호받고, 문제가 잘 해결될 수 있다는 신뢰가 필요함을 시사한다. 따라서 학교폭력 피해로부터 도움을 요청받은 주변인들의 실질적인 대처방안 제공이 필요함을 보여준다.

〈표 1-8〉 피해 미신고 이유(%)

구분		별일이 아니라고 생각해서	이야기해도 소용이 없을 것 같아서	스스로 해결하려고	선생님이나 부모님의 야단/걱정 때문에	더 괴롭힘을 당할 것 같아서	어디에 도움을 요청할지 몰라서
2022	전체	30.4	17.3	21.1	14.4	14.0	2.8
	초	30.0	16.6	20.8	14.9	14.8	2.9
	중	32.9	19.3	23.0	12.7	9.8	2.3
	고	29.0	27.1	18.2	10.0	12.6	3.0
2023	전체	28.7	21.4	20.0	16.8	9.9	3.2
	초	26.3	21.3	20.2	17.6	11.1	3.6
	중	36.7	20.2	19.7	14.9	6.4	2.1
	고	34.8	31.1	18.8	8.8	4.8	1.7

2) 학교폭력 가해실태

(1) 학교폭력 가해 경험

학교폭력 가해응답률은 1.0%로 2022년 1차 조사 대비 0.4% 증가하였다. 학교급별로는 초등학교 2.2%, 중학교 0.6%, 고등학교 0.1%로 조사되어 초등학교는 0.9%, 중학교는 0.3% 증가했고, 고등학교는 지난해와 동일했다. 초등학생의 학교폭력 가해경험이 증가하고 있는 것으로 나타났는데, 학교폭력 가해의 저연령화 현상은 사회적으로 심각한 문제를 양상할 수 있기 때문에 실질적인 대책마련이 시급하다.

〈표 1-9〉 가해응답률(%)

구분	전체		초		중		고	
	2022	2023	2022	2023	2022	2023	2022	2023
비율	0.6	1.0	1.3	2.2	0.3	0.6	0.1	0.1
명수(천명)	18.5	30.3	14.6	22.8	3.3	6.6	0.5	0.8

(2) 학교폭력 가해 이유

학교폭력 가해이유에 대한 질문에 '장난이나 특별한 이유 없이'가 초등학교 33.7%, 중학교 38.9%, 고등학교 32.2%로 각각 가장 높게 나타났다. 청소년들이 또래와의 관계에서 갈등을 적절히 조율하고 공감능력을 향상시켜 줄 수 있는 다양한 상담 프로그램의 제공 등을 통한 긍정적 정서함양이 필요함을 알 수 있다.

〈표 1-10〉 가해 이유(%)

구분	전체		초		중		고	
	2022	2023	2022	2023	2022	2023	2022	2023
장난이나 특별한 이유 없이	34.5	34.8	34.2	33.7	37.2	38.9	29.1	32.2
피해학생이 먼저 괴롭혀서	22.1	25.6	24.3	28.0	14.6	19.1	10.0	13.6
피해학생과의 오해와 갈등으로	12.2	12.1	10.2	10.7	19.6	16.1	19.2	18.1
피해학생의 행동이 마음에 안 들어서	8.9	8.8	8.2	8.3	10.9	9.8	14.3	13.0

화풀이 또는 스트레스 때문에	9.4	8.0	9.9	8.2	7.0	7.0	9.9	9.2
강해 보이려고	4.6	3.8	4.9	4.0	3.3	2.9	5.4	4.4
다른 친구나 선·후배가 하니까	3.8	3.3	3.7	3.2	3.8	3.3	4.8	3.9
친구나 선·후배가 시켜서	2.9	2.4	2.9	2.6	2.4	1.8	3.8	3.1
나의 보호자나 선생님의 관심을 받고 싶어서	1.6	1.2	1.6	1.2	1.2	1.0	3.5	2.6

(3) 학교폭력 가해방법

학교폭력 가해방법에 대한 질문에 '단독' 68.0%, '집단' 32.0%로 나타났다. 초·중·고등학교 모두 단독에 의한 가해방법이 전년도에 비해 증가한 것으로 나타났다.

〈표 1-11〉 **가해방법(%)**

구분	단독		집단	
	2022	2023	2022	2023
전체	62.6	68.0	37.4	32.0
초	64.9	69.3	35.1	30.7
중	53.5	63.8	46.5	36.2
고	54.7	65.1	45.3	34.9

3) 학교폭력 목격 및 방관 실태

(1) 학교폭력 목격 유무

전체 학교폭력 목격응답률은 4.6%로 지난해에 비해 0.8% 증가했다. 학교 급별로 초등학교 7.9%, 중학교 4.4%, 고등학교 1.2%로 조사되어 초·중·고등학교에서 각각 0.6%, 1.5%. 0.4% 증가하였으며, 초등학교에서의 학교폭력 목격율이 중·고등학교에서의 비율보다 높은 것으로 나타났다.

〈표 1-12〉 목격응답률(%)

구분	전체		초		중		고	
	2022	2023	2022	2023	2022	2023	2022	2023
비율	3.8	4.6	7.3	7.9	2.9	4.4	0.8	1.2
명수(만명)	12.2	14.5	8.1	8.3	3.2	4.9	0.8	1.2

(2) 학교폭력 목격 후 행동

학교폭력 목격 후 '아무것도 하지 못했다'는 '방관' 응답은 30.7%로 지난해에 비해 1.4% 증가한 것으로 나타났으며, 학교폭력 피해 사실을 목격 후 '주위에 알리거나 신고'한 것으로 응답한 비율은 16.9%로 나타나 그 비율이 전년도와 동일하였다. 이러한 결과는 학교폭력에 대한 학생·학부모의 적극적인 신고와 사회적 경각심을 제고하기 위한 노력이 더욱 필요한 것으로 풀이된다.

〈표 1-13〉 목격 후 행동(%)

구분	전체		초		중		고	
	2022	2023	2022	2023	2022	2023	2022	2023
피해를 받은 친구를 위로하고, 도와주었다.	32.2	33.9	32.6	35.5	30.9	31.1	33.9	33.4
때리거나 괴롭히는 친구를 말렸다.	20.7	17.5	21.8	18.8	19.2	16.3	14.8	13.0
가족, 선생님, 학교전담경찰관 등 주위에 알리거나 신고했다.	16.9	16.9	17.8	17.3	15.2	16.4	14.7	15.6
나도 같이 피해학생을 괴롭혔다.	0.9	1.1	0.9	1.0	1.1	1.2	1.0	1.0
아무것도 하지 못했다.	29.3	30.7	26.9	27.4	33.6	34.9	35.7	36.9

2장 신체폭력 및 언어폭력

이 장에서는 학교폭력의 유형 중 신체폭력 및 언어폭력의 개념 및 유형, 다양한 사례, 대처 방안에 대해 자세히 살펴보고자 한다.

1. 신체폭력 및 언어폭력의 개념 및 유형

1) 신체폭력의 개념

(1) 상해

상해란 법률적으로 사람의 신체에 손상을 주거나 건강 상태를 불량하게 하는 등 신체의 생리적 기능에 장애를 주는 일을 의미한다. 대체로 폭행을 수단으로 하지만, 변질한 음식을 먹여 설사를 하게 한 경우 따위도 신체의 건강 상태를 불량하게 했으므로 이에 해당한다. 그러나 사람의 머리카락을 자른 것은 신체에 폭력을 행사한 것이지만 신체 기능이나 건강에 손상을 준 것이 아니므로 상해가 아니라 폭행에 해당한다. 상해는 신체 손상에 대한 고의성이 있어야 성립하는 것이므로 상해에 대한 고의 없이 다만 뺨을 한 번 때렸는데 의외로 상처를 입히게 된 경우는 상해가 아니라 폭행에 해당한다. 정리하자면, 상해란 의도적으로 사람의 생리적 기능을 훼손하여 육체적 병적 상태(예: 타박, 골절, 구토, 치아의 탈락) 또는 정신적 병적 상태(예: 수면장애, 섭식장애)를 야기하거나 증가시키는 것을 의미한다. 즉, 고의로 다른 사람의 신체의 완전성을 해하는 것이다. 또한 상해의 수단과 방법에는 제한이 없다. 형법에 의한 상해죄에는 신체 상처(피하출혈, 종창, 찰과상, 처녀막 파열 등), 일부 박리(치아 탈락, 머리카락이나 손톱의 뽑힘), 성병 전염(임질, 매독 등의 성병 감염), 기능장애(보행 불능, 수면장애, 식욕 감퇴 등) 등이 포함된다(양명희·김희정·임유경, 2018).

(2) 폭행

폭행은 사람의 신체에 대한 직접적 유형력의 행사를 의미하며, 반드시 상해의 결과를 초래할 필요는 없다. 폭행은 사람의 신체에 대한 모든 불법적인 유형력의 행사를 의미하는데, 유형력이란 넓은 의미에서 모든 물리력을 의미한다. 도구나 흉기와 같은 물건으로 때리는 것뿐만 아니라 장난을 빙자해서 고의로 꼬집고, 때리고, 발을 걸고, 힘껏 밀치는 행동 등도 사람의 신체에 대해 직접 물리력을 행사한 것이므로 상대가 폭력으로 인식하면 폭행에 해당한다. 또 다른 예로, 담배 연기를 일부러 상대에게 내뿜는 것이나 상대의 얼굴에 침을 뱉는 것도 상해의 결과는 가져오지 않지만 물리력을 행사한 것이므로 폭행에 해당한다. 형법에 의한 폭행죄에는 구타, 밀치기, 손이나 옷을 세게 당기기, 얼굴에 침 뱉기, 좁은 공간에서 흉기 휘두르기, 돌 던지기, 수염이나 머리카락 자르기, 화학적으로나 생리적 작용이 심한 소음이나 음향 만들기, 계속 전화를 걸어 벨이 울리게 하기, 폭언을 반복하기, 고함질러 놀라게 하기, 마취약 사용하기 등이 있다(양명희·김희정·임유경, 2018).

(3) 감금

감금이란 장소를 옮기는 자유를 침해하는 것으로, 사람을 일정한 장소 밖으로 나가지 못하게 하여 신체활동의 자유를 제한하는 것을 뜻한다. 장소적으로 제한을 가하는 것이므로 신체 자체를 구속하는 체포와는 다르다. 또한 감금당한 사람이 그 사실을 인식하지 못했다 하더라도 신체활동의 자유를 침해한 경우라면 감금죄에 해당한다. 흔한 감금방법은 출입문을 잠그거나 문에 감시인 또는 개를 두어 지키게 하는 것이다. 감금을 위해 사용하는 수단이 유형이냐 무형이냐는 상관이 없다. 즉, 줄로 묶거나 폭력을 쓰거나 마취시키는 것뿐만 아니라 협박을 하거나 허위의 사실로 상대방을 착오에 빠뜨리거나 거짓말을 사용했어도 성립된다. 또한 탈출이 불가능한 경우뿐만 아니라 탈출이 곤란한 경우도 감금에 해당된다. 즉, 출입이 봉쇄되지 않았어도 위험이 따르거나 수치심이 따르는 탈출의 경우이다. 위험이나 수치심이 따를 수 있는 탈출의 예로는 높은 건물 창문에서 뛰어내리기, 달리는 차에서 내리기, 벗은 몸으로 도망가기 등이 있다. 또한 사람이 있는 줄 모르고 문을 잠근 후에 그 사실을 알고도 문을 열어 주지 않는 것도 감금죄에 해당한다(양명희·김희정·임유경, 2018).

(4) 약취·유인

약취·유인은 두 가지 모두 사람을 보호받는 상태나 자유로운 생활로부터 자기 또는 제3자의 실력적 지배 아래로 옮겨서 그 사람의 자유를 침해하는 것이다. 약취·유인이 감금과 다른 점은 감금은 장소적 제한을 가하는 것인데, 약취·유인은 실력적 지배로 자유를 침해하는 것이다. 약취·유인의 서로 다른 점은 약취는 폭행이나 협박을 수단으로 하고, 유인은 기망(欺罔)이나 유혹을 수단으로 한다는 것이다. 기망이란 허위의 사실로써 상대방을 착오에 빠뜨리는 것이며, 유혹은 감언이설(甘言利說)로써 상대방의 판단을 그릇되게 하는 것이다. 즉, 약취가 강제로 일정한 장소로 데려가는 것이라면, 유인은 속임이나 유혹으로 일정한 장소로 데려가는 것이다. 예를 들어, 따라오지 않으면 죽이겠다고 협박하여 데려가면 약취이고, 맛있는 것을 사주겠다고 유혹하여 데려가면 유인이다. 폭행·협박·기망·유혹 중 어떤 방법을 사용했든지 결과적으로 사람을 자기 또는 제3자의 실력적 지배 아래 두어 자유를 침해했다면 약취·유인이 성립된다. 특히, 피약취인 또는 피유인인이 미성년자인 경우에는 본인의 동의가 있었다 하더라도 부모나 보호자의 동의가 없었다면 약취·유인에 해당된다. 그리고 폭행·협박·기망·유혹을 피약취인 또는 피유인인에게 직접 행하지 않고 그 보호자에게 행하여 피약취인/피유인인을 연행한 경우도 약취·유인에 해당된다(양명희·김희정·임유경, 2018).

앞에서 설명한 네 가지 신체폭력(상해, 폭행, 감금, 약취·유인)은 학교폭력 중에서 가장 쉽게 발생할 수 있는 것으로, 법률적 의미를 정리하면 다음의 〈표 2-1〉과 같다.

〈표 2-1〉 학교폭력의 신체폭력 종류와 의미

신체폭력 종류		법률적 의미
상해		생리적 기능을 훼손하거나, 건강을 침해하여 육체적 · 정신적으로 병적인 상태를 야기하거나 증가시키는 것
폭행		사람의 신체에 대해 직접 유형력을 행사하는 것
감금		사람을 일정한 장소 밖으로 나가지 못하게 하여 신체활동의 자유를 장소적으로 제한하는 것
약취·유인	약취	폭행이나 협박을 수단으로 사람을 보호받는 상태나 자유로운 생활관계로부터 자기 또는 제3자의 실력적 지배 아래로 옮기는 것
	유인	기망이나 유혹을 수단으로 사람을 보호받는 상태나 자유로운 생활관계로부터 자기 또는 제3자의 실력적 지배 아래로 옮기는 것

2) 신체폭력의 유형

교육과학기술부(2012)가 '학교폭력 근절을 위한 종합대책'에서 제시한 신체폭력의 유형은 다음과 같다.

- 일정한 장소에서 쉽게 나오지 못하게 하는 행위(감금죄)
- 신체를 손발로 때리는 등 고통을 가하는 행위(상해죄, 폭행죄)
- 강제(폭행·협박)로 일정한 장소로 데리고 가는 행위(약취죄)
- 상대방을 속이거나 유혹해서 일정한 장소로 데리고 가는 행위(유인죄)
- 장난을 빙자한 꼬집기, 때리기, 힘껏 밀치기 등 상대 학생이 폭력으로 인식하는 행위

3) 언어폭력의 개념

(1) 명예훼손·모욕

명예훼손이란 특정 또는 불특정 다수가 인식할 수 있는 상태에서 사실이나 허위 사실을 알려서 그 사람의 평판이나 사회적 가치를 떨어뜨리는 행위이다. 즉, 명예훼손이란 사람의 사회생활에 있어서의 일반적인 인격에 대한 평가를 침해하

는 행위를 뜻한다. 형법상 명예란 사회생활에 있어서 인격에 대한 사회적 평가를 의미하며, 사회적 평가란 외적인 명예, 즉 사람의 신분·성격·혈통·용모·지식·능력·직업·건강·품성·덕행·명성 등을 의미한다. 이때 그 내용이 사실이라 하더라도 범죄이며, 내용이 허위인 경우는 형법상으로는 가중 처벌된다. 그러나 공공의 이익, 즉 국가나 사회나 일반 다수인의 이익을 위해 행한 경우에는 명예훼손에 해당하지 않는다. 그리고 명예훼손죄가 적용되는 경우에도 살아있는 사람에게는 그 내용이 사실인지 허위인지에 상관없이 적용되고, 죽은 사람에 대해서는 그 내용이 허위인 경우에만 적용된다.

명예훼손은 내용이 그 사람의 내적인 명예, 즉 참 가치와는 상관이 없는 반면에 모욕은 명예훼손과는 달리 그 내용이 자기의 인격적 가치에 대한 자기 자신의 주관적인 평가와 관련 있다. 즉, 모욕은 명예의식 또는 명예감정을 침해하는 행위로, 그 사람에 대해 모욕적인 언어로 경멸의 의사표시를 하는 행위를 의미한다. 그리고 모욕의 경우에는 공공의 이익을 위해 했더라도 모욕에 해당한다. 유아나 정신병자도 모욕죄의 객체에 해당한다. 모욕과 동시에 명예훼손을 한 경우에는 명예훼손죄만 성립한다. 형법상 명예훼손·모욕이 되려면 공연(公然)히, 즉 불특정 또는 여러 사람이 인지할 수 있는 상황에서 사실 또는 허위의 사실을 적시하여야 한다. 그 방법에는 제한이 없으며, 그로 인해 반드시 사회적 평가가 떨어지는 결과를 가져올 필요는 없다. 사회적 평가가 떨어질 위험상태를 발생시키는 것으로 충분하다.

(2) 협박

협박이란 의사능력이 있는 사람에게 공포심을 일으키게 할 목적으로 해악(害惡)을 가할 것을 통고하는 일체의 행위를 뜻한다. 해악을 알리는 방법에는 제한이 없으므로 구두로 할 수도 있고, 문자로 할 수도 있으며, 말없이 도구나 신체로 행동을 취하는 것도 협박에 해당된다. 그 통고로서 상대방이 사실상 공포심을 가졌는가 여부는 중요하지 않다. 그리고 해악의 내용은 제한된 바가 없으므로 개인의 생명·신체·자유·명예·재산, 그 밖의 모든 것이 포함될 수 있다. 또한 해악의 통고자는 자신이 누구인지를 상대방에게 알릴 필요가 없고 또한 상대방은 통고자가 누구인지를 알 필요도 없다. 협박에서 중요한 것은 상대방이 법적으로 보호되어 있다는 신뢰를 침해하는 것, 즉 법적 안전의 의식을 침해했는지 여부이다. 그러므로 사람의 행동의 자유를 침해하는 것이나 재산상의 이득을 목적으로 하는 것은 형법상으로는 협박에 해당되지 않는다(양명희·김희정·임유경, 2018).

앞에서 설명한 두 가지 언어폭력(명예훼손·모욕, 협박)의 법률적 의미를 정리하면 다음의 〈표 2-2〉와 같다.

〈표 2-2〉 학교폭력의 언어폭력 종류와 의미

<table>
<tr><th colspan="2">언어폭력 종류</th><th>법률적 의미</th></tr>
<tr><td rowspan="2">명예훼손·모욕</td><td>명예훼손</td><td>불특정 또는 다수의 사람이 알 수 있도록 다른 사람의 사회적 가치 내지 평가를 저하시키는 데 충분한 사실을 지적 · 표시하는 것 – 인격에 대한 사회적 평가를 침해함</td></tr>
<tr><td>모욕</td><td>불특정 또는 다수의 사람이 알 수 있도록 다른 사람의 사회적 가치 내지 평가를 저하시키는 데 충분한 사실을 지적 · 표시하는 것 – 명예의식이나 명예감정을 침해함</td></tr>
<tr><td colspan="2">협박</td><td>사람을 협박함으로써 개인이 법적으로 보호되어 있다는 신뢰를 침해하는 것</td></tr>
</table>

4) 언어폭력의 유형

교육과학기술부(2012)가 '학교폭력 근절을 위한 종합대책'에서 제시한 언어폭력의 유형은 다음과 같다.

- 여러 사람 앞에서 상대방의 명예를 훼손하는 구체적인 말(성격, 능력, 배경 등)을 하거나 그런 내용의 글을 인터넷, SNS 등으로 퍼뜨리는 행위로 내용이 진실이어도 범죄이고, 허위인 경우 가중 처벌(명예훼손죄)
- 여러 사람 앞에서 모욕적인 용어(생김새에 대한 놀림, 병신, 바보 등 상대방을 비하하는 내용)를 지속적으로 말하거나 그런 내용의 글을 인터넷, SNS 등으로 퍼뜨리는 행위(모욕죄)
- 신체 등에 해를 끼칠 듯한 언행("죽을래?" 등)과 문자메시지 등으로 겁을 주는 행위(협박죄)

2022년 1차 학교폭력 실태조사 결과에 따르면, 학교폭력 피해를 당했다고 응답한 학생은 모두 53,812명이며, 이 중 '언어폭력(41.8%)'이 가장 높았다. 다음으로 '신체폭력(14.6%)', '집단 따돌림(13.3%)', '사이버 폭력(9.6%)', '스토킹(5.7%)', '금품갈취(5.4%)', '강요(5.3%)', '성폭력(4.3%)' 순으로 나타났다. 이는 코로나19 대유행 이전인 2017년, 2018년과는 조금 다른 양상이다. 2017년에는 언어폭력, 집단 따돌림, 스토킹, 신체폭력, 사이버 폭력, 금품갈취, 성폭력, 강요 순이었고, 2018년에는 언어폭력, 집단 따돌림, 스토킹, 사이버 폭력, 신체폭력, 금품갈취, 성폭력, 강요 순이었다. 즉, 상대적으로 신체폭력 피해 경험률이 높아진 것이 특징이다. 이는 코로나19로 인하여 사회적 관계가 원활하게 이루어지지 않아서 갈등을 조절하는 경험이 줄어서 사회적·정서적 역량이 감소했기 때문으로 추정된다.

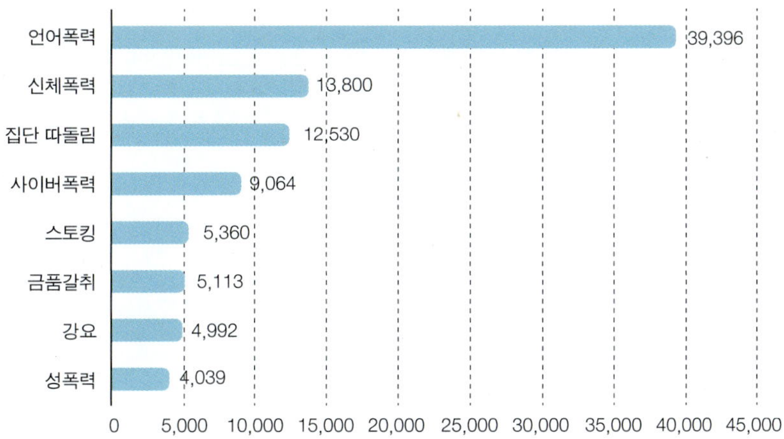

출처: 한국교육개발원(2023). 2022년 1차 학교폭력 실태조사 분석보고서.

[그림 2-1] 피해 유형별 피해 응답자 수(2022년) (단위: 건)

코로나19 대유행을 거치면서 학교폭력 피해 유형별 변화가 있는지를 알아보기 위해 2018년, 2020년, 2022년을 비교한 결과는 코로나19 확산 시기에 가장 눈에 띄는 점은 언어폭력의 비중 감소와 집단 따돌림 비중의 증가이다. 언어폭력은 시기와 상관없이 가장 높은 비중을 차지하지만, 코로나 확산 시기에는 54.0%로 70%를 넘은 확산 이전 시기와 소강 시기보다 상당히 낮은 편이다. 코로나19 소강 시기에는 신체폭력 피해 경험률이 25.6%로 이전에 비하여 높게 나타났다.

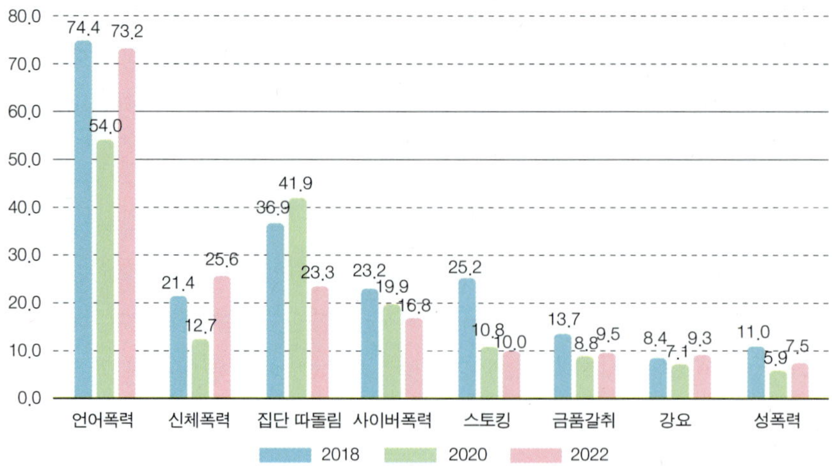

출처: 한국교육개발원(2023). 2022년 1차 학교폭력 실태조사 분석보고서.

[그림 2-2] **피해 유형별 경험률(2018, 2020, 2022년) (단위: %)**

2. 신체폭력 및 언어폭력 사례

신체폭력과 관련하여 1990년대 들어 학생들 사이에서 '일진(一陣)'이라는 용어가 유행하기 시작했다. 일진은 싸움을 잘하는 학생들로 구성된 초·중·고등학교 내 폭력집단을 의미한다. 이것은 일본 고교생들 사이에서 유행한 폭력 용어가 만화책 등을 통해 국내에 전파된 것으로 추정된다. 일진 다음으로 싸움을 잘하는 학생들은 이진, 삼진이라 부른다(송선희·김항중·박미진·이현주, 2017)

일진·폭력서클 유무 현황에 대해서는 '학교 내 일진 또는 폭력서클이 있거나, 있다고 생각한다'고 응답한 비율은 23.6%로 나타났다. 학교급별로 보면, 초등학교(23.7%), 중학교(33.3%), 고등학교(11.6%)의 응답률을 보이고 있어 중학교에서 일진 등 폭력서클에 대한 우려가 큰 것으로 나타났다.

〈표 2-3〉 일진 · 폭력서클 학교급별 응답 현황

(단위: %)

구분	있음	없음	모름/무응답
초등학교	23.7	73.0	3.3
중학교	33.3	62.9	3.8
고등학교	11.6	83.9	4.5
모름/무응답	22.5	68.8	8.7

출처: 교육부(2012). 학교폭력 전수조사 결과.

사례 1

〈양산 여중생 엽기적 집단 폭행…"담배꽁초까지 먹였다"〉

2021년 7월 3일 경남 양산에서 중학생 4명이 몽골에서 이민 온 여학생을 6시간 동안 폭행하고 범행 장면을 동영상으로 촬영해 유포한 사건이다. 경찰 조사 결과에 따르면 폭행은 당일 자정부터 새벽까지 무려 6시간 내내 이어졌을 뿐만 아니라 피해자에게 억지로 술을 마시게 한 뒤 손과 발을 묶고 담배꽁초, 고추냉이를 강제로 먹인 사실도 추가로 밝혀졌다. 또한 신고하면 찾아가 보복하겠다고 협박했으며 폭행으로 인해 생긴 상처를 둘러대라고 압박하기도 했고 폭행하면서 인종차별적 욕설도 했다. (JTBC뉴스, 2021.12.02)

사례 2

〈강릉서도 '10대들이 또래 무차별 폭행'…"7시간 동안 때렸다"〉

2017년 7월 17일, 강원도 강릉시에서 여고생 A양 등 5명이 여고생 B양(17)을 12시간 동안 무차별 폭행한 사건이다.

부산 여중생 집단 폭행 사건보다 먼저 일어난 사건이지만, 피해자의 언니가 부산 여중생 집단 폭행 사건이 세상에 널리 알려지는 걸 보며 이 사건도 알려야겠다는 생각을 해서, 인터넷에 올린 글에 의해 알려지기 시작했다.

2017년 7월 17일 새벽 3시경 자기 동생과 가해자들이 강릉 경포해변에서 함께 술을 마시다가 시비가 붙었다면서 "5명의 아이들이 동생에게 욕설과 함께

침을 뱉으며 구타했고 금품을 빼앗았다"고 밝혔다. 폭행은 여기서 멈추지 않고 5명 중 한 명의 자취방에서 다시금 폭행을 저질렀고, 심지어 아는 오빠한테 영상통화를 걸어 그런 모습을 보여주기까지 한 것으로 알려졌다.

가해자 5명과 피해자 B양은 평소 어울려 지내던 사이였으나, 여러가지로 쌓인 감정으로 인해 B양을 폭행했다. 폭행 사건 이후 B양의 부모가 경찰에 A양을 고소했다. B양은 전치 2주의 진단을 받았으며, PTSD로 강릉의 병원에서 정신과 치료를 받는다.

이 폭행 사건은 부산 여중생 집단 폭행 사건과 마찬가지로 사회관계망서비스(SNS)를 통해 사실이 확산되었다. 피해자 B양의 언니라고 밝힌 여성은 부산 여중생 집단 폭행 사건을 보며 동생의 사건도 세상에 알려야겠다는 생각을 했다고 한다. 이 여성이 밝힌 사실에 의하면 오전 3시부터 7시간동안 폭행이 이어졌으며, 언어폭력과 몸을 침을 뱉고 가위를 들고 위협하는 등 B양을 폭행했다고 한다.

B양의 휴대전화를 땅에 묻고 이 폭행 사실을 신고하는 경우 언니 또한 가만 두지 않겠다며 협박까지 했다고 한다. 폭행하는 과정에서 영상통화로 지인들에게 범행 현장을 보여주고 찍은 동영상과 사진을 친구들에게 공유했다.

7시간 동안 폭행을 당한 피해자는 그 상태로 집에 가기 두려워 인근 남해해수욕장에서 쉬던 도중 호흡이 불안정해지자 황급히 구급차를 불러 병원에 가게 되었고, 경찰에게 진술을 했다. (연합뉴스, 2017.09.05)

사례 3

〈"대변기에 얼굴 밀어넣고 담배로 지지고"…도 넘은 '학교폭력'〉

12월 29일, 오후 3시경 A양은 학교를 마치고 집에 오던 길에 ㄱ중학교 동갑내기 여중생 2명이 그녀를 불렀다고 한다. A양이 그녀들을 따라 들어간 곳은 시내의 한 노래방이었는데 그곳에 ㄷ중학교와 ㄹ중학교에 재학중인 남학생 2명이 있었고 그녀를 무차별 폭행하기 시작했다. 이때 비명소리가 나가는 것을 막기위해 한 여학생은 노래를 부르기까지 했으며 노래방을 나온후에도 인근 건물 화장실에 끌고가 그곳에서도 폭행이 자행되었다.

> 얼굴에 물을 뿌리고 화장실 대변기에 얼굴을 박게 하는등 경악할 수준의 폭행에 A양이 정신을 잃자 가해학생 4명은 인근 건물 옥상에 데리고가 그곳에서 담배불로 팔을 지지고, 돌팔매질을 하고 심지어 지네를 먹이려고 하는 등 6시간 동안 폭행을 저지른후 오후 9시에 "재미없다"며 A양을 내버려두고 떠나갔다.
>
> A양은 가까스로 집으로 돌아갔는데 온몸에 피멍이 들고 얼굴은 알아볼수 없을정도로 부은 상태였고 진단결과 안구 미세골절 및 안구출혈 등으로 수주 이상의 입원치료가 필요한 상태라고 한다.
>
> 이후 조사에서 그들이 이런 집단폭행을 한 이유는 "A양이 공부를 못한 것"과 "자신들 뒷담화를 한 것" 2가지 이유라고 한다. (MBN 뉴스, 2014.12.31)

출처 : 송선희, 김항중, 박미진, 이현주(2017). 생활지도와 학교폭력의 이해.

3. 신체폭력 및 언어폭력 대처 방안

1) 신체폭력의 초기 대응

신체폭력과 관련해서는 교직원의 신속한 응급조치가 중요하다. 사안을 가장 먼저 인지한 교직원은 신속히 학교폭력 전담기구 소속 교사에게 연락해야 한다. 피해학생의 위급사항을 발견한 교직원은 보건교사에게 이를 알리거나 119에 연락하고, 관리자와 해당 교사, 학부모에게 이를 알리고, 응급조치한 내용은 빠짐없이 기록해 두는 것이 좋다.

담임교사 또는 교직원	학교폭력 전담기구
• 보호자, 보건교사에게 연락 • 병원 이송 시 반드시 동승	• 교감: 상황 파악, 지시 • 책임교사: 상황 지시, 주위 학생의 안정 및 질서유지 지도, 진행상황을 육하원칙에 따라 기록 • 보건교사: 응급조치, 병원 이송 시 반드시 동승, 차량 내에서 요원의 응급처리를 도움, 병원에서 피해학생 상태 설명 • 상담(교)사: 피해학생의 심리적 안정 지원

2) 언어폭력의 초기 대응

언어폭력은 상대방의 명예를 훼손하는 구체적인 말을 하거나 인터넷, SNS, 문자메시지 등으로 퍼뜨리는 행위이므로 증거를 확보해 놓는다.

피해학생 조치	가해학생 조치
• 욕설, 협박 등에 무응답할 것을 지도 • 인터넷, 모바일상의 언어폭력은 저장 또는 캡처 • 보호자에게 연락, 필요 시 상담 조치	• 언어폭력을 가했는지 사실 여부와 이유 등을 확인 • 학교폭력 전담기구에 신고 • 보호자에게 알림

3) 신체폭력을 해결하기 위한 상담기법

신체폭력은 가해자가 한 명, 혹은 가해자가 여러 명, 혹은 서클에 소속된 가해자가 한 학생 또는 소수의 학생에게 폭력을 행사하는 경우와 집단 대 집단이 싸움을 벌이는 우발적 패싸움을 통해 발생한다. 폭력에 노출된 피해학생들은 기본적으로 두려움과 분노 감정에 사로잡혀 있다. 다만, 이런 감정을 노출할 때 더 큰 피해가 닥칠 수 있다는 우려 때문에 속에 가두고 혼자 앓는 경우가 많다. 따라서 이들을 상담할 때 숨어 있는 감정을 접촉하고 이를 드러내 표현하도록 도울 필요가 있다. 그리고 가해학생들은 자신의 폭력적인 행동으로 인해 다른 사람이 힘들어하거나 마음의 상처를 받을 수 있다는 사실을 경험해 볼 필요가 있다.

피해학생과 가해학생에 대한 상담개입 전략에 대해서는 다음과 같은 방법을 소개하고 있다(송재홍 외, 2016).

(1) 일반적 상담 전략

폭력은 집단적으로 이루어지는 폭행이라는 측면에서 피해학생에게 상당히 심각한 외상적 경험을 남기게 된다. 따라서 가해학생 못지않게 피해학생을 위한 세심한 대책을 세워야 한다. 만일 학교에서 이루어지는 폭력이 학교 외부 폭력세력과 연관되어 있다면 경찰과 연계하여 대책을 세울 필요가 있다.

■ 피해학생에 대한 전략

- 피해학생이 느낄 두려움과 분노를 충분히 공감하고 이해한다.
- 피해학생의 두려움과 분노가 외부로 표출될 수 있도록 다양한 방법을 동원한다.
- 피해학생이 보복당할 것을 두려워하지 않을 수 있는 신고체계를 갖추도록 한다.
- 피해학생의 심리적 상처가 클 경우 전문상담사에게 의뢰하여 상담을 받도록 한다.
- 피해학생에게 외상이 있을 경우 보건소나 의료전문기관에 의뢰하여 진단과 치료를 받게 하고 진료기록을 확보해 둔다.

■ 가해학생에 대한 전략

- 폭력행동과 그 행동을 한 가해학생들의 인격을 구분하고 최대한 가해학생들의 인격을 존중하는 태도를 가지고 그들의 말을 경청한다.
- 폭력의 가해학생들은 대부분 가정에 문제를 가지고 있다. 조심스럽게 이들의 가정환경과 가족관계에 어떤 문제가 있는지 알아본다.
- 가해학생들이 외부 폭력세력과 어떤 연관이 있는지 확인한다. 만일 외부 폭력조직과 연관되어 있다면 담임교사 개인과 학교를 넘어서는 보다 큰 사회적 맥락에서 문제를 해결해야 한다.
- 폭력을 행사했을 때 받게 될 처벌과 법적 제재를 자세히 안내하고 어떤 경우에도 폭력은 허용될 수 없는 사회적 범죄임을 인식시킨다.

(2) 구체적 상담 전략

■ 피해학생에 대한 전략

① 감정 과장하기 : 폭력에 노출된 피해학생들은 기본적으로 두려움과 분노 감정에 사로잡혀 있다. 다만, 이런 감정을 노출할 때 더 큰 피해가 닥칠 수 있다는 우려 때문에 속에 가두고 혼자 앓는 경우가 많다. 따라서 이들을 상

담할 때 숨어 있는 감정을 접촉하고 이를 드러내 표현하도록 도울 필요가 있다. 감정 과장하기는 언어와 비언어적 행동을 통해 이루어지는데, 언어적 과장하기를 소개하면 다음과 같다.

- 먼저 두려움이나 분노를 느끼게 하는 가해학생들을 떠올리게 한다.
- 머리에 떠올린 가해학생을 향해 그동안 숨겨왔던 감정을 작은 목소리로 표현하게 한다. "나는 네가 싫어. 정말 네가 없어졌으면 좋겠어."
- 이제 더 큰 목소리로 과장해서 가해학생을 향해 감정을 터뜨리게 한다. "나는 네가 정말 싫어. 미워, 미워, 정말 미워. 그래, 꺼져, 꺼져버리라고. 죽이고 싶어, 정말 너를 죽이고 싶다고!"
- 가해학생에 대한 감정이 격하게 올라오면 막힘없이 있는 감정을 충분히 쏟아내도록 한다.
- 피해학생의 감정이 가라앉을 때까지 차분히 기다려 주고, 학생 스스로 자기 감정을 추스르게 기다려 준다.
- 피해학생 스스로 가해학생에 대한 자신의 감정을 표현하고, 스스로 조절할 수 있을 때까지 이 과정을 반복한다.

② 학교폭력 예방을 위한 자기보호 대처법

폭력의 위험에 처한 학생들에게 교사는 다음과 같은 자기보호 대처법을 안내해야 한다(정종진, 2012).

- 혼자 있으면 위험에 처해질 수 있으므로 고립된 건물이나 장소에 혼자 떨어져 있지 않도록 하고 집단에 계속 붙어 다닌다. 가능하면 또래나 어른들이 보이는 곳에 머물도록 한다.
- 가해학생이 눈에 보이면 똑바로 서서 자신감 있는 모습을 보이도록 노력한다. 조용하고 자신 있게 행동하도록 하며, 울기, 소리치기, 도망가기 등의 행동은 가해학생에게 빌미를 제공할 수 있으므로 삼간다.
- 누군가가 놀리거나 싫어하는 별명을 부르거나 험담을 하면 과민하게 반응

하지 말고 두려워하지도 말며 익숙해지려고 노력한다. 과민한 반응을 보이면 상대방에게 재미를 더해 주어 오히려 놀림감이 될 수 있다.

- 누군가가 계속해서 놀리고 괴롭힌다면 자신의 행동방식에 문제가 없는지 살펴보고 문제라고 여겨지는 부분을 바꾼다.
- 피해사실이 있으면 숨기려 하지 말고 교사나 부모에게 자세히 설명하며 도움을 청한다. 가능하면 육하원칙에 따라 피해사실을 기록해 두는 것이 좋다.

■ 가해학생에 대한 전략

① 역할극 하기 : 역할극을 통해 자신의 폭력적 행동이 다른 누군가에게 상처를 주고 오랫동안 후유증을 낳을 수도 있음을 간접적으로 경험할 수 있다. 역할극은 다음과 같은 순서로 전개한다.

- 교사는 가해학생이 되고, 가해학생 자신은 피해학생이 되는 상황을 설정한다.
- 가해학생은 집단폭력을 당하면서 어떤 생각과 느낌이 드는지 경험해 본다.
- 가해학생은 집단폭력을 당할 때 피해학생이 보인 것과 동일한 반응을 따라 해본다.
- 가해학생이 피해학생이 겪는 고통과 아픔을 깊이 공감할 때까지 역할극을 계속한다.

만약 가해학생이 역할극 참여를 거부하면 다른 사람들이 같은 장면을 연기하게 하여 그것을 지켜보게 하는 것도 도움이 될 수 있다. 역할극을 쭉 지켜보다가 실제로 참여해 보도록 이끌어 줄 수도 있다. 스스로 원하지 않을 경우에는 역할극 참여를 지나치게 강요하지 않는다.

② 분노 조절하기 : 폭력에 가담하는 학생들의 상당수는 분노가 일어날 때 이를 조절하지 못하고 쉽게 터뜨리는 경우가 많다. 다음과 같은 분노 조절

프로그램은 분노 조절과 표현에 도움을 줄 수 있다. 이 프로그램은 집단으로 운영하는 것이 좋다(박성희 외, 2012a).

- 분노를 표현하는 행동이 가져오는 결과에 대해 토의한다. 학급 친구들이나 교사에게 분노를 심하게 표출하면 앞으로도 오래 생활해야 할 이들과의 관계가 어떻게 될지 이야기해 본다.
- 분노 표현에 관한 실제 사례를 찾아보고 토의한다. 친구, 유명인, 연예인 중에서 화를 잘못 다스려 상황을 나쁘게 만든 사례와 반대로 화를 잘 다스려 존경받는 사례를 찾아보고 그 차이를 이야기해 본다.
- 흥분이 시작되는 경고 신호를 인식하고 느낌을 알아차린다. 화가 나려고 할 때 어떤 신체 증상이 나타나는지 자신의 몸을 세밀하게 관찰한다. 화가 날 때 가슴이 두근거리고, 머리가 흔들리고, 얼굴이 붉어지고, 심장이 뛰는 등의 증상이 나타나면 다음의 행동을 취한다.

- 자리를 뜬다.
- 숫자를 센다.
- 마음속으로 차분해질 수 있는 말을 반복한다.
- 눈을 감고 긍정적 심상을 활용한다.
- 심호흡에 집중하여 흥분했던 마음을 가라앉힌다.
- 가능하면 근육 이완을 실시한다.
- 친구들이나 교사가 하는 말의 의미에 대해 생각한다.

4) 언어폭력을 해결하기 위한 상담기법

언어폭력이란, 말하는 사람의 의도적·비의도적 언어행위를 통해 듣는 사람이 압도되거나 강요되는 상황에 처함으로써 심리적 고통이 야기되는 것을 말한다. 또한 일상 학교생활에서 겪게 되는 언어폭력뿐만 아니라 사이버상에서 경험하게 되는 언어폭력도 해당된다.

■ 피해학생에 대한 전략

① 공감해 주기 : 언어폭력에 노출된 학생들은 생각보다 심리적 상처가 큰 경우가 많다. 특히 대처 방법이 유연하지 못한 학생들의 경우, 스스로에 대한 자책감이 크고 언어폭력을 통해 들은 부정적인 말들을 내재화하여 자존감이 낮아져 심리적으로 더 취약해진 상황일 수 있다. 따라서 피해학생이 충분히 힘들었을 것이라는 점을 이해해 주고 위로해 주는 것이 필요하다. 동시에 피해학생이 하는 이야기를 객관화(폭력의 빈도, 강도 등)하여 문제를 파악하는 것이 필요하다. 문제 상황에 대한 원인이 피해학생에게 있는 것은 아닌지에 대해서도 냉정하게 살펴볼 필요가 있다(오혜영 외, 2009).

② 학급 내 자리 배치하기 : 담임교사는 각 학생이 차지하는 학급 내의 사회적 위치를 점검해 두고 괴롭힘 예방을 염두에 두며 자리를 배치한다. 학습에는 리더, 인기학생, 비인기학생, 배척학생 등이 있다. 바람직한 학급 분위기를 조성하기 위해 짝꿍을 자주 바꾸어 주되, 자기가 좋아하는 친구와 앉게 하는 대신 사과하고 싶은 것이 있는 친구 또는 도움을 주고받을 수 있는 친구와 앉게 하는 등 사회적 위치를 고려하여 자리를 배치한다(박성희 외, 2012b).

■ 가해학생에 대한 전략

① 빈 의자 기법을 활용한 역할극 하기

- 빈 의자 A, B 두 개를 마주 놓는다.
- 가해학생은 A의자에 앉아서 빈 의자 B에 피해학생이 앉아 있다고 상상하면서, 피해학생을 향해 자신이 행한 언어폭력의 내용을 그대로 재현한다.
- 이제 가해학생은 빈 의자 B로 자리를 옮겨 앉아 언어폭력을 당한 피해학생의 입장에서 생각과 느낌을 표현한다.
- 가해학생은 다시 A의자로 자리를 옮겨 앉아 피해학생의 말에 대답한다.
- 가해학생은 다시 B의자로 자리를 옮겨 앉아 피해학생의 입장에서 자신에게 말한다.

이런 식으로 가해학생은 이쪽 빈 의자에 앉아 자신의 속을 털어놓고, 그 다음에는 저쪽 빈 의자로 자리를 옮겨 앉아 피해학생의 입장에서 조금 전 자신의 말에 반응한다.
이러한 작업을 번갈아 실시하며 직접 대화를 주고받음으로써 언어폭력을 하는 자신의 감정과 행동에 대한 이해를 높이고 동시에 피해학생의 심정을 헤아리는 기회를 가질 수 있다(송재홍 외, 2016).

② 롤링 페이퍼 작성하기

- 가해학생과 피해학생들이 함께 서로 칭찬하는 문구나 장점을 써 주는 활동인 롤링 페이퍼 만들기를 한다.
- 롤링 페이퍼 작성을 할 때 친구들에 대한 욕설이나 비방은 절대 하면 안 된다는 규칙을 정한다.
- 학생들에게 종이를 한 장씩 나누어 주고, 그 종이에 자신의 이름이나 친구들이 다 알 수 있는 별칭을 쓰고 테두리를 자유롭게 꾸미게 한다.
- 한 방향으로 순서를 정하고, 메시지를 다 적은 종이는 다시 정해진 방향으로 다른 급우에게 전달하여 모든 급우가 참여할 수 있도록 한다.
- 각자의 자리에 종이가 오면 그 종이에 적힌 이름의 친구에 대한 긍정적인 피드백이나 장점을 적어 준다.
- 롤링 페이퍼가 일정한 방향으로 한 바퀴를 다 돌아 자기 이름이 적힌 종이가 자신에게 오면 롤링 페이퍼 쓰기 활동이 끝난다.
- 학생들이 자신의 롤링 페이퍼를 읽고 난 후 긍정적인 피드백을 받은 느낌을 경험하도록 하며, 친구들에 대한 감사의 마음을 느끼고 자존감을 향상시키도록 한다(송재홍 외, 2016).

5) 폭력을 해결하기 위한 교육적·행정적 조치

(1) 교사의 조치

학기 초 약 일주일간 학교폭력에 대한 예방교육과 함께 혹시라도 있을지 모를 학급 내 폭력세력을 파악한다. 이 과정에서 학급 카스트(일진지도)가 도움이 될 수 있다. 학급 카스트를 만드는 방법은 다음과 같다(문재현, 2012)

- 학급 학생들에게 A4 크기의 백지를 한 장씩 나누어 준다.
- 피라미드 모양을 그리고 네 칸이 되게 가로로 칸을 나누게 한다.
- 맨 아래 칸이 1단계, 맨 위를 4단계로 하고 이 피라미드는 일종의 먹이사슬과 같다고 말해 준다.
- 각 칸에 급우들의 이름을 적는다.
- 적어 놓은 급우의 이름 옆에 왜 그렇게 생각하는지 이유를 적는다.
- 학급 학생들의 피라미드를 종합하여 학급 피라미드를 작성한다.
- 학급 피라미드의 결과를 공개하고 느낌 나누기를 한다.

(2) 학교 차원의 조치

- 학교 내에서 발생한 집단폭력이 경미한 사안이 아니라고 판단되면 담임교사는 학교폭력 전담기구에 즉시 신고하고, 학교폭력 전담기구는 발생한 폭력의 실태를 조사하여 관련 절차에 따라 처리한다.
- 폭력 사안이 인근 학교나 상급학교와 연관되어 있을 때에는 관련된 학교를 연계하여 진상조사를 실시한 후 조치를 취해야 한다. 진상조사를 한 결과 폭력 양태가 심각하다고 판단될 경우 공동의 '학교폭력심의위원회'를 개최하여 가해자에 대한 조치와 피해자에 대한 보호책이 마련되어야 한다.
- 학교 내 일진에 대한 개념은 학교 상황에 따라 그 폭과 범위가 매우 다양하다. 일반 사회 조직에서의 '일진' 개념과 달리 학교 안에서 일반 학생들이 '일진'이라고 생각하는 개념은 다소 다르다. 학교 안에서 일반 학생들에게 위협을 느끼도록 분위기를 조성하고 더 나아가 정신적·물리적 폭력을 휘두르는 집단 세력은 모두 '일진'이라고 볼 수 있다. 2012년 5월부터 일진에 대해서는 교육과학기술부 차원에서 경찰청과 협조하여 일진경보제를 활용하고 있다(교육과학기술부, 2012).

3장 금품갈취 및 강요

이 장에서는 학교폭력의 유형 중 금품갈취 및 강요의 개념 및 유형, 다양한 사례, 대처 방안에 대해 자세히 살펴보고자 한다.

1. 금품갈취 및 강요의 개념 및 유형

1) 금품갈취의 개념

「학교폭력예방법」에서 제시한 금품갈취에는 공갈이 있는데, 이는 금전을 뜯어내거나 옷이나 문구류 등을 빼앗는 행위이다. 이는 속칭, 삥뜯기라고 한다. 형법상 공갈이란 사람을 공갈하여 재물의 교부를 받거나, 재산상의 이익을 얻거나, 또는 제3자로 하여금 재물의 교부를 받게 하거나 재산상의 이익을 얻게 하는 것을 의미한다. 공갈의 의미는 재물 또는 재산상의 이익을 교부하게 하는 수단으로써 행하여지는 폭력이나 협박이다. 여기에서 재물이란 동산·부동산을 구분하지 않으며, 재산상의 이익이란 채무의 면제나 노동의 제공 등을 말한다. 그리고 협박의 내용인 해악(害惡)의 종류에는 제한이 없으며, 통고된 사실의 진위 여부나 현실 가능성의 유무는 중요하지 않다. 또 해악의 통고는 명시적일 필요가 없고, 자기의 성품·경력·지위 등을 빙자하여 부당한 청구를 하는 경우도 공갈의 수단이 될 수 있다. 공갈이 성립되기 위해서는 공갈행위에 의하여 상대방이 공포심을 가짐으로써 재물의 교부 및 재산적 처분을 하였음을 필요로 한다. 즉, 폭행이나 협박 등으로 피해자가 공포심을 느껴서 의사결정이나 실행의 자유가 방해된 상태에서 이루어진 것을 의미한다. 그런데 피해자의 거부가 있었음에도 불구하고 폭행과 협박의 정도가 심해서 그 반항을 억압하고 강제로 빼앗은 경우는 강도죄에 해당한다. 이때 재산상의 피해자와 피공갈자가 반드시 동일인일 필요가 없고, 피해자에게 반드시 재산상의 손해가 발생할 필요도 없다(양명희·김희정·임유경, 2018).

앞에서 설명한 금품갈취(공갈)의 법률적 의미를 정리하면 다음의 〈표 3-1〉과 같다.

〈표 3-1〉 학교폭력의 금품갈취 종류와 의미

금품갈취 종류	법률적 의미
공갈	폭행 또는 협박으로 공포심을 느껴 의사결정 및 실행의 자유가 방해된 심적 상태를 일으키게 하여 재물과 재산상의 이익을 취득하거나 제3자로 하여금 취득하게 하는 것

2) 금품갈취의 유형

교육과학기술부(2012)가 실시한 학교폭력 전수조사와 한국교육개발원(2012)이 조사한 학교폭력 전수조사의 내용을 살펴보면 금품갈취 행동은 중학교에서 절정에 달하지만, 초등학교에서도 점점 심각해지는 것으로 밝혀졌다. 초등학교에서 발견되는 금품갈취 행동은 대개 선후배 관계, 즉 학교 선배가 후배를 괴롭히는 형태로 이루어진다. 학교폭력이 시작되는 시기가 점점 빨라지는 것을 고려하면 중학교에서 발견되는 금품갈취 사례들이 앞으로 초등학교에서도 발생할 가능성이 높으므로 관심을 가지고 지켜볼 필요가 있다.

금품갈취 행동은 학원이나 길거리 뒷골목 등 남의 이목이 집중되지 않는 곳에서 자주 발생하는데, 한 번으로 끝나지 않고 상습적으로 반복된다는 데에 더 큰 문제가 있다(송재홍 외, 2016).

교육과학기술부(2012)가 '학교폭력 근절을 위한 종합대책'에서 제시한 금품갈취의 유형은 다음과 같다.

- 돌려줄 생각이 없으면서 돈을 요구하는 행위
- 옷, 문구류 등을 빌린다며 되돌려주지 않는 행위(공갈죄)
- 일부러 물품을 망가뜨리는 행위
- 돈을 걷어오라고 하는 행위 강요

3) 강요의 개념

「학교폭력예방법」에서 제시한 강요는 강요·강제적 심부름이다. 형법상 강요란 폭행 또는 협박으로 사람의 권리행사를 방해하거나 해야 할 의무가 없는 일을 하게 하는 것을 의미한다. 이는 자기가 원하는 대로 활동할 자유를 침해하는 것이다. 이때 강요의 수단은 폭행 또는 협박인데, 폭행·협박의 대상자와 강요당하는 자가 다를 수도 있다. 여기서 폭행이란 사람의 신체에 직접 폭력을 가하거나 물건에 폭력을 가함으로써 사람의 의사활동을 침해하는 직·간접의 유형력 행사를 뜻한다. 또한 협박이란 상대방에게 해악(害惡)을 고지하여 공포심을 갖게 하는 행위이다. 강요에서 폭행·협박은 반드시 상대방의 반항을 불가능하게 하거나 곤란하게 할 정도에 이를 것을 필요로 하지는 않으며, 상대방에게 공포심을 주어 그 의사결정과 활동에 영향을 끼칠 정도의 것을 의미한다. 권리행사의 방해란 법률상 허용된 행위를 못하게 하거나 법률상 해야 할 의무가 없는 행위를 행하게 하는 것으로, 그 행위가 법률행위이든 사실행위이든지를 불문하고 상대가 자유롭게 활동하는 것을 저해하는 것을 의미한다. 또한 해야 할 의무가 없는 일을 하게 한다는 것은 자기에게 아무 권리도 없으면서 의무 없는 상대방에게 강요하는 것을 말한다. 요약하자면, 강요는 폭행·협박으로 상대의 권리행사를 방해하였거나 해야 할 의무가 없는 일의 강제가 이루어졌다는 결과가 발생하여야 성립된다.

강제적 심부름은 교육기관에서 학생들 사이에 발생하는 강요를 이름하여, 일명 셔틀(shuttle)이라고 불리기도 한다. 셔틀이라는 명칭은 스타크래프트라는 시뮬레이션 게임에서 프로토스라는 가상의 종족의 병력 수송선인 셔틀에서 유래했다.

심부름 도중에 다른 일진에게 빵을 뺏기면 '셔틀 추락', 심부름 속도가 빠르면 '속업 셔틀'이라고 부른다. 셔틀에는 힘센 학생들의 강요에 의해 빵을 사다 주는 것과 같은 잔심부름을 하는 '빵 셔틀', 강요로 무선 데이터 무제한 요금제에 가입하여 스마트폰 '태더링'이나 '핫스팟' 기능을 통해 와이파이 인터넷을 제공하는 '와이파이 셔틀', 스마트폰 게임(애니팡 등)을 하는 데 필요한 '하트'를 상납하는 '하트 셔틀' 등이 있다. 그 외에도 심부름의 종류에 따라 돈 셔틀, 담배 셔틀, 시험 셔틀, 버스 셔틀, 가방 셔틀 등이 있다(양명희·김희정·임유경, 2018).

앞에서 설명한 강요(강요·강제적 심부름)의 법률적 의미를 정리하면 다음의 〈표 3-2〉와 같다.

〈표 3-2〉 학교폭력의 강요 종류와 의미

강요 종류		법률적 의미
강요	강요	폭행 또는 협박으로 사람의 권리행사를 방해하거나 해야 할 의무가 없는 일을 하게 하는 행위
	강제적 심부름	특정인에게 강제적으로 심부름을 시키는 것

4) 강요의 유형

교육과학기술부(2012)가 '학교폭력 근절을 위한 종합대책'에서 제시한 강요의 유형은 다음과 같다.

- 속칭 삥(금전) 뜯기(공갈죄)
- 속칭 빵 셔틀, 와이파이 셔틀, 과제 대행, 게임 대행, 심부름 강요 등 의사에 반하는 행동을 강요하는 행위(강제적 심부름)
- 폭행 또는 협박으로 상대방의 권리행사를 방해하거나 해야 할 의무가 없는 일을 하게 하는 행위(강요죄)

2. 금품갈취 및 강요 사례

사례 1

〈중학교 2학년 4명이 중1 수십명 금품 뜯고 상습 폭행·추행〉

경남 진주시 충무공동 A 중학교에서 고학년이 저학년을 대상으로 금품을 갈취하는 학교폭력 사건이 발생해 충격을 주고 있다.

23일 피해학생 학부모와 진주 A 중학교 관계자 등에 따르면 입학시기인 지난 3월부터 최근까지 A 중학교 1학년 학생 다수가 2학년 4명으로부터 상습 학교폭력을 당했다.

이들은 폭행·성추행에 돈 갈취 등 피해학생만 대략 30 여명에 달하는 것으로 파악돼 교육당국이 뒤늦게 조사에 나섰다.

또한, A 중학교 뿐만 아니라 인근 B 중학교 1학년 학생들도 피해를 호소하고 있는 실정이다.

취재를 종합하면 가해학생들은 문자나 DM 등을 통해 후배들에게 돈을 빌려달라며 돈을 받은 뒤 돈을 갚지 않았다. 또 게임 계정을 뺏어 마음대로 사용하고, 말을 듣지 않은 아이들은 학교나 공원 등으로 불러내 폭행한 것으로 알려졌다.

가해학생들의 폭력은 사이버 상에서도 이뤄졌다. 이들은 휴대전화를 뺏은 뒤 SNS와 문자 내용 등을 확인하고 피해자 주변인들에게 고백이나 성적 농담이 담긴 문자를 무차별적으로 날리기도 했다.

또한 성희롱 피해를 호소한 학부모도 있다. 남녀 학생들이 여럿 모여 있는 장소에서 남학생의 바지를 벗기는 일도 있었던 것으로 알려졌다. 그럼에도 피해학생들은 보복이 두려워 제대로 신고조차 하질 못했다. 교육당국의 뒤늦은 대응도 논란이다.

학교 측은 앞서 금품 갈취 정황을 파악한 상태였지만 적극적으로 대응하지는 않았다. 이달 초 "학생 간 금품 갈취 사례가 발생하고 있다"며 주의를 당부하는 내용의 가정통신문을 발송했을 뿐이다.

결국 한 학부모가 나서 피해 사실을 알리자 20여명에 가까운 학부모들이 동참

했고, 결국 학교측도 대응에 나선 상태다.

학교측은 피해학생들과 가해학생들을 분리조치 하는 등 2차 피해 예방에 나섰으며 전수조사에 들어갔으며 추가 피해 여부 등을 확인한 뒤 처벌 여부를 논의할 계획이다.

A 중학교 관계자는 "최근들어 피해 사실을 확인했다"며 "추가 피해가 없도록 최대한 노력할 계획"이라고 밝혔다.

한 피해 학부모는 "이미 몇몇 학생들이 학교에 제보를 한 것으로 알고 있지만 제대로 된 대응이 이뤄지지 않았다"며 "아이들은 심각한 정신적 피해를 입었고 단순히 사과 정도만 하고 넘어간다면 법적 대응하겠다"고 강조했다.

경찰 관계자는 "아직 학부모들로부터 고소장이나 진정서 등이 접수되지 않았다"며 "사건이 접수되면 수사를 통해 처리하겠다"고 말했다. (newsis, 2024.06.23)

사례 2

〈돈 갈취, 성추행…진주 학폭 41명 피해〉

동급생이나 후배 다수를 상대로 금품 갈취와 협박, 가혹 행위를 일삼은 '진주 학교 폭력 사건'의 피해자가 수십 명으로 늘었다.

경남도교육청은 이 사건 관련 진주지역 2개 중학교 학생을 대상으로 전수조사를 벌인 끝에 이런 결과를 얻었다고 3일 밝혔다.

앞서 지난달 21일 모 중학교 2학년 A 군 일행 4명이 지난 3월부터 최근까지 1~2학년 학생 다수를 상대로 이런 범행을 저질렀다는 신고가 학교 등에 접수됐다.

도교육청은 같은 달 24일 조사에 착수해 A 군 등이 41명으로부터 총 126만여 원을 갈취한 사실을 확인했다. 이는 애초 알려진 피해 규모(5명)와 비교해 대폭 늘어난 수치이다.

구체적으로는 이 학교 1학년 22명과 2학년 8명 등 30명이 총 113만여 원 상당을 A 군 등에게 빼앗겼다. 또 2.3㎞ 정도 떨어진 다른 중학교 1학년 8명과 2학년 3명 등 11명도 12만여 원을 건넸다.

> A 군 등은 이 기간 SNS를 통해 후배들에게 수시로 돈을 요구해 각각 5000원에서 2만 원 정도를 가로챘다. 피해자들이 돈이 없다고 답하면 "주변에서 구해오라"고 요구하거나 폭행하겠다고 겁을 줬다.
>
> 또 이름표 스티커를 신체 중요 부위에 붙이고 다니며 인증 사진을 보내라고 강요하는 등 성적 수치심을 유발했다. 이와 함께 폭행 사실이 학교 측에 알려지자 피해자에게 연락해 신고자를 색출하는 등 불안감을 조성하기도 했다.
>
> 다만 폭행 사례는 없는 것으로 집계됐다. 이들 중 일부는 신체에 문신을 한 것으로 알려졌다.
>
> 도교육청은 학교 측의 은폐·축소 의혹에 대해서도 조사를 이어가고 있다. 피해 학부모 일부는 학교 측이 해당 사건을 인지하고도 '학생 간 금품 갈취 사례가 발생해 주의가 요구된다'는 취지의 가정통신문을 발송하는 데 그쳤다고 주장한다.
>
> 경찰은 이와 별도로 피해자 등을 상대로 입건 전 조사(내사)를 벌이고 있다. 혐의점이 명확해지면 수사로 전환할 방침이다. A 군 등은 촉법소년이 아닌 탓에 형사 책임을 져야 한다.
>
> 도교육청 관계자는 "가해학생 특별 교육 등 재발 방지를 위해 노력하고 있다"며 "취약 시간 순찰과 교외 생활 지도 역시 강화할 것"이라고 말했다. (국제신문, 2024.07.03)

3. 금품갈취 및 강요 대처 방안

1) 금품갈취 및 강요 초기 대응

강요에는 강제적 심부름 등이 해당되는데, 폭력서클과 연계되어 있거나 금품갈취와 함께 일어날 수 있으므로 평소에 즉시 신고하도록 예방교육을 실시한다. 학생이 친구를 대신하여 심부름을 하거나, 친구를 대신하여 과제를 하거나, 책가방을 들어주거나, 친구에게 음식물을 제공하거나, 옷 등을 빌려주는 등의 행동이 감지된다면 '강요'를 의심해 보아야 한다.

피해학생 조치	가해학생 조치
• 상담을 통하여 어느 정도 피해를 입었는지, 다른 폭력 피해는 없는지 확인 • 당분간 부모가 등 · 하교 길에 동행	• 단순가담 학생들은 상담을 통해 지도 • 보호자에게 알리고 재발 방지를 위한 지도

2) 금품갈취를 해결하기 위한 상담기법

금품갈취는 자기보다 나은 사람을 신체적인 힘이나 권력으로 짓누름으로써 가진 것을 빼앗고 여기에서 일종의 쾌감과 만족감을 누리려는 부적응적 행위이며, 또한 상대방을 결핍시키고 자신을 보충시켜 심리적으로 대등한 관계를 만들어 보려고 하는 욕구에서 비롯된 행동이기도 하다. 이에 대한 상담개입 전략에 대해서는 다음과 같은 방법을 소개하고 있다(박성희 외, 2012b)

(1) 일반적 상담 전략

문제행동을 하는 학생 대부분이 그렇지만, 특히 금품갈취를 할 정도로 정도가 심해진 학생들은 성장 과정에 충분한 '인격적 존중'을 받지 못한 경우가 많다. 따라서 상담자는 이들과 만날 때 문제를 해결하겠다는 자세가 아니라 인격적 만남을 하겠다는 자세를 가지는 것이 바람직하다. 인격적 만남이란 상대방을 하나의 독립된 인격체로 인정하면서 그의 자기주도성을 최대한 존중해 주는 만남을 말한다. 살인같이 극악무도한 행동을 했을지언정 그 역시 하나의 인간으로서 자기 삶을 만들어 가는 고유한 인격이라는 사실을 존중해 주라는 뜻이다. 상담에서 이런 만남을 실현하려면 소위 인간관계의 필요충분조건이라고 말하는 진정성, 무조건적 긍정적 존중, 공감적 이해가 제대로 반영된 관계를 이끌어 가야 한다. 따라서 상담자는 상담관계에서 이 세 가지 조건을 충족시키는 역량을 키울 필요가 있다(송재홍 외, 2016).

(2) 구체적 상담 전략

■ 피해학생에 대한 전략 – '나–전달법'을 이용한 의사전달 훈련

'나–전달법(I–message)'은 상대방에게 나의 입장과 감정을 전달함으로써 상호 이해를 도우려는 대화법이다. 상대방의 행동에 대하여 '나'를 주어로 해서 자신의 생각이나 감정을 표현하는 방식이다. '너'를 주어로 하여 상대방의 행동에 대해 표현하는 대화 방식인 '너–전달법(You–message)'과 대조되는 것으로 다음과 같은 절차를 따른다(박성희 외, 2012b).

- 문제가 되는 상대방의 행동과 상황을 구체적으로 말하되, 상대방의 행동에 대해서 어떤 판단이나 비판, 평가의 의미를 담지 않고 객관적인 사실만을 말한다.
- 상대방의 행동이 자신에게 미치는 영향을 구체적으로 말한다.
- 더불어 상대방의 행동 때문에 생겨난 감정을 솔직하게 말한다.

금품갈취를 경험한 경우, 이 대화법을 적용해 보면 다음과 같다.

- "지금 내가 너에게 돈을 주면 내가 쓸 돈이 없어져서 우리 부모님을 상대로 도둑질을 해야 하는데, 미안하지만 그렇게는 못하겠어. 부모님을 속이면서까지 누군가에게 돈을 가져다 주고 싶지는 않아."
- "네 사정이 딱하지만 나도 돈을 써야 하니까 너에게 줄 수가 없어."
- "지금 돈을 주면 나는 앞으로 너에게 돈을 빼앗길 것 같고, 같은 일이 반복되면 언젠가는 너를 선생님께 이를 것 같아서 불안하고 무서워. 이런 요구는 하지 말아 줘."
- "이런 일로 내가 학교에 오기 싫어질까 봐 겁이 나. 나는 학교생활을 즐겁게 하고 싶어."

■ 가해학생에 대한 전략 – 하향 화살표(⬇) 기법 사용하기(부정적인 신념 해체하기)

금품갈취를 서슴지 않는 가해학생은 세상을 부정적으로 보는 뒤틀린 신념과 사고를 가지고 있을 가능성이 높다. 따라서 시간이 들더라도 이들의 부정적 신념과 사고를 해체하고 세상을 긍정적으로 바라볼 수 있게 도와줄 필요가 있다.

하향 화살표 기법은 특정 사건에 대해 가해학생의 머릿속에서 자동적으로 돌아가는 사고를 찾아내고 '과연 이 자동적 사고가 나에게 무엇을 의미하는가?'라는 물음을 계속 던짐으로써 좀 더 심층적인 부적응적 신념과 사고를 탐색해 가는 기법이다. 이 방법에서 상담자의 역할은 학생 스스로 자기 자신이 가진 잘못된 사고를 찾아내어 확인하고 수정할 수 있도록 지속적으로 격려해 주는 것이다. 따라서 학생을 설득하거나 충고하려고 하지 말고 학생 스스로 사고나 신념을 정리할 수 있도록 계속 대화를 이어 가는 것이 중요하다.

하향 화살표 기법

예

교사 친구들 옷을 빼앗으면서 어떤 생각이 들었는지 말해 볼래? (⬇)

학생 그냥 갖고 싶기도 하고, 내가 세다는 걸 보여주고 싶었어요.

교사 왜 힘이 세다는 것을 보여주고 싶지? (⬇)

학생 힘이 세면 아무도 무시하지 않으니까요.

교사 무시당하지 않는다는 건 어떤 의미니? (⬇)

학생 그냥 내가 하고 싶은 대로 할 수 있어요.

교사 하고 싶은 대로 하고 사는 건 어떤 의미니? (⬇)

학생 하고 싶은 대로 하고 살면 좋은 거잖아요.

학생을 설득하거나 충고하려 하지 말고 이처럼 대화를 하면서 학생이 가지고 있는 부적응적인 신념에 대해 스스로 접근하여 잘못됨을 깨닫도록 하는 것이 좋다. 인지치료적 접근에서 교사의 역할은 학생 자신이 가진 잘못된 생각을 스스로 찾아내어 확인하고 수정할 수 있도록 지속적으로 격려해 주는 것임을 명심해야 한다.

3) 금품갈취를 해결하기 위한 교육적·행정적 조치

금품갈취에 대한 교육적·행적적 조치는 돈이나 물건을 빼앗는 문제행동이 교실에서 일어난 경우에는 문제를 일으킨 학생뿐만 아니라 학급 전체를 대상으로 예방교육 및 추후교육이 실시되어야 한다. 이때 일회성 교육이 아닌 장기적인 계획을 가지고 학교폭력 예방 프로그램을 운영하는 것이 좋다.

학습에서 문제가 발생하지 않더라도 평소에 주기적으로 다양한 학교폭력 문제에 대한 예방 차원의 교육 및 상담 프로그램을 진행하는 것이 건강하고 바람직한 학급문화를 가꾸는 데 도움을 줄 것이다. 이때 담임교사가 직접 학교폭력 예방 프로그램을 구성하여 운영할 수도 있겠지만, 여러 기관에서 개발·보급한 자료 중 적절한 프로그램을 선택하고 학급 상황에 맞게 수정하여 활용하는 것이 좀 더 쉽고 효율적일 수 있다.

4장 따돌림

이 장에서는 학교폭력의 유형 중 따돌림의 개념 및 유형, 다양한 사례, 대처 방안에 대해 자세히 살펴보고자 한다.

1. 따돌림의 개념 및 유형

1) 따돌림의 개념

「학교폭력예방법」에 의하면 따돌림이란 학교 내외에서 두 명 이상의 학생들이 특정인이나 특정 집단의 학생들을 대상으로 지속적이거나 반복적으로 신체적 또는 심리적 공격을 가하여 상대방이 고통을 느끼도록 하는 일체의 행위를 의미한다. 따돌림은 두 명 이상이 관여해야 하므로 집단행동의 특성이 있다. 따돌림은 흔히 또래를 어떤 방식으로든 의도적으로 격리시키는 것을 뜻하며, 왕따나 집단 따돌림이라는 용어와 같은 의미로 사용된다. 따돌림에는 종류에 따라 속칭 은따, 영따, 전따, 반따, 대따, 뚱따, 찐따, 개따, 별따 등이 있다. '은따'는 은근히 따돌리는 경우이고, '영따'는 영원히 따돌리는 것이며, '전따'는 전교생이 따돌리는 경우, '반따'는 반이나 소집단에서 따돌리는 경우이다. '대따'는 드러내놓고 따돌리는 것을 말하고, '뚱따'는 뚱뚱하다고 따돌리는 것이며, '찐따'는 '찌질이 왕따'를 줄인 말로 덜떨어진 남자를 뜻하고, '개따'는 왕따에게 왕따를 당하는 경우를 의미한다(양명희·김희정·임유경, 2018).

앞에서 설명한 따돌림의 법률적 의미를 정리하면 다음의 〈표 4-1〉과 같다.

〈표 4-1〉 학교폭력의 따돌림 의미

따돌림 종류	법률적 의미
따돌림	학교 내외에서 두 명 이상의 학생들이 특정인이나 특정 집단의 학생들을 대상으로 지속적이거나 반복적으로 신체적 또는 심리적 공격을 가하여 상대방이 고통을 느끼도록 하는 것

자녀 안심하고 학교보내기운동 국민재단(2012)에서는 따돌림을 첫째, 집단적으로 상대방을 의도적·반복적으로 피하는 행위, 둘째, 다른 학생들과 어울리지 못하게 막기, 셋째, 싫어하는 말로 바보 취급 등 놀리기, 넷째, 빈정거림, 면박 주기, 골탕 먹이기 등으로 나누고 있다(송재홍 외, 2016).

2) 따돌림의 유형

교육과학기술부(2012)가 실시한 학교폭력 전수조사와 한국교육개발원(2012)이 조사한 학교폭력 전수조사의 내용을 살펴보면 학교급별로 다양한 형태의 집단 따돌림과 괴롭힘이 일어나고 있음을 알 수 있다. 전반적으로 초등학교 아동들은 장난과 폭력을 구별하지 못하는 경향이 있는데 저학년일수록 그 정도가 심하다. 따라서 아동들은 잘못된 것인지 모른 채 장난삼아 재미로 친구를 괴롭히고 따돌림을 하는 경우가 많다. 돌아가면서 집단 따돌림을 한다든가 게임으로 친구를 괴롭히는 행동을 하는 사례들이 이에 속한다. 저학년 피해학생의 경우 피해사실에 대한 민감섬과 대응력이 부족한 특징이 있는데 이 역시 장난과 폭력을 구분하지 못하는 데에 기인하는 것으로 해석된다. 새로운 폭력 유형으로 등장한 왕따대물림, 모세의 기적, 콜로세움, 바이러스놀이, 도둑놈놀이, 사채놀이, 쓰리디놀이, 햄버거놀이, 셔틀놀이 등은 집단 괴롭힘과 따돌림에 속하는 것으로 분류할 수 있다.

중학교에 올라가면 따돌림이 아주 심각한 수준이 된다. 이제 따돌림은 단순한 장난이 아니라 피해학생을 악의적으로 괴롭히는 행동으로 변질된다. 흔히 따돌림은 뚱뚱하다, 못생겼다, 키가 작다, 냄새가 난다, 여드름이 많다 등 외모를 빌미로 시작되는데 그 강도가 점점 심해진다. 옆에서 지켜보는 학생들이 피해학생에게 도움을 주려고 하면 그들까지 함께 따돌림을 시켜서 도움의 손길도 막아 버린다. 장애인에 대한 괴롭힘과 따돌림 역시 심해지고 있다(송재홍 외, 2016).

교육과학기술부(2012)가 '학교폭력 근절을 위한 종합대책'에서 제시한 따돌림의 유형은 다음과 같다.

- 집단적으로 상대방을 의도적이고, 반복적으로 피하는 행위
- 다른 학생들과 어울리지 못하도록 막는 행위(강요죄)
- 지속적으로 싫어하는 말로 바보 취급 등 놀리기(모욕죄)
- 빈정거림, 면박 주기, 겁주기, 골탕 먹이기, 비웃기와 같은 놀리는 행위(모욕죄)

황성숙(1998)은 학생들이 지각하고 있는 학교폭력 따돌림을 소외형, 협박형, 조롱형, 장난형, 강제형의 다섯 가지로 구분하였다. 각 유형에서 경험된 구체적 따돌림 행위는 다음의 〈표 4-2〉와 같다.

〈표 4-2〉 따돌림 유형과 예

따돌림 유형	예
소외형	• 인사를 노골적으로 무시함 • 같이 노는 데 끼워 주지 않음 • 질문을 의도적으로 무시함 • 점심을 같이 먹자고 해도 무시함 • 뒤에서 손가락질함
협박형	• '재수 없어'라는 말을 함 • '×년'이라고 욕을 함 • '꺼져 버려'라는 말을 함
조롱형	• 신체적 장애나 체형과 관련하여 놀림 • 공부 못한다고 놀림 • 소심하다고 놀림 • 집안 사정이나 경제적 형편을 놀림

장난형	• 체육복이나 신발을 훼손함 • 목 조르기, 옷 벗기기, 툭툭 치기, 발로 차기, 꼬집기
강제형	• 숙제를 강제로 하게 함 • 가방을 대신 들고 가게 함 • 시험 답안지를 보여 달라고 함 • 준비물을 빼앗음

출처: 황성숙(1998).

2. 따돌림 사례

사례 1

〈둘만 있을 때 귓속말로 욕하기〉

서울 강북 지역에 사는 초등학교 6학년 C군(12세)은 조용한 성격이다. 같은 학교 D군(12세)은 C군과 단둘이 있을 때만 귓속말로 "씨×놈", "개××"라고 욕한다. 어느 날 D군이 또 C군에게 온갖 욕을 40차례나 쏟아 냈다. C군은 참다못해 D군에게 "이제 그만 좀 해. 개××야."라는 문자를 보냈다. D군은 C군이 자기에게 보낸 메시지를 카카오톡으로 친구 수십 명에게 보냈다. 순식간에 C군은 학교에서 왕따가 되었다. C군 어머니는 "증거도 안 남기고 교묘하게 아이를 괴롭히면서 우리 아이가 한 번 욕한 것을 퍼뜨려 왕따를 만들었다"고 말했다(J일보, 2013. 5. 24.).

출처 : 송선희, 김항중, 박미진, 이현주(2017). 생활지도와 학교폭력의 이해.

사례 2

〈친구들의 따돌림에 할퀴고 멍든 상처〉

중학교 2학년생인 피해학생 L양(14세)은 학교 미술시간에 책상을 앞으로 당기라며 시비를 거는 여자 동급생 B로부터 "××년", "재수없다."는 욕설을 들었고, 그 다음날부터 같은 반 친구들의 수군거림과 욕설을 받기 시작했다. B가 주도하는 집단 따돌림이 시작되면서 체육 시간에는 항상 혼자였고, 피구라도 하는 날이면 제일 먼저 공격을 당하고 점심시간에는 항상 혼자서 밥을 먹었다. 교실에서 자리를 뜨면 아이들은 뒤에서 욕을 하였다. "××년, 어디 가냐?", "밥맛 없어! 재 보면 올라올 것 같아.", "찌질이 같지 않냐?" 등 화장실조차 맘대로 갈 수 없는 상태로 학교에서는 선생님의 수업이 귀에 들어오지 않았고 성적도 뚝뚝 떨어졌다. 5월, 6월… 달이 지날수록 심해지는 친구들의 따돌림에 할퀴고 멍든 상처 속에서 고통스럽게 지내야만 했다(D일보, 2012. 9. 10.).

출처 : 송선희, 김항중, 박미진, 이현주(2017). 생활지도와 학교폭력의 이해.

미국의 사례(1)

〈'사이버 왕따' 사회문제 대두〉

따돌림은 미국도 예외일 수 없다. 미국의 많은 학생도 따돌림으로 고통을 받고 있으며, 그 결과 정신과 치료, 자살로 생을 포기하는 등의 경우가 많아 사회문제화되고 있다. 더구나 미국은 총기 규제가 없기 때문에 어린 학생이 총기로 보복 살해하는 경우도 있어 미국 사회에 충격을 주고 있다(송선희·김항중·박미진·이현주, 2017).

미국에서 집단 따돌림을 당하던 여중생이 투신해 스스로 목숨을 끊었다. 경찰조사 결과, 이 학생은 1년여 동안 10여 명의 친구로부터 욕설과 비난이 담긴 온라인·휴대전화 메시지에 시달렸던 '사이버 왕따(Cyber bullying)' 피해자였다고 CNN방송이 보도했다.
미국 플로리다주 포크카운티 경찰은 지난달 스스로 목숨을 끊은 레베카 세드윅(12세) 양을 주도적으로 괴롭힌 크리스탈레이크 중학교 선배 A양(14세)과 동급생 B양(12세)을 체포해 스토킹 등 중범죄 혐의로 기소했다고 발표했다. 경찰은 범행에 가담한 학생 13명을 추가로 소환해 조사하기로 했다. 경찰에 따르면 A양은 같은 학교 후배인 세드윅이 자신의 남자 친구와 이전에 데이트했다는 사실을 알고 나서 그를 괴롭히기 시작했다. A는 친구들을 규합해서 세드윅을 왕따로 지목했으며, 그가 눈에 띌 때마다 폭언과 욕설을 해댔다. 세드윅과 친했던 친구 B양도 태도가 돌변해 "세드윅과 친구가 된 사람은 똑같이 당할 것"이라며 급우들을 협박했다. 괴롭히는 학생들이 늘면서 수법은 더욱심해졌다. 이들은 페이스북과 휴대전화 등 온갖 수단을 동원해 '좋아하는 사람은 아무도 없어.', '자살해라.', '표백제나 먹고 죽어라.'는 등의 메시지를 보냈다. 이를 견디지 못한 세드윅은 학교를 그만두고 집에서 공부하며 정신과 치료를 받았다. 하지만 보이지 않는 괴롭힘은 계속됐고, 지난달 9일 세드윅은 친구에게 '더는 견딜 수 없어. 난 뛰어내릴 거야.'라는 문자메시지를 보낸 뒤 건물 옥상에서 몸을 던졌다.

이번 사건을 계기로 미국에서는 사이버 왕따 문제에 관한 처벌과 대책 논의가 활발해질 것으로 보인다. 10대 청소년들이 활발히 소셜네트워크서비스(SNS)를 이용하면서 이로 인한 부작용도 커지고 있지만 뚜렷한 단속 규정이 없기 때문이다. 이번 사건에서도 경찰은 "주동자를 처벌할 뚜렷한 법적 근거가 없어 스토킹 혐의를 적용했다."고 밝혔다(J일보, 2013. 10. 17.).

출처 : 송선희, 김항중, 박미진, 이현주(2017). 생활지도와 학교폭력의 이해.

미국의 사례(2)

〈권총 숨긴 채 등교한 중학생, 막아서는 교사에게 발사〉

미국 네바다주 스팍스에 있는 스팍스 중학교는 1주일간의 가을방학을 끝내고 21일 개학했다. 오랜만에 학생들이 등교한 학교는 평소보다 더 활기찬 분위기였다. 하지만 이런 분위기는 얼마 가지 않았다. 오전 7시 16분 교실 밖에서 5~6발의 총성이 연달아 울렸다. 이름이 공개되지 않은 이 학교 학생(12세)이 권총으로 교사를 살해하고 학생 2명에게 중상을 입힌 후 자살했다고 〈뉴욕타임즈(NYT)〉가 보도했다.

범인은 부모 소유의 반자동 권총을 달고 와 동급생 2명에게 총을 쐈다. 1교시 시작을 앞두고 있던 학교는 순식간에 아수라장이 되었다. 700여 명에 달하는 학생들이 한꺼번에 건물 밖으로 빠져나가느라 부상자가 속출했다. 현장으로 달려간 수학교사 마이클 랜즈베리(45세)는 권총을 들고 있는 제자를 발견했다. 랜즈베리는 해병대 출신으로 아프가니스탄 전쟁에 두 번이나 참전한 경험이 있었다. 랜즈베리는 위험을 무릅쓰고 제자에게 다가가 그를 달래려고 했다. 하지만 흥분한 학생은 "물러서라"고 소리친 뒤 곧바로 방아쇠를 당겼다. 랜즈베리가 쓰러지자 주변에 있던 학생 20~30명이 비명을 질렀다. 그 직후 이 학생은 자신에게 권총을 발사해 목숨을 끊었다. 경찰은 "랜즈베리가 자신을 희생해 추가 피해를 막은 것으로 추정된다."고 말했다.경찰은 범인이 친구들로부터 집단 따돌림을 당한 끝에 범행을 저질렀을 가능성이 큰 것으로 보고 있다. 사건을 목격한 한 학생은 범인이 총을 쏘기 전 "왜 너희는 날 우습게 보냐. 왜 나를 비웃냐!"고 소리쳤다고 한다. 경찰 측은 "원한을 갖고 특정인을 노린 범행인지, 불특정 다수를 상대로 한 것인지 아직 확실하지 않다."고 밝혔다. 미국에선 청소년들의 집단 따돌림이 심각한 사회문제로 떠오르고 있다. 총에 맞은 학생 2명은 인근 병원으로 옮겨져 응급수술을 받았다. 각각 어깨와 복부에 총을 맞았으나 생명에는 지장이 없는 것으로 전해졌다. 학교 측은 이 사건으로 일주일간 휴교를 실시한다고 전했다(J일보, 2013. 10. 23.).

출처 : 송선희, 김항중, 박미진, 이현주(2017). 생활지도와 학교폭력의 이해.

3. 따돌림 대처 방안

1) 따돌림 초기 대응

따돌림의 경우에는 피해학생의 의사에 반하는 피해사실 공개를 금하는 것이 좋다. 피해사실이 확인되고 난 후 이를 바로 공개하면 피해학생이 당황해하고 난처해질 수 있다. 따라서 교사는 피해학생과 상담을 깊이 있게 하여 피해학생의 요구를 최대한 존중해 주는 방식으로 대처한다. 가해학생을 바로 불러서 야단치면 가해학생은 교사에게 일렀다는 이유로 피해학생을 더욱 심하게 괴롭히고 따돌리는 경우가 많다. 또한, 반 전체 앞에서 피해학생과 가해학생의 이름을 지목하며 따돌림에 대해 훈계하면 피해학생과 가해학생 모두가 낙인 찍혀 문제해결에 효과적이지 않다. 만약 따돌림 정도가 심한데 피해학생이 보복이 두려워 사안의 공개나 처벌을 반대하면 '피해를 당했을 때 조치를 취하지 않으면 폭력은 점점 심해지고 지속된다.' 혹은 '따돌리는 학생은 자신이 폭력을 행사하는 줄 모르기 때문에 이를 알려 주어야 가해 행동을 멈출 수 있다.'라는 내용으로 설득하는 것이 좋다.

피해학생 조치	가해학생 조치
• 피해학생이 정신적 피해를 심하게 입어 학교에 나오지 못하는 경우 집에서 휴식을 취하거나, 적절한 기관에서 상담을 받도록 한다. • 학교에 출석하지 못하는 동안 담임교사는 학생의 학습 상황을 수시로 점검하여 학업이 뒤처지지 않도록 한다. • 관련 기관에서 받은 진단서나 상담소견서 등을 교사에게 제출하여 출석으로 인정받을 수 있도록 한다.	• 가해학생은 실제로 자신이 무엇을 잘못했는지 모르는 경우가 많다. 그러므로 가해학생의 따돌림 행동이 명확한 '학교폭력'이라는 것을 인식시킨다. • 담임교사나 상담교사가 수시로 가해학생을 만나 지속적으로 상담을 진행한다.

2) 따돌림을 해결하기 위한 상담기법

따돌림을 해결하기 위한 상담 프로그램은 자신을 전체적인 시각에서 조망하게 하고, 자신의 잠재적인 능력을 발견·수용할 수 있도록 하여 자기가치감을 갖는 데 도움을 줄 수 있어야 한다. 아울러 자신과 타인에 대한 행동양식의 검토를 통해 사회관계에서 객관적인 자기인식을 하도록 도와줄 수 있어야 하며, 또래관계에서 요구되는 적절한 사회적 기술을 습득하게 하여 대인관계에서 효과적으로 대응하도록 도와줄 수 있어야 한다. 대표적인 상담개입 전략을 소개하면 다음과 같다.

(1) 일반적 상담 전략

따돌림 문제를 접했을 때 교사의 섣부른 꾸중과 체벌, 폭력 등은 가해·피해학생에게 더 심각한 갈등과 불화를 일으킬 수 있으며, 학생과 교사 사이에 불필요한 불신감과 적대감만 키울 뿐이다. 특히 피해학생과 가해학생에 대한 교사의 편견과 부적절한 개입, 그리고 감정적인 대처는 양측 학생 모두에게 더 큰 불화와 갈등을 조장하게 된다는 점을 명심할 필요가 있다. 따라서 교사는 선입견을 버리고 감정을 가라앉힌 후 관련된 모든 학생의 이야기와 불평불만의 소리를 주의 깊게 경청하며 문제해결에 임해야 한다.

■ 피해학생에 대한 전략

① 피해학생의 마음을 공감하고 위로한다.

② 피해학생에 대한 계속적인 상담과 그에 대한 기록을 남긴다.

③ 따돌림 당하는 원인을 찾고 이를 해결할 수 있는 방안을 다양하게 찾아본다.

④ 다양한 방법으로 피해학생의 자존감을 높여 준다.

■ 가해학생에 대한 전략

① 따돌림 행동을 탓하기 전 그런 행동을 한 이유에 대해 학생의 입장에서 자세히 경청한다.

② 따돌림 행동의 원인을 파악하고 가해학생의 욕구를 적절하게 풀어나갈 방법을 학생과 함께 찾는다.

③ 따돌림은 엄연한 폭력이고 법적 문제로 비화될 수 있다는 사실을 인식시킨다.

④ 다른 사람의 행동과 감정을 잘 이해할 수 있는 사회적 지각 능력을 키워 준다.

(2) 구체적 상담 전략

집단 괴롭힘과 따돌림의 가해학생과 피해학생에게 개입해 들어가는 상담 전략은 매우 다양하다. 여기서는 그중 몇 가지만 소개하도록 한다(송재홍 외, 2016).

■ 피해학생에 대한 전략

① 자기주장 훈련하기 : 자기주장 훈련은 소극적이거나 내성적이어서 사회적인 관계 속에서 자기를 제대로 드러내지 못하는 사람들을 위한 훈련이다. 자기주장 훈련 프로그램은 대개 다음과 같은 세 가지 수준의 훈련으로 구성된

다(송재홍 외, 2016).

- 첫 번째 단계는 자신의 권리가 침해당하는 것을 보고 과감하게 '싫다'고 말할 수 있는 능력을 키우는 훈련이다. 따돌림의 피해학생들은 대부분 따돌림을 당하면서도 "그만!", "멈춰!", "싫어!"라는 말을 잘 하지 못해서 일을 키우는 경우가 많다.
- 두 번째 단계는 다른 사람의 눈치를 보지 않고 자신의 생각과 감정을 있는 그대로 표현하는 훈련이다. 흔히 피해학생들은 자신의 생각이나 감정을 말하지 않으면서 다른 사람이 자기를 이해해 주기를 바라는데, 이는 매우 어리석은 일이다. 따라서 당당하게 다른 사람들이 알아듣도록 자신의 생각과 감정을 표현하는 훈련을 할 필요가 있다.
- 세 번째 단계는 자기 생각이나 감정 또는 권리를 주장하되 남을 배려하면서 표현함으로써 오해를 불러일으키지 않는 훈련이다. 이 단계에 이르면 다른 사람들과 갈등을 겪지 않으면서도 자기 권리를 찾는 일이 가능해진다.

② 사회기술 훈련 : 사회기술 훈련은 따돌림의 피해를 받아 왔던 학생들에게 확실한 상담개입일 수 있으며, 구체적인 행동과 태도에 중점을 둔 훈련은 보다 더 유용할 수 있다. 따돌림의 피해자는 그들이 따돌림이라는 어려운 상황에 처했을 때 어떻게 행동할지를 가르칠 필요가 있다. 예를 들면, 주위에 있는 동정적인 친구를 빨리 구하는 능력과 가해학생들에게 감정적이지 않은 방식으로 반응하는 태도를 가르칠 필요가 있다. 이러한 행동과 태도를 길러 주기 위해 이 훈련에 포함시켜야 할 필수적인 사회적 기술의 하위요소는 대처기술과 사회적 문제해결의 두 가지로 설명할 수 있다(Gresham & Elliott, 1990).

- 대처기술의 하위요소로는 의사소통하기, 자기표현하기, 자기 지각하기, 타인에 대해 판단하기, 사회적 지지를 조작하기, 칭찬 주고받기, 대화 시작하기, 주장하기, 감정 표현하기, 공감하기, 권위자를 대하기, 책임 있는 의사결정하기, 협상하기, 도움 청하기, 또래·친구관계 기술, 대처·생존 기

술이 있다.

- 사회적 문제해결의 하위요소로는 인사하기, 듣기, 질문하기와 질문에 대답하기, 대화에 끼어들기, 상호작용 시작하기와 유지하기, 규칙 따르기, 도움 주고받기, 또래 압력과 괴롭힘에 저항하기, 부정적 피드백, 화 표현하기, 주장하기, 타협하기, 자기통제하기, 공감하기가 있다.
- 사회적 기술훈련의 내용은 기본적으로 의사소통방법, 친구 사귀기, 타인의 피드백 수용하기, 갈등 해결하기, 적절한 주장적 행동, 문제해결하기 등으로 요약할 수 있다.

③ 자존감 키우기 : 따돌림을 당하는 많은 학생의 자존감은 심각하게 낮은 수준이다. 이들이 자기를 존중하고 자기 삶을 가치 있게 여기도록 돕는 일은 단순히 따돌림 문제를 해결하는 일보다 더 중요하다. 자존감은 안정감, 정체감, 소속감, 목적의식, 유능감 등의 심리적인 요소로 구성된다. 따라서 아동에게 이러한 심리적 요소들이 잘 갖추어지도록 노력할 필요가 있다(송재홍 외, 2016).

- 학생에게 안정감을 주기 위하여 담임교사는 학교와 학급이 안전한 곳이라고 느끼게 해야 한다. 이를 위해 담임교사는 따뜻한 관심을 가지고 학생을 편안하게 대하고, 학생의 모든 행동을 긍정적인 시선으로 바라볼 줄 알아야 한다.
- 학생의 정체감 형성을 돕기 위하여 담임교사는 학생의 생각이나 의견, 느낌을 자유롭게 표현하도록 돕는다. 설사 학생의 의견이 자신과 다르다고 해서 함부로 화를 내거나 적대시하거나 방어적으로 반응하는 일을 삼간다.
- 학생에게 소속감을 주기 위하여 담임교사는 학생의 감정에 민감하게 반응하고 학생이 성취한 것을 있는 그대로 인정한다. 학급 친구들 사이에도 친밀한 우정이 생기도록 돕는다.
- 학생에게 목적의식을 심어 주기 위하여 담임교사는 학생이 배우고 행하는

것에 관심을 보여 주고 스스로 기준을 세워 노력하게 한다. 학생이 어려움에 처했을 때는 기꺼이 도움을 제공한다.

- 학생에게 유능감을 갖게 하기 위하여 담임교사는 학생이 성취할 수 있는 과제를 주고 이를 달성했을 때 칭찬과 격려를 아끼지 않는다. 학생의 장점을 발견하여 이를 계발하도록 돕는 일도 중요하다.

■ 가해학생에 대한 전략

① 가해자의 지배 욕구 충족 돕기 : 따돌림 행동은 힘을 추구하는 사람이며, 지배 욕구가 강한 성격적 특성일 경우에 관찰될 수 있다. 그들은 지배적 공격성을 나타내며, 남들보다 우위에 점함으로써 사회적으로 강력해지고자 하는 목적을 갖고 있다. 따라서 남을 지배하고자 하는 것에서 동기의 원천을 찾는 가해자들에게 개인적 목표를 재구성시킬 필요가 있다. 즉, 사회적으로 지배적이 되기 위해 행동하는 대신에 사회적 명성을 얻기 위해 행동하도록 가르칠 필요가 있다(황혜자·김종운 공역, 2006). 이때 사회적 명성은 학생들에게 집단 프로젝트를 이끌고, 저학년 학생들을 가르치고, 문제해결 과정에서 어른들을 돕고, 그리고 학생회에 임원이 될 기회 등 긍정적인 리더가 됨으로써 획득될 수 있다. 그들은 지배 욕구가 강한 특성이 있으므로 자신이 속한 집단에 긍정적인 공헌을 하는 경우에는 칭찬해 주고, 사려 깊은 사람이 되도록 가르치는 등 그들의 지배 욕구를 충족시킬 수 있는 대안적인 방법을 가르칠 필요가 있다. 또한 가해학생은 자기주장이 강하고 자신의 권리가 다른 사람의 권리나 욕구보다 더 높은 것처럼 행동하는데, 훈련을 통해 자기 자신과 다른 사람을 똑같이 존중하는 것을 가르칠 필요가 있다. 이러한 자기주장에 대한 사고의 전환을 통해 가해학생은 다른 사람의 권리를 침해하지 않고도 자신감을 느낄 수 있음을 배우게 될 것이다.

② 공감 훈련하기 : 일반적으로 괴롭힘의 가해자는 피해자에 대해 동정적이지 않으며, 피해자의 고통에 공감하는 마음이 부족하다. 공감에 대한 정서적 측면과 인지적 측면 중 공격적인 학생들에게는 정서적 측면의 공감

이 부족하다. 이들은 적절한 사회적 인지와 사회적 지능을 가지고 있기 때문에 인지적 공감에 관해서는 자질을 가지고 있지만 정서적 요소는 부족하다(황혜자·김종운 공역, 2006). 공감과 공격성은 양립하지 않으므로 가해자들의 행동을 변화시키기 위해 고려할 수 있는 한 가지 전략은 공감 훈련이다. 공감 훈련은 감정을 파악하고 표현하는 훈련이다. 평소 자신의 감정에 대해 잘 느끼고 표현할 기회가 없는 학생들에게 감정 표현 연습을 주기적으로 실행하게 한다. 감정을 나타내는 다양한 어휘를 찾아 표현하는 연습을 하게 한다(송재홍 외, 2013). 공감 훈련은 분명한 책임감을 갖도록 조금씩 스며들듯 학생을 훈련시켜야 하는데, 역할 연기, 이야기, 문학을 통해 사람들이 다른 관점을 가졌다는 것에 대한 각성을 증가시켜 자기 자신과 다른 사람의 감정을 알아차리도록 가르치는 것을 포함시킬 수 있다(Stetson, Hurley, & Miller, 2003)

■ 피해학생과 가해학생의 보호자

피해학생과 가해학생의 보호자와 관련된 사항은 따돌림뿐만 아니라 다른 모든 학교폭력행동에도 동일하게 적용될 수 있는 내용이다(박성희 외, 2012b).

① 피해학생의 보호자를 상담할 때 유의할 사항

- 피해학생 보호자의 입장에서 이야기를 해야 한다. 피해학생 보호자는 자녀의 피해 때문에 감정이 상한 상태이기 때문에 따돌림의 원인을 자신의 자녀에게 돌리는 것은 아닌가 하는 오해를 해 교사에게 서운함을 느낄 수 있다.
- 대부분의 피해학생 보호자는 자기 자식이 피해를 입은 사실에만 집착하지 근본적으로 이러한 문제가 왜 일어났고, 또 앞으로 어떻게 대처해 나갈 것인지에 대하여 준비가 잘 되어 있지 않다. 따라서 담임교사는 앞으로 피해학생이 원만한 학교생활을 하기 위해 무엇이 필요한지에 초점을 맞춰 피해학생 보호자와 상담을 할 필요가 있다.
- 피해학생이 무슨 이유에서 따돌림을 당하는지, 가해학생이 누구인지를 파악하여 자녀가 대처할 수 있는 방법을 의논한다. 또한 보호자로서 자녀를 너무 이기적으로 키우지는 않았는지, 공부만 하라고 너무 몰아세운 것

은 아닌지 등 자녀 양육 방식을 되돌아보도록 도와준다.

- '바보같이 따돌림을 당하느냐?', '네가 그러니까 따돌림을 당하지.' 하는 식으로 피해학생을 너무 몰아세우지 않도록 조언한다. 그런 대응은 가뜩이나 주눅이 들어 있는 피해학생을 더욱 위축시키고 피해학생이 보호자를 진정한 상담 대상으로 신뢰하지 못하게 만든다는 사실을 알려 준다.

② 가해학생의 보호자를 상담할 때 유의할 사항

- 가해학생 보호자가 '내 아이가 그럴 리 없다.'고 반응을 하면, 이를 바꾸려고 노력해야 한다. 대개 자기 자녀는 아무 문제가 없다고 믿는 것이 대다수의 보호자의 마음이다. 하지만 따돌림은 철저히 가정 밖에서 이루어지기 때문에 쉽게 눈치를 채지 못하는 사이에 문제가 커진다. 따라서 학교나 피해학생의 보호자가 연락할 경우 냉정하게 상황을 파악하고 협조하려는 자세가 필요하다는 것을 인식하게 해야 한다.
- 가해학생에게 관심을 가지고 애정 어린 태도로 대할 것을 권한다. 자녀의 이야기도 듣지 않고 무조건 일방적으로 꾸짖을 경우 오히려 반발심만 키워 사태를 악화시킬 수 있다. 따라서 아이를 야단치기 전에 따돌림 행동을 한 원인이 무엇인지, 구체적으로 피해학생을 어떻게 따돌렸는지 차분하게 대화를 나눌 필요가 있다. 자녀를 야단치는 일보다 자녀의 행동을 이해하는 일이 먼저라는 사실을 보호자가 확실히 인식하게 한다.
- 남을 괴롭히는 학생들은 주위의 사랑을 갈망하는 경향이 있다. 외톨이가 되는 것보다 남을 괴롭힘으로써 얻게 되는 주목과 관심이 더 낫기 때문이다. 그러므로 혹시 가해학생이 외로움을 타는 것은 아닌지 또 그 원인이 보호자-자녀 관계에서 비롯된 것은 아닌지 세밀하게 살피도록 한다. 필요하다면 자녀와 심리적으로 친밀해지는 다양한 방법과 전략을 보호자에게 가르쳐 주는 것도 좋은 방법이다.

3) 따돌림을 해결하기 위한 교육적·행정적 조치

따돌림이 일어났을 때 교사와 학교 차원에서 수행해야 할 필요한 조치들로 다음과 같은 것들이 있다(송재홍 외, 2016).

(1) 따돌림 방지를 위한 학급 내 프로그램 운영

■ 따돌림의 심각성 인식시키기

먼저 따돌림을 주도해서 피해학생의 마음이나 몸에 상처를 주면 민사적·형사적 처벌을 받도록 명시되어 있는 「아동보호법」과 「학교폭력 예방 및 대책에 관한 법률」의 내용을 당시자인 학생과 학부모에게 분명하게 알려서 장난삼아 그런 일을 하는 것이 용납되지 않는다는 사실을 강조한다.

■ 학급 내 프로그램 운영

학급 경영에 아동들을 다양한 형태로 참여시켜 따돌림을 방지하는 프로그램으로 활용한다. 따돌림 도우미 구성, 따돌림 투표를 통한 사전 따돌림 방지, 따돌림 감시위원회 설치, 따돌림 일일체험 등이 그 예가 될 수 있다. 이런 활동을 통해 학급 아동들 스스로 토론하고 체험하고 규칙을 정하면서 따돌림을 예방하고 문제를 해결하는 방법을 찾아가게 돕는 일이 바람직하다.

(2) 올베우스 4대 원칙 적용

전체 학교 차원에서 따돌림을 비롯한 학교폭력을 저지하는 문화를 확산시키기 위하여 노르웨이에서 시작된 올베우스 프로그램을 도입하여 활용하는 것도 좋을 듯하다. 올베우스에서 추천하는 집단 괴롭힘에 대처하는 4대 규칙은 다음과 같다.

- 우리는 다른 친구들을 괴롭히지 않을 것이다.
- 우리는 괴롭힘을 당하는 친구들을 도울 것이다.
- 우리는 혼자 있는 친구들과 함께할 것이다.

- 만약 누군가가 괴롭힘을 당하게 된다는 것을 알면, 우리는 학교나 집의 어른들에게 이야기할 것이다.

(3) 평화로운 공동체를 만들기 위한 규칙 제정

학교를 폭력 없는 평화로운 공동체로 만들기 위하여 학교공동체의 구성원 모두가 참여하여 규칙을 정하고 이를 철저하게 지켜 가는 것도 좋은 방법일 것이다. 이 규칙은 학교와 교사가 일방적으로 제공하는 것이 아니라 학생들이 주도적으로 참여하는 다음과 같은 과정을 거쳐서 만들어져야 효과가 크다(송재홍 외, 2016).

- 학급회의를 통해 학교폭력의 문제와 심각성을 공유하기
- 학생들이 학급회의를 주도하여 토론하며 의견 수렴하기
- 학생들의 의견을 바탕으로 하되 교사의 의견과 올베우스같이 효과가 입증된 규칙들을 참조하여 우리 학교에서 지킬 규칙 만들기
- 제정된 규칙을 학부모, 교사, 학교행정가와 공유하기
- 괴롭힘 없는 평화롭고 행복한 학교를 만드는 선언식 하기

5장 성폭력

이 장에서는 성폭력의 개념과 유형, 사례, 대처 방안에 대해 살펴보고 이를 토대로 학교현장에서 학생, 학부모, 교사의 성폭력 예방, 관련 정책에 대한 실질적인 체감도를 향상하는 방안을 제시하고자 한다.

1. 성폭력의 개념 및 유형

1) 성폭력의 개념

성폭력(sexual violence)은 성과 관련된 모든 범죄이며, 성폭력을 광의의 개념으로 보면 성범죄(sex crime), 성폭행(sexual assault), 강간(rape), 성희롱(sexual harassment), 성추행(sexual molestation)을 포괄하는 개념이지만 우리나라의 현행 법률상에는 구분되어진다.

성폭력(sexual violence)이란 어떤 형태든 피해자가 원하지 않은 성적 접촉이 강제로 행해지는 것을 말하며, 사전적인 의미는 '성적인 행위로 남에게 육체적 손상 및 정신적·심리적 압박을 주는 물리적 강제력'이다(이인학 외, 2017). 시사상식사전(2010)에서 성폭력은 성희롱이나 성추행, 성폭행 등을 모두 포괄하는 개념으로 '성을 매개로 상대방의 의사에 반해 이뤄지는 모든 가해행위'를 뜻한다. 성희롱은 성에 관계된 말과 행동으로 상대방에게 불쾌감, 굴욕감 등을 주거나 고용상에서 불이익을 주는 등의 피해를 입히는 행위를 말한다. 음란한 농담이나 언서,

외모에 대한 성적인 비유나 평가, 원하지 않는 신체접촉, 회식이나 야유회 자리에서 술을 따르도록 강요하는 행위 등이 성희롱에 포함된다. 성추행은 강제추행을 뜻하는 것으로, 성희롱과 다른 것은 폭행이나 협박을 수단으로 추행한다는 것이다. 즉, 성희롱이 성적인 수치, 혐오의 감정을 느끼게 하는 일체의 행위라면, 성추행은 이러한 추행행위에 폭행, 협박 등 강제력이 가해지는 경우이다. 성폭행은 강간과 강간미수를 의미한다.

상담학 사전에서 제시한 성폭력의 개념을 살펴보면 다음과 같다(김춘경 외, 2016). 성폭력은 성에 관한 개인이나 집단의 자기결정권을 침해하여 신체, 심리, 사회적 고통을 야기하는 모든 행위를 포함하는 말로, 「성폭력범죄의 처벌 등에 관한 특례법」에 의하면 음행매개, 음화제조, 음화반포, 공연음란, 추행, 간음, 강간, 강제추행 등이 이에 속하며, 음란전화, 성기노출 등도 해당된다. 즉, 강간뿐만 아니라 성추행, 성희롱, 음란물, 인터넷 등을 통한 불쾌한 경험 등 성을 매개로 한 모든 폭력을 포괄하는 넓은 개념이다. 다시 말해, 성폭력은 완력, 위계를 이용하여 성적인 방법으로 가해지는 일방적인 폭력행위로서 강간뿐 아니라 원치 않는 신체적 접촉, 음란전화, 불쾌한 언어와 추근거리는 것, 음란한 눈빛으로 바라보는 것 등 성적으로 가해지는 신체적·언어적·정신적 폭력을 포함한다.

성폭력은 성적 자기결정권에 대한 인권의 침해행위이다. 형법상으로는 일반적으로 폭행이나 협박을 통해 사람을 강간하거나 추행하는 경우를 기준으로 하고 있다. 따라서 성폭력에 대한 막연한 불안감이나 공포뿐만 아니라 그것으로 인한 행동제약도 간접적인 성폭력이며, 조금 난폭한 성관계의 일종이 아니라 성을 매개로 한 폭력행위라고 말할 수 있다. 성폭력은 신체는 물론 심각한 정신적 충격까지 유발하는 범죄행위이며, 단순 신체상해부터 성적·생식적 능력 손상에 이르는 여러 부정적 결과를 낳는다.

우리나라에서 성폭력이 부각된 것은 1980년대부터이다. 전체적인 사회 분위기가 국가의 공권력이 행하는 폭력이 지배적이었던 당시, 1986년 부천 성고문 사건, 1987년 전남 고흥 경찰 임부 성폭행 사건, 1990년대 초 자신을 12년간 성폭행한 의붓아버지 살해사건인 김보은 사건 등 성폭력 관련 사건들이 드러나면서 사회적 쟁점이 되었다. 이런 가운데 1983년 〈여성의 전화〉가 개소되어 여성문제를 전담하는 기관이 생겼고, 이에 따라 여성에 대한 여러 사건 중 구타 및 강간 등의 성폭력 문제가 사회 문제시되었다. 1990년대를 거치면서 한국성폭력상담소 설립, 성에 관한 법률 제정 촉구 등 사회와 국가의 노력이 동시에 일어나기 시작하였다. 1994년 성폭력 특별법으로 「성폭력범죄의 처벌 및 피해자보호 등에 관한 법률」이 제정되었다. 하지만 이 법률은 성적 자기결정권의 내용은 포함되지 않은 성적 함의를 갖는 폭력을 주된 처벌 대상으로 삼았다.

2) 성폭력의 유형

성폭력의 유형은 교육부(2019)의 학교 내 성희롱·성폭력 대응 매뉴얼, 「성폭력범죄의 처벌 등에 관한 특례법」, 대검찰청(2019)의 '2019 범죄분석'을 통해 구분하였다.

(1) 학교 내 성희롱·성폭력의 유형

교육부(2019)의 학교 내 성희롱·성폭력 대응 매뉴얼에서는 행위 유형별 분류, 대상별 분류, 친족 성폭력, 데이트 성폭력/데이트폭력, 그루밍(grooming)으로 구분하였다.

가) 행위 유형별 분류

행위 유형별 분류로는 강간과 유사강간, 강제추행과 준강간·준강제추행, 성희롱, 성학대, 스토킹, 사이버 성폭력으로 구분된다.

〈표 5-1〉 학교 내 성희롱 · 성폭력 행위 유형별 분류

구분	정의
강간, 유사강간	폭행 또는 협박에 의해 상대방의 반항을 곤란하게 하여 행위자가 자신의 성기를 피해자의 성기에 삽입하는 행위
	폭행 또는 협박에 의해 상대방에 대하여 구강, 항문 등 신체(성기는 제외)의 내부에 성기를 넣거나 성기, 항문에 손가락 등 신체(성기는 제외)의 일부 또는 도구를 넣는 행위
강제추행, 준강간 · 준강제추행	폭행 또는 협박에 의해 성교는 하지 않고 가슴, 엉덩이, 성기 부위 및 다른 신체 부위에 접촉하거나 키스, 음란한 행위, 피해자나 행위자의 성기를 노출시키는 등 성적 침해를 하는 행위
	상대방의 심신상실(장애, 수면, 술에 취함, 의식 잃음) 또는 항거불능(심리적, 육체적으로 반항이 불가능한 상황)의 상태를 이용하여 강간 또는 추행을 하는 행위
성희롱	업무 또는 고용, 기타 관계에서 성적 언동 등으로 성적 굴욕감 또는 혐오감을 느끼게 하거나 성적 언동 또는 그 밖의 요구에 따르지 아니하였다는 것을 이유로 불이익을 주는 행위
성학대	보호하거나 양육하는 대상인 아동 · 청소년에 대한 성적 가혹행위
스토킹	상대방이 원하지 않는데도 지속적 또는 반복적으로 접근, 미행, 연락 등을 하며 정신적 · 신체적 피해를 입히는 행위
사이버 성폭력	온라인상에서 상대방의 동의를 구하지 않고 원치 않는 성적 대화나 메시지, 야한 사진, 동영상 등을 전달하거나 유포함으로써 불쾌감, 위협감 등을 느끼게 하는 행위

나) 대상별 분류

대상별 분류로는 아동 성폭력, 청소년 성폭력, 장애인 성폭력으로 구분된다.

〈표 5-2〉 학교 내 성희롱 · 성폭력 대상별 분류

구분	정의
아동 성폭력	13세 미만 미성년자에 대한 간음, 강간, 강제추행 등의 성폭력 행위 ※ 청소년 성폭력과의 차이점: 피해자의 동의가 있더라도 처벌됨
청소년 성폭력	13세 이상 19세 미만 미성년자에 대한 강간, 강제추행 등의 성폭력 행위
장애인 성폭력	장애인에 대한 강간, 강제추행 등의 성폭력 행위

다) 친족 성폭력

법률에서 정한 친족(혈족과 인척)에 의한 성폭력으로, 4촌 이내의 혈족(친부모, 친형제, 조부모, 이모, 외삼촌, 백숙부, 사촌, 이종사촌, 외사촌 등) 또는 2촌 이내의 인척(혼인으로 이루어진 친척 관계로 의붓아버지, 형부, 제부, 의형제와 같은 사실상 관계의 친족을 포함)에 의한 성폭력을 '친족 성폭력'으로 분류하여 가중처벌하고 있다.

라) 데이트 성폭력과 데이트폭력

데이트 성폭력은 데이트 중에 상대방이 원하지 않는 성적인 행동을 하거나 강요하는 것을 말한다. 데이트 성폭력은 상대방의 의사를 제대로 확인하지 않아 발생하는 경우가 많고, 서로 좋아하는 감정을 가지고 있기 때문에 피해자와 가해자 모두 성폭력이라고 인식하지 못하기도 한다. 그러나 신뢰를 바탕으로 한 관계에서의 성폭력이기 때문에 피해자의 상처는 더욱 크다.

데이트폭력은 데이트 중에 발생하는 언어적, 육체적, 정신적, 성적 폭력을 말한다. 예를 들어, 폭언과 욕설, 뺨을 때리거나 손찌검을 하는 행위, 물건을 집어던지거나 구타하는 행위, 성관계 사실과 데이트 비용을 빌미로 만남을 강요하고 협박하는 행위, 데이트 상대를 위협하거나 성관계를 강요하는 등의 행위가 데이트폭력에 해당된다.

마) 그루밍(grooming)

아동·청소년을 대상으로 한 성폭력에서 나타나는 특징적 형태를 가리키는 용어로, 피해자에 대한 성적 착취를 수월하게 하고 피해자가 성폭력·성범죄를 제3자에게 폭로하지 못하도록 하려는 목적으로 이루어진다. 그루밍 과정은 복잡하며, 대체적으로 다음과 같은 단계를 거친다. 먼저 잠재적 가해자는 대인관계 및 사회적 환경이 취약한 대상을 선택해서 대상(잠재적 피해자)이 바라는 바(특별한 관심, 애정, 선물)를 제공하면서 피해자의 신뢰를 얻었다. 이를 바탕으로 두 사람만 함께 있는 상황을 만들면서 피해자를 고립시키고, 관계를 성적으로 만들며(sexualizing) 이러한 성적 관계를 정상화(normalizing) 시킨다. 이후 비밀 유지 및 관계의 상실 등을 부각시키며 피해자에 대한 가해자의 통제를 계속 유지한다.

(2) 성폭력범죄의 처벌 등에 관한 특례법

「성폭력범죄의 처벌 등에 관한 특례법」의 법적 구조에 따라 성폭력범죄의 유형(類型)을 살펴보면, 성풍속에 관한 죄, 약취·유인·인신매매의 죄, 강간과 추행의 죄, 강도강간의 죄로 구분된다.

가) 성풍속(性風俗)에 관한 죄

「형법」 제2편제22장 성풍속에 관한 죄 중 제242조(음행매개), 제243조(음화반포 등), 제244조(음화제조 등) 및 제245조(공연음란)의 죄를 의미한다. 음행매개죄(淫行媒介罪)는 영리를 목적으로 미성년이나 상습적으로 음행을 하지 아니하는 부녀를 매개하여 간음하게 함으로써 성립하는 범죄이다. 음화 등 반포(淫畫等頒布)는 음란한 문서 · 도화, 기타 물건 따위를 반포, 판매, 임대하거나 전시하는 행위이다. 공연음란죄(公然淫亂罪)는 공공연히 음란한 행위를 하여, 성적인 도덕 감정을 해침으로써 성립하는 범죄이다.

나) 약취(略取)·유인(誘引)·인신매매(人身賣買)의 죄

「형법」 제2편제31장 약취(略取), 유인(誘引) 및 인신매매의 죄 중 추행, 간음 또는 성매매와 성적 착취를 목적으로 범한 제288조 또는 추행, 간음 또는 성매매와 성적 착취를 목적으로 범한 제289조, 제290조(추행, 간음 또는 성매매와 성적 착취를 목적으로 제288조 또는 추행, 간음 또는 성매매와 성적 착취를 목적으로 제289조의 죄를 범하여 약취, 유인, 매매된 사람을 상해하거나 상해에 이르게 한 경우에 한정한다), 제291조(추행, 간음 또는 성매매와 성적 착취를 목적으로 제288조 또는 추행, 간음 또는 성매매와 성적 착취를 목적으로 제289조의 죄를 범하여 약취, 유인, 매매된 사람을 살해하거나 사망에 이르게 한 경우에 한정한다), 제292조(추행, 간음 또는 성매매와 성적 착취를 목적으로 한 제288조 또는 추행, 간음 또는 성매매와 성적 착취를 목적으로 한 제289조의 죄로 약취, 유인, 매매된 사람을 수수(授受) 또는 은닉한 죄, 추행, 간음 또는 성매매와 성적 착취를 목적으로 한 제288조 또는 추행, 간음 또는 성매매와 성적 착취를 목적으로 한 제289조의 죄를 범할 목적으로 사람을 모집, 운송, 전달한 경우에 한정한다) 및 제294조(추행, 간음 또는 성매매와 성적 착취를 목적으로 범한 제288조의 미수범

또는 추행, 간음 또는 성매매와 성적 착취를 목적으로 범한 제289조의 미수범, 추행, 간음 또는 성매매와 성적 착취를 목적으로 제288조 또는 추행, 간음 또는 성매매와 성적 착취를 목적으로 제289조의 죄를 범하여 발생한 제290조제1항의 미수범 또는 추행, 간음 또는 성매매와 성적 착취를 목적으로 제288조 또는 추행, 간음 또는 성매매와 성적 착취를 목적으로 제289조의 죄를 범하여 발생한 제291조제1항의 미수범 및 제292조제1항의 미수범 중 추행, 간음 또는 성매매와 성적 착취를 목적으로 약취, 유인, 매매된 사람을 수수, 은닉한 죄의 미수범으로 한정한다)의 범죄이다.

다) 강간(強姦)과 추행(醜行)의 죄

「형법」 제2편제32장 강간과 추행의 죄 중 제297조(강간), 제297조의2(유사강간), 제298조(강제추행), 제299조(준강간, 준강제추행), 제300조(미수범), 제301조(강간 등 상해 · 치상), 제301조의2(강간등 살인 · 치사), 제302조(미성년자 등에 대한 간음), 제303조(업무상위력 등에 의한 간음) 및 제305조(미성년자에 대한 간음, 추행)의 죄이다.

라) 강도강간(強盜強姦)의 죄

「형법」 제339조(강도강간)의 죄 및 제342조(제339조의 미수범으로 한정한다)의 죄이다. 강도는 폭행이나 협박 따위로 남의 재물을 빼앗는 도둑. 또는 그런 행위를 의미하며, 강간은 폭행 또는 협박 따위의 불법적인 수단으로 사람을 간음함을 의미한다.

〈표 5-3〉「성폭력범죄의 처벌 등에 관한 특례법」의 성폭력범죄 유형

적용법	유형(類型) 및 장(章)	조(條)
형법	성풍속(性風俗)에 관한 죄(제22장)	음행매개죄(제242조)
		음화반포 등(제243조)
		음화제조 등(제244조)
		공연음란(제245조)
	약취(略取)·유인(誘引)·인신매매(人身賣買)의 죄(제31장)	추행 등 약취, 유인 등(제288조)
		인신매매(제289조)
		약취, 유인, 매매, 이송 등 상해 · 치상(제290조)
		약취, 유인, 매매, 이송 등 살인 및 치사(제291조)
		약취, 유인, 매매, 이송된 사람의 수수 및 은닉 등(제292조)
		미수범(제294조)
	강간과 추행의 죄(제32장)	강간(제297조)
		유사강간(제297조의2)
		강제추행(제298조)
		준강간, 준강제추행(제299조)
		미수범(제300조)
		강간등 상해 · 치상(제301조)
		강간등 살인 · 치사(제301조의2)
		업무상 위력 등에 의한 간음(제303조)
	절도와 강도의 죄(제38장)	강도강간(제339조)
		미수범(제342조)

(3) 대검찰청 성폭력범죄 분석

대검찰청은 성폭력범죄를 10가지 유형으로 구분하였다. 세부적으로는 강간(간음 포함), 강제추행, 강간 등(강간과 강제추행이 구분되지 않는 경우), 강간 등 살인/치사, 강간 등 상해/치상, 특수강도강간 등, 카메라 등 이용촬영, 성적 목적의 장소침입, 통신매체 이용음란, 공중밀집장소 추행으로 구분된다.

2018년 성폭력범죄의 발생 건수는 32,104건, 인구 10만 명당 61.9건의 범죄가 발생하였다. 성폭력범죄의 발생비는 2017년 대비 2.3% 감소하였으며, 지난 10년

동안에는 77.4% 증가하였다. 지난 10년간 연도별 성폭력범죄의 발생비 추이를 살펴보면, 2015년까지 꾸준하게 증가추세를 보였으나, 2016년 이후 증감을 반복하다가 2018년에는 감소하였다.

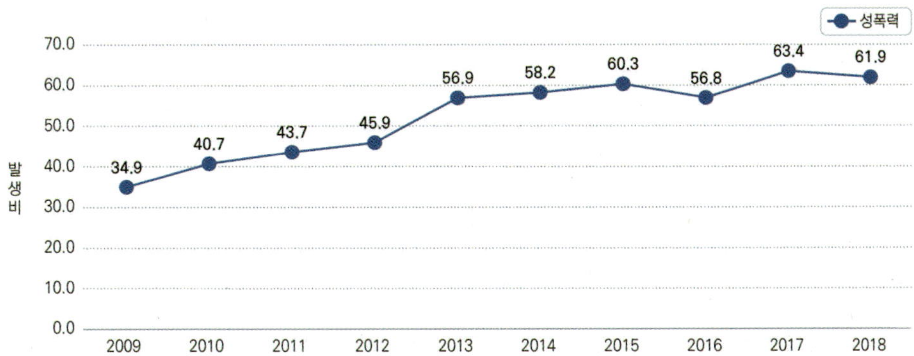

출처: 대검찰청(2019). 범죄분석.

[그림 5-1] 성폭력범죄의 발생비 추이(2009년~2018년)

성폭력범죄를 10개의 하위 유형으로 세분하여 발생 건수의 구성비를 살펴보면, 강간은 2009년 22.6%에서 지속적으로 감소하여 2018년에는 18.1%를 보였다. 이에 비해 강제추행의 구성비는 2009년 35.6%에서 지속적으로 증가하여 2018년에는 48.8%로, 전체 성폭력범죄에서 가장 높은 비중을 차지하였다. 강간 등 상해/치상은 2009년 8.9%에서 지속적으로 감소하여 2018년에는 2.0%로 나타났다.

성폭력범죄 발생 건수의 구성비 중 가장 급격한 증가를 보인 범죄는 카메라 등 이용 촬영인 것으로 나타났다. 카메라 등 이용 촬영은 2009년 전체 성폭력범죄에서 차지하는 비중이 4.8% 수준이었으나 이후 지속적으로 증가하여 2015년까지 24.9%로 확대되었다가 2018년에는 19.0%를 차지하는 것으로 나타났다.

〈표 5-4〉 성폭력범죄 유형별 발생 건수 추이(2009년~2018년)

(단위: 건(%))

연도	강간	강제 추행	강간 등	강간 등 살인/치사	강간 등 상해/치상	특수 강도 강간 등	카메라 등 이용 촬영	성적 목적의 장소 침입	통신 매체 이용 음란	공중 밀집 장소 추행	계
2009	3,923 (22.6)	6,178 (35.6)	2,706 (15.6)	18 (0.1)	1,544 (8.9)	479 (2.8)	834 (4.8)	-	761 (4.4)	934 (5.4)	17,377
2010	4,384 (21.3)	7,314 (35.5)	3,234 (15.7)	9 (0.0)	1,573 (7.6)	293 (1.4)	1,153 (5.6)	-	1,031 (5.0)	1,593 (7.7)	20,584
2011	4,425 (20.0)	8,535 (38.5)	3,206 (14.5)	8 (0.0)	1,483 (6.7)	285 (1.3)	1,565 (7.1)	-	911 (4.1)	1,750 (7.9)	22,168
2012	4,349 (18.6)	10,949 (46.9)	1,937 (8.2)	13 (0.1)	1,208 (5.2)	209 (0.9)	2,462 (10.5)	-	917 (4.0)	1,332 (5.7)	23,365
2013	5,359 (18.4)	13,236 (45.5)	1,186 (4.0)	22 (0.1)	1,094 (3.8)	150 (0.5)	4,903 (16.9)	214 (0.7)	1,416 (4.9)	1,517 (5.2)	29,097
2014	5,092 (16.7)	12,849 (42.2)	624 (2.0)	8 (0.0)	872 (2.9)	123 (0.4)	6,735 (24.1)	470 (1.5)	1,254 (4.1)	1,838 (6.1)	29,863
2015	5,274 (17.0)	13,266 (42.7)	283 (0.9)	6 (0.0)	849 (2.7)	72 (0.2)	7,730 (24.9)	543 (1.7)	1,139 (3.7)	1,901 (6.1)	31,063
2016	5,412 (18.4)	14,339 (48.8)	192 (0.7)	8 (0.0)	736 (2.5)	56 (0.2)	5,249 (17.9)	477 (1.6)	1,115 (3.8)	1,773 (6.0)	29,357
2017	5,555 (16.9)	15,981 (48.7)	144 (0.4)	7 (0.0)	716 (2.2)	34 (0.1)	6,615 (20.2)	422 (1.3)	1,265 (3.9)	2,085 (6.4)	32,824
2018	5,826 (18.1)	15,672 (48.8)	182 (0.6)	8 (0.0)	655 (2.0)	43 (0.1)	6,085 (19.0)	646 (2.0)	1,378 (4.3)	1,609 (5.0)	32,104

2. 성폭력 사례

성폭력 사례는 여성가족부와 한국양성평등교육진흥원(2019)이 발간한 폭력예방교육 사례 모음집의 내용 중 스포츠계, 문화예술계, 연극·영화·방송계, 교육계의 사례 중 일부를 제시하였다.

1) 스포츠계 사례

사례 1

〈코치/선수(학생)〉

현재 배드민턴 코치로 활동하고 있는 A씨는 십여 년이 지나고 나서야 초등학교 때 자신을 성폭행한 ○○시 초등학교 테니스부 코치 B를 고발했다. 성인이 되고 나서야 성폭력을 인지한 A씨는 B를 고발할 수 있었다. B는 징역 10년형을 선고받았다.

A씨에게 도움을 준 건 체육계 관계 단체가 아닌, 한국 여성의 전화, 해바라기 센터 등 일반 성폭력 상담 단체들이었다. 체육계 신고센터 담당자와는 연결이 잘 되지 않았으며, 문체부 조사관은 성범죄 처리절차에 대해 잘 몰랐기 때문이었다. 또한 가해자가 피해자보다 지위가 높은 경우에는 체육 관계 기관에서는 보이지 않는 힘이 작용할 수 있다고 생각했다.

A씨는 B가 형사처분을 받아도 피해자의 삶이 완전히 회복되지 않는다고 밝혔다. 뿐만 아니라 체육계 지도자들을 향한 성인지 감수성에 대한 교육이 부족했다며, 성적 위주의 한국 체육계가 만든 씁쓸한 현실이라고 말했다.

출처: 중앙일보(2019.01.18.), 체육계 미투 시작, "가해자는 죄의식이 없다" 기사를 바탕으로 재구성하였음.

사례 2

〈감독/학부모〉

여러 명의 피해자들은 아들에게 문제가 있다는 축구부 감독의 연락을 받고 학부모로서 학교에 방문했다가 A고 축구부 감독이자 한국고등학교축구연맹 회장인 B씨에게 성폭력 피해를 당했다. B씨는 피해자들의 자녀의 대학입시와 축구선수로서의 미래까지 좌우할 수 있는 권력이 있다며, 피해자들을 협박하여 입막음했다. 또한 B씨는 학부모들로부터 지원받은 축구부 운영비 10억 원을 횡령한 혐의도 받고 있다.

출처: JTBC뉴스(2019.08.08.), "아들 볼모로." 고교 축구 감독, '학부모 성폭행' 혐의도, 기사를 바탕으로 재구성하였음.

사례 3

〈선수/선수〉

수영선수 A씨는 탈의실에서 초소형 카메라를 발견하고 신고했다. 검찰은 B씨의 자백과 참고인 진술을 바탕으로 B씨를 포함한 5명을 기소했지만, 증거불충분으로 1심에서 무죄 판결을 받았다. 해당 사건의 수사가 진행되고 있음에도 불구하고 가해자 B씨를 포함한 남성 선수들과 여성 선수들은 대표팀의 묵인 아래 3개월 동안 함께 훈련을 받아야만 했다.

이후 검찰의 항소심에서 B씨가 2013년 여자 수영선수 탈의실에 몰카 설치를 확인하는 모습이 담긴 결정적 증거가 접수되어 B씨에게 실형이 선고되었다. 그러나 B씨의 카메라 설치를 도왔던 나머지 4명의 선수에게는 범죄에 무죄가 선고되었다.

출처: 인천일보(2019.01.18.), 동료 선수 탈의실 불법촬영 항소심 실형. 기사를 바탕으로 재구성하였음.

2) 문화예술계 사례

사례 1

〈큐레이터/신인작가〉

미대에 다니는 A씨는 유명 큐레이터 B씨에게 성추행을 당했다. 사건의 발단은 B씨가 A씨의 SNS에 친구 신청을 걸면서였다. A씨는 종종 자신의 SNS에 미술작품과 관련된 게시물과 자신의 작업물을 업로드하는데 이를 본 B씨가 A씨의 작업물과 재능에 대해 칭찬하며 친구 신청을 하였다. 이후 B씨는 A씨에게 '전시를 같이 보러 가자', '전시 기획하는 것이 있는데 얘기를 나눠 보자', '작업을 봐주겠다'는 등 예술에 대한 관심을 미끼로 만남을 계속 요청하였다. A씨는 유명 큐레이터에게 작업적인 조언을 들을 수 있으면 좋겠다는 생각에 B씨와 만나기로 하였다. 그러나 차를 타고 가면서 B씨는 A씨의 손을 잡고 어깨를 쓰다듬었다. A씨는 당황스럽고 불편해서 어색하게 웃을 수밖에 없었다. 시간이 지나고 나서야 A씨는 자신이 성추행을 당했다는 사실을 깨달았다. A씨는 이 사실을 SNS에 폭로했으나 미술계 인사들은 사실관계를 확인하며 B씨 주장을 더욱 신뢰할 뿐이었고, A씨는 앞으로 미술계에서 활동할 수 없을 것을 두려워했다. 이후 B씨에게 유사 피해를 입은 사람들이 100여 명에 이르는 것으로 알려지며 B씨는 사과문을 발표하고 모든 프로젝트에서 물러났다.

출처: 중앙일보(2016.10.23.), 미술계도 성추행 논란… 큐레이터 B 사과문 게재.

사례 2

〈원로작가/신인작가〉

A씨는 용기를 내어 유명 사진작가 C를 고발했다. 2013년 6월, 모델로서 촬영을 하던 A씨에게 C는 A씨의 동의 없이 신체 접촉을 하고 무리한 요구를 했다. 그러나 그는 유명 작가였고 제대로 저항할 수가 없었다. 결국 A씨는 자신의 전신 노출 사진을 지워달라고 했지만 그의 답은 "너무 예쁜데 이걸 어떻게 지우냐."였다. C 사진작가는 결국 강제추행 혐의로 항소심에서도 징역 8개월을 선고받았다.

출처:세계일보(2019.08.17.), '예술'이란 이름의 성폭력…. 기사를 바탕으로 재구성하였음.

사례 3

〈사제관계〉

작가 A씨는 원래 클래식 연주자였다. 예중, 예고, 음대를 거쳐 현악기를 전공한 A씨는 중학교 때부터 대학 입시 때까지 레슨 교사 K씨에게 성추행을 당했다. K씨는 가르치는 대부분의 학생들을 추행했다.

K씨는 학교 성적이 잘 나왔을 때 A씨를 성추행하고, 성적이 좋지 않을 경우 성추행을 하지 않았다. A씨는 K씨가 자신을 만지는 건 싫은 일인데 만지지 않은 것은 일종의 벌인 것 같아 혼란스러웠다고 했다. A씨는 이런 성추행 방식이 일종의 '가스라이팅' (피해자가 스스로를 의심하게 만들어 지배력을 강화하는 행위)이었다고 회고했다. 음대에 입학한 A씨는 SNS에 성추행 사실을 알렸고, 이 글이 온라인에 퍼지면서 K씨는 출강하던 학교에서 권고사직 당했다.

하지만 성추행 사실을 폭로한 뒤, A씨는 오히려 "K씨에게 사과하라"는 협박을 받았다. A씨는 인맥과 유명 스승의 권위가 중요한 클래식계에서 스승의 문제를 비판하는 것은 음악을 그만두겠다는 것과 같다고 밝혔다.

출처: 한겨레신문(2018.03.02.) 칼럼니스트 ○○○ #미투… "클래식계, 연극계 빼닮아" 기사를 바탕으로 재구성하였음.

3) 연극·영화·방송계 사례

사례 1

〈연극계〉

연극배우 A씨는 중견배우 B에게 당한 성추행을 연극인 커뮤니티에 올렸다. 당시 A씨는 선배 추천으로 B의 공연에 참여하게 되었다. 극단 활동을 하면서 술자리가 많아졌고, B와 같이 택시를 탔다가 성추행을 당했다. A씨는 자신을 끌어안으며 얼굴을 들이댄 B를 밀치고 소리를 질러 택시에서 내렸다.

B는 사건 이후 A씨에게 장문의 문자를 보내 사과했다. 사과를 받기도 했고 넘어가 달라는 부탁에 A씨는 사건을 넘어갔다. 그러나 B에게 성추행을 당했다는 피해자들의 이야기를 계속 전해 들으면서 그때 사과를 받아준 것을 후회했다. B는 대학에서 연극영화과 교수로 재직 중이며, 연극과 영화를 오가며 꾸준히 활동하고 있다.

출처: SBS뉴스(2018.02.28.), 중견배우 성추행 논란… "강제 입맞춤 뒤 '미쳤었다'고 사과". 기사를 바탕으로 재구성하였음.

사례 2

〈영화계〉

영화 스태프로 활동 중인 A씨는 30년차 영화제작자 B씨에게 성추행을 당했다. 당시 A씨는 크랭크인이 된 영화의 연출부였고, B씨는 영화의 제작자였다. A씨는 제작자로 현장을 종종 찾아온 B씨를 교수님 같은 분이라고 생각했다. 문제는 촬영이 끝난 후에 벌어졌다.

B씨는 A씨에게 밤에 따로 만날 것을 제안했다. 영화계 고위 인사에게 A씨를 소개해 주겠다, 저녁을 사주겠다는 식이었다. 사건은 B씨의 단골 식당에서 벌어졌다. 영화계 현장에서 "중요 정보는 인맥, 술자리를 통해 전달된다."는 믿음이 있기에 그 자리에 간 것이었다. 공개 채용이 아닌 인맥이 고용에 영향을 미치는 세계에서 30년 경력 제작자의 힘은 무시할 수가 없기 때문이다. 그는 A씨에게 시나리오를 보여달라고 하거나, 연출부에서 일하고 싶으면 연락하라고 했다. 그러나 B씨는 A씨를 데려다주는 길에 다리 근육이 뭉친 것 같다며 허벅지에 손을 넣어 주무르기 시작했다. A씨는 당황스러웠지만 당장 항의하면 B씨가 어떤 행동을 취할지 몰라 두려웠다. A씨는 침착하게 가족이 늦게 귀가하는 것을 싫어하기 때문에 집에 가야 한다고 말했다.

출처: 씨네21(2018.03.22.), 영화 제작자 ○○미투 제보… 제작하던 영화의 스탭에게 성희롱, 기사를 바탕으로 재구성하였음.

사례 3

〈방송계〉

아이돌 출신 배우 B씨는 배우로 전업하기 위해 갔던 연기 수업에서 다음과 같은 일을 겪었다. 연기 강사 C가 B씨에게 상·하의를 속옷 모양으로 말아 올리고 남자 배우와 몸을 밀착하라고 지시한 것이다. B씨가 왜 그래야 되냐고 물어보니, C는 "배우는 창피함도 남녀 간 거리낌도 없어야 한다."고 답했다. B씨가 못 하겠다고 항의하자, C는 화를 냈다. 다른 사람들도 다 하는데 네가 뭔데 안 하느냐는 것이었다. B씨는 울면서 강의실을 나갔다.

몇 년이 지나 배우로 데뷔한 B씨는 C가 활발하게 활동하는 것을 보고 어처구니가 없었다.

출처: 마이데일리(2018.03.13), 유00 미투 고백 "활발히 활동 중인 男 배우 연기 수업서 성적 수치심 느꼈다."

4) 교육계 사례

사례 1

〈교사 간〉

고등학교 교사 B씨는 교직원 송별회 자리에서 교장 A씨에게 성추행을 당했다. 피해자는 B씨뿐만 아니었다. 그날 송별회에 참석했던 여교사들 중 몇 명도 교장에게 원치 않은 신체 접촉을 당했고, 그로 인해 수차례에 걸쳐 성적 굴욕감을 느꼈다. 교장은 남성 교사에게도 입맞춤을 시도했다가 거부당하자 뺨을 때리기도 했다. 고발 이후 가해자는 성과상여금을 결정하는 데 교장이 관여하지 않도록 한 지침을 어기고, 최고점과 최하점을 각각 80점과 64점을 주는 등 실질적으로 상여금을 결정해 피해자들에게 불이익을 준 혐의도 받고 있다. 교장 A씨는 국가공무원법상 품위 유지 위반 등으로 해임되었으나 연금을 받는 데는 불이익이 없으며 3년간 공직 임용이 금지되었다.

출처: SBS 뉴스(2017.1.31.), 여교사 성희롱하고, 학교 옥상서 흡연한 '엽기 교장 해임', 기사를 바탕으로 재구성하였음.

사례 2

〈학생 간〉

초등학교 교사 B씨는 수업시간에 남학생 다섯 명이 키득거리는 것을 보고 이상함을 느꼈다. 남학생들을 따끔하게 혼낼 요량으로 책상 밑에 숨겨둔 휴대폰을 빼앗았지만 휴대폰 속 대화 내용을 보고 할 말을 잃었다. 초등학생들의 단톡방에서 언어적 성희롱을 담고 있는 대화가 이어졌기 때문이다.

이들의 대화는 분명 성희롱이었다. B씨는 학교에 보고했지만, 학교폭력대책자치위원회는 열리지 않았다. 아동·청소년 성보호법에 따라 교사는 학생에 대한 성범죄 사실을 알게 되면 곧바로 신고해야 한다. 하지만 수사기관 신고 역시 이뤄지지 않았다. 이유를 물어보니 "성폭력이라고 하기엔 애매하다고 생각해 그렇게 판단했다."고 말했다.

출처: 국민일보(2017.10.30.), [생각해봅시다] 초등생도 '단톡방 성희롱'… 조기 성교육 부실, 기사를 바탕으로 재구성하였음.

사례 3

〈사제 관계〉

A씨는 여중 시절 국어교사 G씨의 성추행 사실을 폭로했다. 방과 후 문학반 담당교사였던 G씨는 A씨가 읽고 싶어 하던 시집을 선물로 주고 밥을 사줬다. 그때까지는 평범한 사제지간이었다. 그러나 G씨는 이후 사적으로 연락하기 시작했다. 카카오톡을 통해 성희롱을 하던 G씨는 대화 후에 '카톡 다 지우라.'고 점검했다.

시간이 갈수록 추행은 심해졌다. 집에 데려다준다면서 차에 태워 추행을 하던 G씨는 학교 근처에 자취방을 마련했고, 그곳으로 A씨를 불러들였다. A씨는 '혼란스럽다', '힘들다.' 며 필사적으로 거절했지만, 추행은 중학교 3학년 봄부터 졸업할 때까지 계속되었으며 '섹시한 사진을 보내라', '카톡 다 지우라', '핸드폰 잠그라'는 등 입막음도 지시했다. 졸업만 기다리던 A씨는 대학생이 되어 가해 교사 G씨에게 경찰에 자수, 사과문 게시 등을 요구했으나 가해 교사는 '피해자를 좋아했고 피해자도 본인을 좋아했는지 묻고 싶다.'는 반응을 했다.

출처: 한겨레신문(2018.03.27.), '스쿨 미투' 첫 번째 고발자… "교사에게 학생 만질 권리는 없다." 기사를 바탕으로 재구성하였음.

3. 성폭력 대처 방안

1) 학교 내 성희롱 · 성폭력 발생 시 문의 및 신고절차

성폭력 피해 의심 시에는 피 · 가해사실을 확인하고 성폭력피해자 지원센터 등에서 상담 후 피해사실이 확인되면 즉시 신고한다. 성폭력 피해사실을 알았을 때에는 신고 의무자는 반드시 경찰서 등에 신고해야 한다.

성폭력 피해 의심

- 피·가해사실 확인
- 상담
  - 성폭력피해자 지원센터(1899-3075), 117, 여성긴급전화 1366, 해바라기센터, 성폭력 상담소 등
- 상담 후 피해 사실이 확인되면 즉시 신고

성폭력 피해 사실을 알았을 때

- 신고(수사기관)
  - 교육, 의료, 아동복지 종사자 등 신고 의무자는 반드시 경찰서 등에 신고해야 함

피·가해자 긴급 조치

- 피·가해자 분리(가해자가 교직원인 경우 수업배제·업무배제 등)
- 응급 및 안전 조치
  - 학교 내외 상담실(Wee센터, 해바라기센터, 성폭력 상담소 등)을 통해 상담, 치료, 법률 지원등 적절한 조치, 현장 보존, 병원 이송 시 교사 동행, 피해자 지지
  - 친족 성폭력 등으로 인해 보호자로부터 긴급 격리가 필요한 경우 아동보조전문 기관(해바라기센터) 또는 여성긴급전화(1366)로 연계
- 관련학생 보호자 연락 및 교육청 보고(피해자가 학생일 경우)

상담·치료 및 후속 지원

- (학교) 상담, 사안 조사 일정 감안 학습 지원, 성폭력 예방 교육
  ※ 개인신상 정보가 공개되어 2차 피해가 발생하지 않도록 유의
- (교육청) 단위학교 성폭력사안 현장지원, 컨설팅 실시
- (학교안전공제회) 피해 학생의 신속한 치료를 위해 치료비 선지원

출처: 교육부(2019). 학교 내 성희롱 · 성폭력 대응 매뉴얼.

[그림 5-2] 학교 내 성희롱 · 성폭력 발생 시 문의 및 신고절차

2) 대응 주체별 역할

학교 차원에서 학교장은 성희롱·성폭력 사안 해결의 총지휘자로서 사안을 정확하게 파악할 필요가 있고, 사안의 신속하고 정확한 처리를 위해 관련 구성원을 소집하여 업무지시를 하고 그 결과를 수시로 보고 받아 사안이 어떻게 처리되고 있는지 지속적으로 모니터링 해야 한다. 사안 보고를 받은 즉시 학생사안의 경우 신고 의무에 따라 수사기관에 신고하고 교육청에 보고한다. 소문 등을 통한 2차 피해를 예방하기 위하여 외부와의 의사소통 창구를 일원화하고, 가정통신문을 배포하거나 학교 홈페이지에 공지글을 게시한다.

교사는 법에 따라 성희롱·성폭력 피해사실을 신고해야 할 의무가 있으며, 교장이나 교감 등 어떤 상급자도 법적 신고 의무를 제지하거나 제한할 수 없음을 명심해야 한다. 사건을 숨기거나 학교 내에서 임의로 사건을 해결하려 하지 않고 다른 교사나 학생들에게 비밀이 누설되지 않도록 유의하며, 2차 피해가 발생하지 않도록 유의한다. 주위 학생들에게 성희롱·성폭력 피해의 심각성과 피해자 지지 및 보호의 필요성을 충분히 설명하고 납득시켜야 한다.

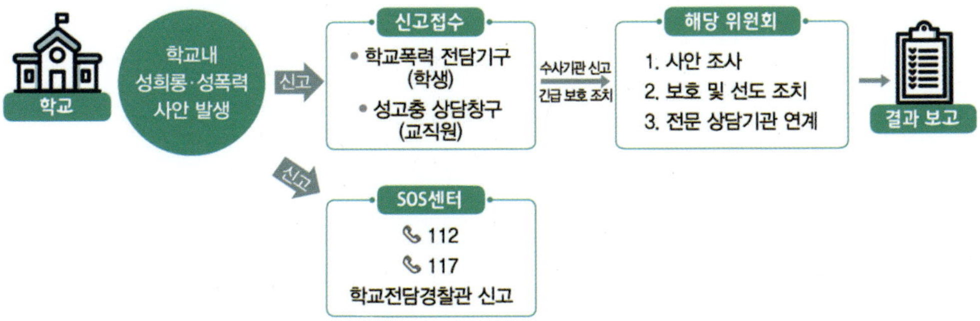

출처: 교육부(2019). 학교 내 성희롱 · 성폭력 대응 매뉴얼.

[그림 5-3] 학교 내 성희롱 · 성폭력 사안 발생 시 학교 차원 역할

교육청은 소속 교직원에게 징계 사유가 있는 경우 징계 의결기한 내 신속하게 징계 처분한다. 또한 행위(가해) 교직원이 법정에서 성희롱·성폭력 사안에 대해 무혐의 처분을 받는다 하더라도, 사안이 공무원 복무규정의 징계사유에 부합하는 경우에는 복무규정에 의거하여 징계 처리해야 한다.

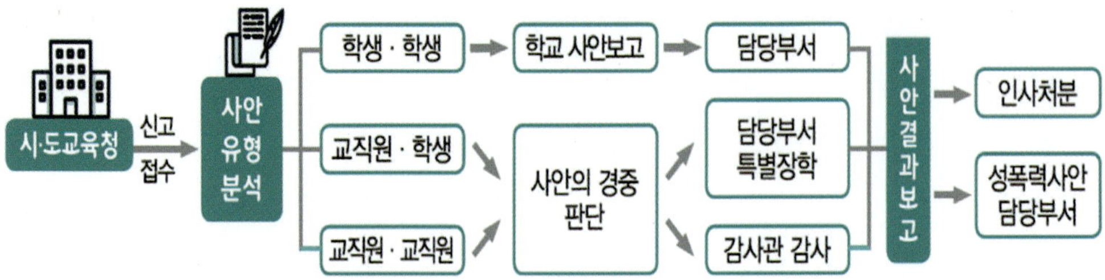

출처: 교육부(2019). 학교 내 성희롱 · 성폭력 대응 매뉴얼.

[그림 5-4] **학교 내 성희롱 · 성폭력 사안 발생 시 시 · 도 교육청 역할**

성폭력 피해자는 다양한 모습으로 존재할 수 있습니다.

~~피해자다움~~

• ~~피해자는 웃을 수 없고 울어야 한다.~~	피해자는 울지 않고, 웃을 수 있다.
• ~~피해자는 당당할 수 없다.~~	피해자는 당당할 수 있다.
• ~~피해자는 수치심을 느껴야 한다.~~	피해자는 수치심을 느끼지 않을 수 있다.
• ~~피해자는 일상 생활을 하지 못한다.~~	피해자는 일상 생활을 잘 해낼 수 있다.
• ~~피해자는 평생 씻을 수 없는 고통에 빠진다.~~	피해자는 피해에서 회복해 고통에서 벗어날 수 있다.
• ~~피해자는 연약하고 유약한 존재다.~~	피해자는 강인한 존재일 수 있다.
• ~~피해자는 이성적이거나 침착할 수 없다.~~	피해자는 이성적이고 침착하게 대응할 수 있다.

~~순결한 피해자 프레임~~

• ~~피해자는 어떤 빌미도 제공하면 안 되며, 성폭력은 완전히 강압적이고 강제적인 상황에서 일어나야 한다.~~	피해자는 '피해자다움'을 수행하지 않을 수 있다. 피해자가 성적 영상 촬영에 동의하거나, 본인 신체를 스스로 촬영한 것이 폭력을 유발한 것이 아니다.
• ~~피해자는 평소 순결하고 도덕적인 사람이어야 한다.~~	피해자의 평소 행실은 성폭력 사건과는 관계없다.
• ~~피해자는 성적 욕망을 공공연하게 드러내서는 안 된다.~~	주체적이고 적극적으로 성을 즐기는 것과 성폭력 피해는 무관하다.

출처: 여성가족부, 한국양성평등교육진흥원(2019). 이제는 알아야 할 폭력예방교육 사례 모음집.

[그림 5-5] 성희롱 · 성폭력 2차 피해 예방하기

6장 사이버폭력

이 장에서는 사이버폭력의 개념과 유형, 사례, 대처 방안에 대해 살펴보고 이를 토대로 학교현장에서 학생, 학부모, 교사가 모두 사이버폭력을 줄일 수 있는 방안을 제시하고자 한다.

1. 사이버폭력의 개념 및 유형

1) 사이버폭력의 개념

사이버폭력은 메신저, 눈, 휴대전화, 인터넷 커뮤니티 등의 정보통신기술과 사이버 공간을 매개로 하여 특정인을 해할 목적으로 개인이나 집단이 의도적이고 지속적으로 괴롭히는 행위를 말한다. 인터넷, 휴대전화 등 정보통신기기를 이용하여 부호나 문자, 음향, 사진, 동영상 등을 통해 타인에게 지속적이고 반복적으로 심리적 공격을 가하거나 타인의 개인정보 또는 허위사실을 유포하여 상대방이 고통을 느끼도록 만드는 일체의 행위이다(1388 청소년 사이버상담센터).

학계에서는 '상대방에게 정신적, 심리적 피해를 유발할 수 있는 가상공간에서의 욕설, 비난, 위협, 유언비어, 따돌림과 괴롭힘 등과 같은 행위'로 개념화하고 있고(김경은·윤혜미, 2012), 정부 등 공공기관에서는 '정보통신망을 통해 부호·문헌·음향·화상 또는 영상을 이용하여 타인의 사생활 침해 또는 명예훼손 등의 권리를 침해하는 행위'로 설명하기도 한다(방송통신심의위원회, 2008).

법률적으로는 '인터넷, 휴대전화 등 정보통신기기를 이용하여 학생들이 특정 학생들을 대상으로 지속적, 반복적으로 심리적 공격을 가하거나, 특정 학생과 관련된 개인정보 또는 허위사실을 유포하여 상대방이 고통을 느끼도록 하는 일체의 행위'로 정의하고 있다(「학교폭력예방 및 대책에 관한 법률」).

사이버폭력이란 컴퓨터 등 정보통신기기를 활용하여 사이버 공간에서 타인에게 주로 글, 이미지, 음성 등으로 적대적인 표현 및 태도를 고의 반복적으로 행하여 정신적, 물질적으로 피해를 입히는 범죄행위로 요약할 수 있다(정한라, 2013).

이러한 개념을 중심으로 사이버폭력의 특징은 〈표 6-1〉과 같이 가해행위의 집단성률, 빠른 전파성, 시공간 제약 없는 가해, 피해 기록의 영속성, 은밀한 폭력방식으로 정리된 것과 같다.

〈표 6-1〉 사이버폭력의 특징

특징	설명
가해행위의 집단성률	• 사이버 공간은 '접근의 용이성과 비대면성, 익명성'의 속성을 가져, 다수의 가해자가 손쉽게 폭력행위에 가담
빠른 전파성	• 인터넷, SNS의 빠른 전파성과 무한 복제성으로 피해자를 공격하는 소문, 허위사실 등이 빠르게 확산되어 피해를 확대
시공간 제약 없는 가해	• 시공간 경계가 없는 사이버 공간의 특성으로 24시간 장소의 구애 없이 사이버폭력에 노출
피해 기록의 영속성	• 인터넷상에 노출된 사이버폭력의 내용은 삭제가 어려워 평생 피해 기록에 대한 두려움에 시달림
은밀한 폭력 방식	• 현실의 대면공간에서 발생하는 물리적 폭력행위에 비해 비대면 사이버 공간에서의 사이버폭력은 사적이고 은밀하게 발생

출처: 신재한 · 장기덕 · 조용개(2017)에서 재인용.

2) 사이버폭력의 유형

사이버폭력의 유형은 사이버 언어폭력, 사이버 명예훼손, 사이버 스토킹, 사이버 성폭력, 신상정보 유출, 사이버 따돌림의 6개 유형으로 나누어진다. 6개 유형에 대한 설명은 1388청소년사이버상담센터에서 제시한 내용을 바탕으로 소개하고자 한다.

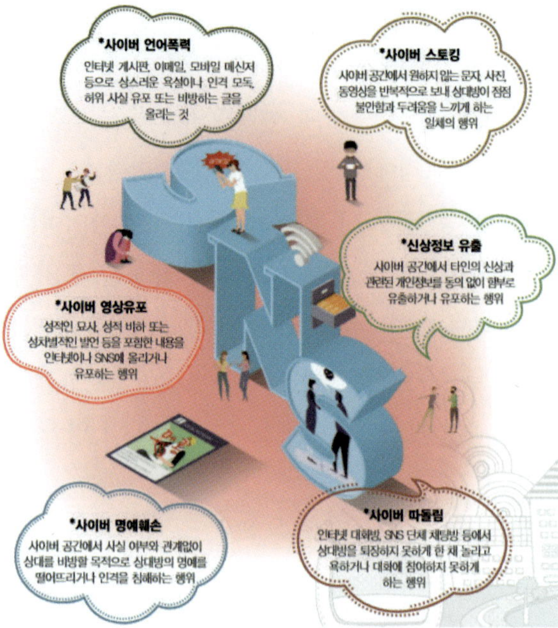

출처: 교육부(2019). 우리아이를 위한 사이버폭력 예방 도우미(학부모 교육자료)

[그림 6-1] 사이버폭력의 유형

(1) 사이버 언어폭력

사이버 공간에서 채팅이나 게시판, 악성 댓글, 쪽지 등으로 욕설 등 비방의 메시지 또는 상대방에게 경멸의 표현을 하거나 인격모독성의 글 또는 놀림, 협박 등을 하는 것을 말한다. 예를 들어, 특정인에 대한 욕설, 모욕적인 내용의 글을 SNS상에 올려서 유포하거나, 악플이라고 불리는 악성 댓글로 상대방을 비난하는 경우, 게시판을 특정인에 대한 욕설로 도배하는 경우 등이 모두 포함된다.

(2) 사이버 명예훼손

사이버 공간에서 사실 여부와 관계없이 타인의 명예를 훼손하는 글, 사진 등을 게시하거나 인터넷이나 SNS를 통해 유포하는 것을 말한다. 사이버상에서 상대방을 비방할 목적으로 사실이나 거짓을 말하여 상대방의 명예를 떨어뜨리거나, 인격을 침해하는 행위를 사이버 명예훼손이라고 할 수 있다. 예를 들어, 자신 또는 다른 사람의 게시판이나 블로그, 홈페이지, SNS 등에 사실과 다른 모욕적인 내용의 글을 올리거나, 다른 사람의 명예를 훼손할 만한 사진이나 동영상을 올리는 경우, 채팅이나 대화 도중 이루어지는 명예훼손 행위 모두 사이버 명예훼손에 해당된다.

(3) 사이버 스토킹

사이버 스토킹은 사이버상에서 특정인이 원하지 않음에도 불구하고, 공포심이나 불안감을 유발하는 글이나 사진, 영상을 반복적으로 상대방에게 도달하게 하는 행위를 말한다. 즉, 사이버 공간에서 원하지 않은 문자, 사진, 동영상을 반복적으로 보내어 상대방에게 점차 이 행동에 대해 불안함과 두려움을 주는 일체의 행위를 말한다. 최근에는 급속한 스마트폰의 보급, 인터넷 이용 환경의 확대로 인해 청소년들이 SNS나 문자, 채팅 등을 통해 사이버상에서 쉽게 낯선 사람을 만나게 되고, 이를 통한 피해가 급증하고 있다.

(4) 사이버 성폭력

사이버 성폭력이란 사이버 공간에서 문자나 사진, 동영상 등을 통해 상대방에게 성적 수치심 또는 불쾌감이나 혐오감을 유발하는 행위를 말한다. 즉, 특정인을 대상으로 성적인 묘사나 성적 비하 또는 성차별적인 발언 등을 포함한 내용을 인터넷이나 SNS상에 올린다거나 유포하는 행위를 말한다. 예를 들어, 성적인 내용의 문자, 이미지, 동영상 등을 사이버상에서 상대방의 의사와 관계없이 보낸다거나, 음란한 내용의 동영상을 만들어 유포하는 행위, 사이버 공간에서 음란한 내용의 문자, 이미지, 영상 등을 판매하며, 공연히 전시하는 행위 또한 사이버 성폭력에 포함된다.

(5) 신상정보 유출

신상정보 유출이란 개인의 사생활에 해당하는 내용을 인터넷이나 SNS상에 언급 또는 게재하거나 신상정보(이름, 거주지, 학교이름 등)를 유포하는 행위를 말한다.

(6) 사이버 따돌림

사이버상에서 특정대상 안티 카페 활동 등과 같이 인터넷상의 소셜 미디어 사이트, 휴대폰 텍스트 메시지, 메신저, 채팅 등의 전자통신 수단을 이용한 왕따를 지칭하는 신종 따돌림행위를 말한다.

사이버 따돌림은 아래의 〈표 6-2〉와 같이 다양한 방식으로 가능하다.

〈표 6-2〉 사이버 따돌림 예

<table>
<tr><th>특징</th><th colspan="2">설명</th></tr>
<tr><td rowspan="5">카카오톡 왕따 (카따)</td><td colspan="2">• 카따란 '카카오톡 왕따'를 뜻하는 10대들의 은어로, 오프라인에서의 왕따행위를 모바일 공간으로 옮겨와서 자행하는 것</td></tr>
<tr><td>떼카</td><td>• 채팅방에서 피해학생에게 단체로 욕을 퍼붓는 것</td></tr>
<tr><td>카톡방폭</td><td>• 채팅방에 피해학생을 초대한 뒤 한꺼번에 나가버려 피해학생만 카톡방에 남게 하는 것</td></tr>
<tr><td>카톡감옥</td><td>• 피해학생을 계속 채팅방으로 초대하여 괴롭히는 것</td></tr>
<tr><td>기타</td><td>• 채팅방에서 피해학생의 말만 무시하며 유령 취급하는 행위
• 피해학생을 초대한 뒤 일제히 의미 없는 메시지를 던져서 휴대폰을 마비시키는 행위</td></tr>
</table>

출처: 신재한 · 장기덕 · 조용개(2017)에서 재인용

2. 사이버폭력 사례

방송통신위원회가 2019년 10월부터 11월까지 총 9,025명(학생, 일반성인, 교사, 학부모)을 대상으로 실시한 2019년 사이버폭력 실태조사 결과를 살펴보면 인터넷 이용자 3명 중 1명이 사이버폭력 가해 또는 피해를 입은 것으로 나타났다(보안뉴스, 2020). 학생의 경우 언어폭력(가해 16.8%, 피해 16.9%)에서 높은 경험률을 보였다.

사이버폭력 사례를 구체적으로 살펴보고, 피해 및 가해의 방식을 보다 구체적으로 살펴보고자 한다.

사례 1

〈학교폭력 취약 여학생, 이들을 구하려면?〉

서울의 한 중학교 학생들이 동급생의 반라 사진과 영상을 메신저로 유포한 사건이 발생해 일대 중학교들이 발칵 뒤집혔다.
신고를 접수한 교육당국과 경찰은 곧바로 수사에 착수했다. 서울 A중학교에서 발생한 여중생 반라 사진 및 영상들은 피해학생이 다이어트를 전후해 자신의 신체를 촬영해 SNS에 비공개 게시물로 올렸던 것이다.
그런데, 피해학생과 SNS 비밀번호를 공유하던 가해학생이 말다툼 후 앙심을 품고 사진과 영상을 친구 5명에게 유포했다. 이후 2차, 3차 유포가 이어져 A중학교뿐만 아니라 인근 다른 학교 학생에게까지 유포됐다.
그러나 정작 가해학생들에 대한 처벌은 미미할 것으로 전망된다. 가해학생 대부분이 중학교 2학년생으로 만 14세 미만인 탓에 형사처벌 대상이 아니며, 촬영 영상도 피해학생 스스로가 촬영한 탓으로 음란물로 보기 어렵기 때문이다.
〈에듀인뉴스(2020), 2020.7.13. 기사 중〉

사례 2

〈학교폭력 취약 여학생, 이들을 구하려면?〉

2018년 9월 A군은 자신의 페이스북 계정에 전 여자친구인 B씨를 성적으로 비방하는 내용의 글과 댓글을 올린 혐의로 기소됐다. B양은 A군이 글을 올린 날 오후 8시쯤 고층아파트 화단에서 숨진 채 발견됐다.
이에 대해 지난달 14일 인천지방법원 형사1단독 김은엽 판사는 "SNS에서 여학생에게 사이버폭력을 가한 남학생에게 벌금 500만 원을 선고한다."고 판결했다. 재판부는 "공포심을 일으키게 할 만큼의 행위는 없었다."며, 무죄 판단하고 명예훼손 혐의만 유죄 판단했다.
〈에듀인뉴스(2020), 2020.7.13. 기사 중〉

사례 3

〈온라인으로 확대된 은밀한 폭력 '사이버 왕따'〉

"나를 욕하는 게 보기 싫어도 자꾸 이름을 태그해 고통스럽다."는 정모(15) 양은 카카오톡 단체방에 초대돼 무차별 공격을 당했다. "보기 싫으니까 작작 나대."라며 정 양을 괴롭히는 친구 무리의 폭언을 들었고 방을 나가면 계속해서 초대했다. "너 계속 나가면 해킹도 당하고 그래서 너 핸드폰 못 쓸 수도 있다."며 "초대를 하면 넌 거절 못 하고 계속 욕먹어야 한다."고 정 양을 협박했다.

페이스북에서는 정 양을 향한 '저격글'을 올렸다. 정 양을 겨냥해 "아 너 그러고 살지 마라."라는 글에는 "너 왜 그러냐? 누구 때문에 그러냐."라는 댓글이 달리며 점점 퍼졌다. 급기야 정 양을 태그해 "너 보라고 한 말이다."라며 댓글을 달아 정 양을 '소환'했다. 정 양은 "피하고 싶어도 피할 수 없어 고통스럽다."고 말했다.

중학생 박모(14) 군은 친구 4명이 조를 나눠 PC방에서 온라인 게임 '서든어택'을 하기로 했다. 박 군과 한 조가 된 친구들은 게임을 하는 내내 "넌 잘하는 게 하나도 없다.", "너랑 같은 편이 돼서 재수 없다."며 계속 채팅 메시지를 보냈다.

결국 박 군만 빼고 5명 전원이 게임에서 빠져 박 군 혼자 게임을 해야 했다.

청소년 요금제를 사용하는 초등학생 강모(13) 군은 항상 데이터가 부족하다. 그런데 반에서 '힘이 있는' 한 친구가 "나 데이터 다 썼다."며 데이터를 빌려달라는 부탁에 고통스럽다고 말했다. 강 군의 휴대전화를 와이파이 삼아 모바일 핫스팟을 켜달라며 "잠깐 쓰면 되잖아, 잠깐 쓴다고 배터리가 닳는 것도 아니고 조금만 쓰겠다."고 부탁 삼아 강요한다는 것이다. 다른 친구들까지 "왜 나는 데이터를 안 주느냐."며 강 군을 괴롭혀 고민이 된다며 한숨을 쉬었다.

중학생 윤모(14) 양은 같은 반 친구의 카카오톡 프로필 사진을 보고 충격을 받았다. 자신의 얼굴에 심한 포토샵이 되어 있는 '엽사'가 올라가 있는 것을 보고 "사진 좀 지워 달라."고 부탁했다. 하지만 다른 반 단체 카톡방에도 엽사를 올리고 SNS에도 사진을 올렸다. 잘 모르는 다른 반 친구들까지 윤 양을 놀렸고 '엽사'를 카카오톡 프로필 사진에 올려 괴롭힘에 동참하는 친구들이 늘어났다.

〈데일리한국(2015), 2015.12.19. 기사 중〉

3. 사이버폭력 대처 방안

1) 사이버폭력의 특성

사이버폭력의 특성은 5가지 정도로 정리해 볼 수 있다(1388 사이버청소년상담센터). 사이버폭력의 특성은 아래와 같다.

(1) 익명성으로 인하여 가해자를 찾기 어렵다.

자신도 모르게 많은 내용이 진행된 이후에 사실을 알게 되는 경우가 많으며, 어떻게 사실이 알려졌는지 모르는 경우도 많다.

(2) 집단적인 공격 양상을 보인다.

사이버 공간에서는 수많은 사람들의 퍼 나르기, 댓글 등으로 상처를 줄 수 있으며, 나도 모르게 집단의식에 사로잡혀 사이버 따돌림과 같은 집단행동에 빠질 수 있다.

(3) 피해가 급격히 진행된다.

사이버 공간의 특성상 누구나 쉽게 정보를 주고받을 수 있어 급속하게 피해가 일어날 수 있다.

(4) 기록이 남아서 원상복구가 어렵다.

사이버 공간에서 한번 전파된 사진이나 동영상, 이미지 등은 사라지지 않는다. 그래서 사건이 발생하면 피해자는 지속적으로 상처를 받게 된다.

(5) 경계 구분 없이 발생하며 일일이 처벌하기 어렵다.

사이버 공간은 국경이 없으므로, 피해자들은 시공간의 제약 없이 언제나 피해에 노출될 수 있고, 가해자들이 어디서나 공격을 가할 수 있으며, 누가 시작했는지 어떤 사람이 가해자인지 경계가 모호하여 일일이 책임을 묻는 데 한계가 있다.

2) 사이버폭력의 피해 징후

사이버폭력을 당하는 피해학생은 일상적인 삶의 패턴과 다르게 행동을 한다.

그러므로 사이버폭력의 피해 징후를 포착하는 것이 어느 것보다 중요하다. 사이버폭력의 피해 징후에 대한 증상은 일반적으로 다음과 같다(교육부, 2019).

- 불안한 기색으로 정보통신기기(스마트폰 등)를 자주 확인하고 민감하게 반응한다.
- 용돈을 많이 요구하거나 정보통신기기의 사용 요금이 지나치게 많이 나온다.
- 부모가 자신의 정보통신기기를 만지거나 보는 것을 극도로 싫어하고 민감하게 반응한다.
- 접속한 후, 또는 문자메시지나 메신저를 본 후에 당황하거나 괴로워 보인다.
- SNS 글귀나 사진의 분위기가 갑작스럽게 우울해지거나 부정적으로 바뀐다.
- 컴퓨터 혹은 정보통신기기를 사용하는 시간이 지나치게 많다.
- 잘 모르는 사람들이 아이의 이야기나 소문을 알고 있다.
- 아이가 SNS 계정을 탈퇴하거나 아이디가 없다.
- SNS 등에서 집단에게 혼자만 반복적으로 심리적 공격을 당한다.
- 사이버상에서 이름보다는 비하성 별명이나 욕으로 호칭된다.

3) 사이버폭력 대처 방안

사이버폭력을 예방하고 대처하기 위해서는 학생(피해학생, 가해학생), 학부모, 교사들의 노력이 모두 필요하다. 사이버폭력을 예방하고 대처하기 위한 방안에 대해 살펴보고자 한다.

(1) 대상

학생

가) 피해자가 되지 않으려면

① 상대방을 존중한다.

사이버상에서 내가 올리는 글이나 이미지, 동영상 등이 상대방에게 어떻게 받아들여질지 먼저 생각해 본다. 사이버 공간에서도 상대방을 존중해야 나도 존중받을 수 있다는 사실을 기억한다. 상대방의 사생활과 명예를 내 것처럼 보호해줘야 한다.

② 신중하게 언어를 사용한다.
사이버상에서 장난이라도 욕설이나 오해할 만한 말은 되도록 삼가한다. 혹시 내 말과 행동 때문에 오해를 받게 되면 바로 사과를 해야 한다.

③ 내 정보를 소중히 다룬다.
사이버 공간에서는 자신의 정보나 사진 등이 의도하지 않게 퍼져나갈 수 있다. 꼭 필요한 경우에만 정보를 공개하고 그렇지 않을 때는 되도록 공개하지 않도록 한다.

나) 가해자가 되지 않으려면

① 상대방을 존중한다.
사이버 공간에서도 특정인을 겨냥한 음란한 용어나 욕설이 포함된 닉네임, 상태메시지를 사용하지 않는다.

② 바른 언어를 사용한다.
사이버상에서는 서로의 말이나 행동이 쉽게 오해를 불러일으킬 수 있고 상대방의 기분을 상하게 할 수 있다. 장난이라도 욕설이나 오해할 만한 말을 삼가고 바른 언어를 사용하도록 노력한다.

③ 사이버상에서 장난으로 한 말이나 행동이 범죄가 될 수 있다.
현실에서 쉽게 사용하던 말이나 장난을 사이버 공간에서 이용할 때는 왜곡될 수 있으며 이로 인해 상대방에게 큰 상처를 줄 수 있다. 이러한 말이나 장난도 처벌을 받을 수 있는 범죄라는 것을 기억해야 한다.

④ 논쟁을 할 때는 절제하여 대응한다.
사이버상에서 의견이 다르기 때문에 논쟁을 할 수는 있지만, 신중한 태도가 중요하다. 논쟁이 붙었을 경우에는 감정적으로 대응해서 큰 싸움으로 키우기보다는 논리적이고 이성적으로 대응해야 한다.

다) 피해를 입었을 때

① 감정적으로 대응하지 말고 거부 의사를 밝힌다.

사이버상에서 기분 상하는 일을 당했을 때는 바로 보복하지 말고 초반에는 무시하도록 한다. 이런 행동이 반복된다면 차단하고 우선은 그 공간을 벗어나도록 한다. 그러나 무시하고 차단하더라도 사이버폭력을 지속한다면 가해자에게 그 말이나 행동에 대해서 싫다는 거부 의사를 분명하게 표현한다.

② 증거자료를 확보한다.

거부 의사를 표현했음에도 상대방이 사이버폭력을 지속한다면 그것을 증명할 수 있는 글, 이미지, 동영상 등에 대해서 증거자료로 모아 둔다.

③ 주변 어른이나 친구나 선배에게 알린다.

사이버폭력을 당했을 때는 혼자서 고민하고 해결하려는 것보다는 주변에서 도와줄 수 있는 어른들, 부모님이나 선생님에게 알려서 해결책을 함께 찾아간다. 또한 주변 어른들에게 이야기하기 어려울 때는 신뢰할 만한 친구나 선배에게 이야기하고 도움을 요청한다.

④ 관련 기관에 도움을 요청한다.

사이버폭력을 당했을 때 청소년들을 도와주는 기관들이 있고, 먼저 쉽게 전화나 인터넷을 통해 문의를 하거나 상담을 받을 수 있다. 사이버폭력에 대해서 대처 방법을 함께 생각하면서 도움을 받도록 한다.

⑤ 경찰에 신고하기

반복되는 심각한 사이버폭력일 경우 부모님이나 선생님과 상의한 후 경찰에 신고한다.

부모

가) 내 자녀를 사이버폭력에서 보호하려면

① 자녀에게 사이버상에서 상대방을 존중하고 건전하고 바른 언어로 소통하도록 가르친다.

② 청소년들이 사이버 공간을 어떻게 이용하고 있는지를 알아보고 자녀와 함께 사이버폭력 등 청소년들의 사이버 문화에 대해서 이야기를 나눠 본다.

③ 자녀가 사이버상에서 관심을 가지고 있는 활동과 주로 어떤 것들을 하고 있는지에 대해서 지속적으로 관찰한다.

④ 사이버폭력을 당했을 경우 대처 행동이나 신고할 수 있는 기관과 전화번호 등에 대해서 구체적으로 가르친다.

나) 내 자녀가 사이버폭력을 당했을 때

① 자녀가 사이버폭력을 당했다는 사실을 알았을 경우 감정적으로 반응하지 않고 침착하게 대응하도록 한다.

② 사이버폭력으로 인해 자녀가 힘들어하는 마음을 달래 주고, 자녀의 말을 비판 없이 수용하고 부모에게 말해 준 것에 대해서 지지해 준다. 또한 끝까지 부모가 옆에서 지켜주고 도와줄 것이라고 약속하면서 아이 마음을 다독여 준다.

③ 자녀가 당한 피해에 대해 구체적으로 파악한다. 자녀가 충분히 이야기할 수 있도록 비판하지 않고 들어 주면서 사실 관계를 객관적으로 파악한다. 또한 증거자료를 확보하도록 한다.

④ 가해자를 직접 만나서 보복하지 않고, 심각하다고 판단될 경우 학교에 도움을 요청하고 신중하게 고려하여 경찰에 신고한다.

⑤ 관련 기관과 상담하여 사이버폭력에 대한 대처 요령과 전체적인 처리 과정을 확인한다.

교사

가) 학생을 사이버폭력에서 보호하려면

① 사이버 공간에서 상대방을 존중하고 책임감 있게 행동하고 바른 언어를 사용하도록 지도한다. 사이버 공간에서 하는 말과 행동은 기록으로 남으며 장난으로 하더라도 상대방에게 더 심각한 결과를 가져올 수 있다는 것을 강조한다.

② 사이버 공간에서 하는 말이나 행동이 상대방에게 어떻게 느껴지고 어떤 결과가 일어날 것인지에 대해 생각해 볼 수 있도록 지도한다.

③ 학생들이 사이버폭력을 당하거나 목격했을 경우 교사에게 신고를 하더라도 아이들 사이에서 고자질을 하는 아이로 취급되어 보복이나 불이익을 받지 않는다는 것에 대해서 강조한다. 피해자가 잘못을 저지른 사람이 아니며

사이버폭력을 목격했을 때는 외면해서는 안 된다는 것에 대해서 설명한다.

④ 사이버폭력이 학교폭력의 일종이며 처벌받을 수 있는 것에 대해서 알려준다. 사이버폭력을 했을 경우 어떤 식으로 처벌을 받게 되는지에 대해서도 구체적으로 설명해 주도록 한다.

⑤ 사이버폭력을 당했을 경우 상담을 받을 수 있는 기관과 방법, 그리고 신고하는 방법에 대해서 정기적으로 가르친다.

나) 학생이 사이버폭력을 당했을 때

① 사이버폭력에 대한 상담이나 신고를 받게 되면 즉시 응하고 기록을 남긴다. 관련 가해자에게 확인하는 절차에 앞서서 신고하거나 상담을 신청하는 사람에게 사건의 상세한 사항(예: 일시, 내용, 관련자 명단, 증거자료 등)에 대해서 듣고 기록해 둔다.

② 즉시 개입해야 할 경우 사안조사를 실시하고 학교장 자체해결 여부 심의를 실시한다. 또한 피해학생이 신고 이후 안전하게 보호 받을 수 있도록 한다. 특히 상황에 대한 조사 과정에서 피해자가 심리적으로 안정할 수 있도록 주의해야 한다.

③ 가해자, 피해자 각각의 이야기를 들어보며 증거를 확보하고 목격자나 방관자들이 증언할 수 있도록 독려하여 사건에 대해서 조사를 한다.

④ 사이버폭력이 학교폭력의 일부라는 판단이 들면 즉시 학교장 자체해결 여부를 심의하여 자체해결 요건이 충족 및 동의되면 학교장 자체해결을 하고 그렇지 못한 경우에는 학교폭력대책심의위원회 개최를 요청한다.

⑤ 학교폭력대책심의위원회 조치 과정과 분쟁조정 과정에서 비밀을 유지하도록 노력한다.

(2) 사이버폭력 사안처리 프로세스

사이버폭력이 발생했을 때에는 학부모, 교사 모두 당황하지 말고 아이의 입장에서 차분하게 사안을 처리해야 한다. 여기서는 학부모의 입장에서 진행되는 사안처리에 중점을 두고 설명하고자 한다.

❶ 사건의 파악

- 아이의 안정을 최우선으로 생각하고 절대 아이를 탓하지 않는다. 불안정한 심리를 가진 아이와 함께 있도록 노력하고, 문제가 잘 해결될 것이라는 확신을 준다.
- 아이에게 사건의 처음부터 끝까지 순서에 따라 차분히 설명하도록 하고, 아이의 심정을 공감하면서 이야기를 경청한다. 설명을 반복해 들으면서 최대한 객관적 사실을 파악하기 위해 노력해야 한다.
- 부모나 교사가 얻을 수 있는 증거자료가 있다면 최대한 확보한다.

❷ 전문가의 조언과 상담

- 가해자를 직접 만나거나 보복하려 하지 않는다. 섣부른 대응이 아이에게 더 큰 상처를 줄 수 있기 때문에 신중한 자세를 취해야 한다.
- 자녀의 담임교사 또는 학교에 사실을 알리고 조언을 구한다. 교사의 조언 또는 학교의 대처 과정에 신뢰를 가지고 침착하게 상담에 임한다.
- 학교의 도움을 얻기 힘든 경우 전문상담기관을 통해 도움을 받을 수 있다.

❸ 신고

- 피해자와 부모가 사건을 신중하게 고려한 후, 신고가 필요하다면 학교폭력 담당교사 또는 전문기관에 정식으로 신고하고 싶다는 의사를 명확히 전달한다.
- 학교폭력 전담기구, 경찰청 사이버안전국 등에 피해사실을 알릴 수 있다.

❹ 처리

- 학교, 도움기관 또는 경찰 관계자와 연락을 취하면서 사건의 전체 처리 과정과 결과를 분명히 확인한다.
- 가 · 피해자 또는 상대방 부모, 관계자에 대한 예의를 갖추는 것이 조속하고 원만한 사건 해결에 도움을 주기 때문에 지나치게 감정적인 대응을 하지 않도록 주의한다.
- 아이에게 잘못이 있다면 부모가 함께 책임을 인정하고 피해자에게 진심으로 사과한다.

❺ 처리 이후

- 아이가 건강한 몸과 마음을 회복할 수 있도록 부모의 도움이 필요하다. 전문가 상담, 봉사활동 등을 통해 성장의 기회를 제공한다.
- 가 · 피해 자녀의 교육이나 치료에 부모도 함께 참여하면 아이의 심리적 안정과 긍정적 변화에 큰 도움이 된다.

출처: 교육부(2019). 우리를 위한 사이버 예방 도우미를 일부 수정.

[그림 6-2] 사이버폭력 사안처리 프로세스

(3) 사이버폭력에 대한 오해

가) 사이버폭력은 물리적인 폭력이 아니므로 처벌대상이 아니다?

사이버폭력은 가상의 공간에서 이루어지지만, 학교폭력과 마찬가지로 피해자에게 큰 상처를 남길 수 있다. 또 스마트폰 등의 기기만 있으면 언제 어디서든 가능하다는 점에서 기존의 학교폭력보다 더 집요한 괴롭힘이 발생하기도 한다. 따라서 피해자의 의사에 따라 법적인 처벌의 대상이 되고 있으며, 괴롭히려던 의도와 피해 정도에 따라 처벌 수위가 달라진다. 비록 장난으로 한 일이더라도 친구의 마음에 큰 상처를 남길 수 있다는 점 꼭 기억해 두어야 한다.

나) 친구끼리 카톡으로 욕설을 하는 것은 괜찮다?

카톡 등 메신저 내의 개인적인 대화 속에서 한두 번 욕설을 하는 것만으로 처벌 대상이 되지는 않는다. 그러나 나의 반복적인 욕설로 인해 상대방 친구가 공포를 느꼈다면 「정보통신망 이용촉진 및 정보보호 등에 관한 법률」 제44조의 7에 의해 처벌 대상이 될 수 있으므로 주의해야 한다. 친구끼리라도 서로 마음 상하지 않도록 고운 말로 대화하는 습관을 들여야 할 것이다.

다) 친구의 굴욕사진을 장난삼아 페이스북에 올려도 된다?

나의 굴욕사진을 누구나 볼 수 있는 곳에 올렸는데 기분이 좋을 사람은 거의 없다. 비록 장난스러운 행동이지만, 공개된 곳에 올린 말 또는 사진으로 친구의 이미지를 나쁘게 만드는 것은 「형법」 제311조에 따라 모욕죄로 처벌까지 될 수 있는 행동이다. 이 경우 모욕인지 아닌지를 판단하는 기준은 당사자인 친구가 어떻게 생각하는지에 따라 달라진다. 따라서 장난삼아 올린 사진이라 해도, 친구가 원치 않는 경우 반드시 삭제해야 한다. 나도 즐겁고 상대방도 즐거워야 장난이라고 할 수 있는 것이다.

라) 카톡 메시지나 페이스북 글은 언제든지 다시 볼 수 있기 때문에 따로 저장해 두지 않아도 괜찮다?

스마트폰 메신저 내 메시지의 경우 채팅방에서 나오게 되면 채팅 내역이 사라지는 경우가 많으며, 페이스북 등 SNS나 기타 온라인상의 게시물은 작성자가 언제나 삭제할 수 있으며 대체로 복구하기가 매우 까다롭다. 따라서 사이버폭력 상황이 발생했을 경우, 피해사실을 증명할 수 있는 증거를 신속히 저장해 두는 것이 무엇보다 중요하다. 피해 내역을 맥락이 드러나도록 캡처하여 컴퓨터, 이동식 저장매체(USB) 등 다양한 곳에 보관해 둘 필요가 있다.

02

PART

학교폭력 예방 및 대응

7장 학교폭력 예방교육

8장 학교폭력 대응

9장 사안조사 및 학교폭력 통합지원

10장 학교장 자체 해결제 및 관계회복

11장 조치 결정 및 이행

7장 학교폭력 예방교육

이 장에서는 학교 내·외에서 학생을 대상으로 발생하는 학교폭력에 대한 예방교육의 목적과 방법, 학교폭력 예방교육 자료, 학교폭력 예방 프로그램과 대처 방안을 제시하고자 한다.

1. 학교폭력 예방교육의 목적과 방법

1) 학교폭력 예방교육의 목적

학교폭력 예방교육은 학교 내·외에서 학생을 대상으로 발생한 상해, 폭행, 감금, 협박, 약취·유인, 명예훼손·모욕, 공갈, 강요·강제적인 심부름 및 성폭력, 따돌림, 사이버 따돌림, 정보통신망을 이용한 음란·폭력 정보 등에 의하여 신체·정신 또는 재산상의 피해를 수반하는 행위인 학교폭력이 일어나기 전에 미리 대처하여 막는 일을 의미한다.

학교폭력에 대한 심각성을 인식하고 이를 해결하고자 하는 노력을 기울이기 시작한 것은 정부가 아닌 민간단체였다. 이후 1995년 정부에서는 학교폭력 근절 종합대책을 마련하고 경찰에서는 '학교담당 경찰관' 제도, 검찰에서는 '자녀안심하고 학교보내기 운동'을 실시하였다. 이러한 관심을 바탕으로 정부는 민·관 공동으로 '학교폭력대책 국민협의회'를 발족하게 되었고 이것이 정부 차원에서 실시한 최초의 움직임이라 할 수 있을 것이다(이승현, 2012).

2001년 3월 청소년폭력예방재단을 중심으로 한 학부모단체, 교직원단체 등 20여 개의 시민단체가 모여 '학교폭력대책에 관한 입법시민연대'를 결성한 지 약 21개월여 만에 2003년 12월 「학교폭력예방 및 대책에 관한 법률」이 제정되어 2004년 1월 공포되었다. 공포 6개월 후부터 시행된 이 법은 정부적 차원에서 학교폭력예방 및 대책을 위한 전담기구의 설치와 이를 위한 다양한 제도적 틀을 마련함과 동시에 학교폭력을 사전에 예방하기 위한 규정을 비롯한 피해학생의 보호와 가해학생의 선도라는 주요 규정을 담아 탄생하게 되었다(윤태현, 2017). 법률 제16441호, 2019. 8. 20., 일부개정된 「학교폭력예방 및 대책에 관한 법률」은 전문 23조와 부칙으로 구성되어 있다.

현재 사법제도가 제시하는 관점에서 사법은 '어떤 법을 어겼기 때문에 응당 그에 합당한 처벌을 받아야 한다'라는 응보적 관점으로 범죄를 규정하고 형벌을 구형하지만, 회복적 정의 관점에서 바라보는 범죄는 '특정한 사람이나 집단 사이에 피해와 관계에 훼손을 가져왔고, 따라서 어떻게 그 깨어진 관계와 피해를 회복할 것인가'에 초점을 맞추고 있다. 또한 회복적 정의는 사법절차와 과정에서 피해자와 가해자, 그 범죄사건으로 피해를 입은 모든 사람의 상처를 최대한 아물게 하는 데 목적을 두고 있다. 회복적 정의 개념에서 「학교폭력예방 및 대책에 관한 법률」은 피해학생과 그 부모, 그리고 가해학생과 그 부모, 그리고 주변사람이라 할 수 있는 학교 측 관계자와 학교폭력대책자치위원회가 모두 참여한 뒤 서로 협의하여 자체적으로 문제해결을 하도록 마련된 법률이라 할 수 있다(윤태현, 2017).

2) 학교폭력 예방교육의 방법

(1) 학교폭력 예방교육 정책

가) 제1차 학교폭력 예방 및 대책 5개년 기본계획(2004-2009)

학교폭력예방법의 제정·시행으로 학교폭력이 발생 건수상으로는 감소하였으나, 음란성 폭력 영상물의 급증과 다양한 사회적 요인 등으로 인해 학교폭력 발생 가능성은 점점 증가하였으며, 이에 2005년 3월 교육부총리 등 관계부처 장관 및 경찰청장 등은 '학교폭력 예방 및 대책 5개년 기본계획' 추진의 일환으로 학교폭력 예방 및 근절 의지를 밝히는 담화문을 발표하였다. 2004년 제정·시행된 학교폭력예방법 제6조[1]를 법률적 근거로 삼아 제1차 기본계획이 수립되었다.

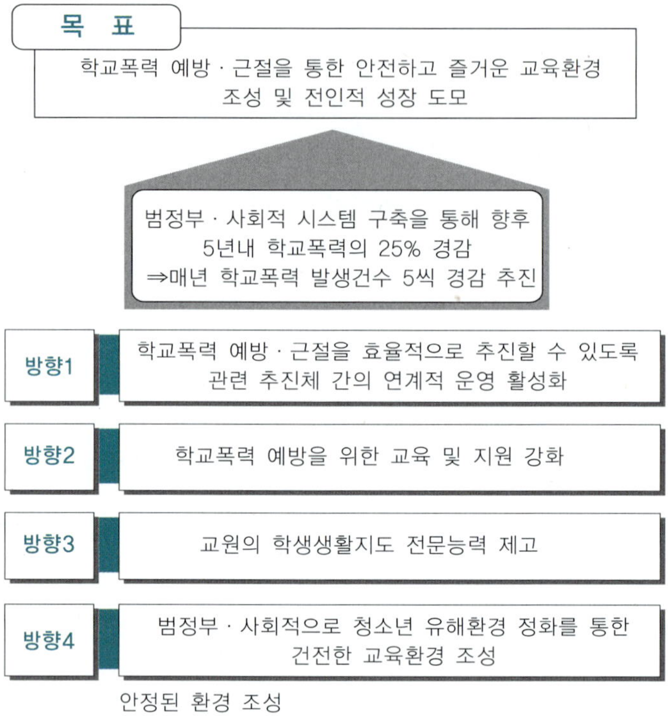

출처: 관계부처 합동(2005). 제1차 학교폭력 예방 및 대책 5개년 기본계획.

[그림 7-1] 제1차 학교폭력 예방 및 대책 기본계획 로드맵

---

1) 학교폭력예방법 제6조(기본계획의 수립 등) ① 교육인적자원부장관은 이 법의 목적을 효율적으로 달성하기 위하여 학교폭력의 예방 및 대책에 관한 정책 목표·방향을 설정하고, 이에 따른 학교폭력의 예방 및 대책에 관한 기본계획을 제7조의 규정에 의한 학교폭력대책기획위원회의 심의를 거쳐 수립·시행하여야 한다. ② 제1항의 기본계획은 다음 각 호의 사항을 포함하여 5년마다 수립하여야 한다. 이 경우 교육인적자원부장관은 관계중앙행정기관 등의 의견을 수렴하여야 한다. 1. 학교폭력의 근절을 위한 조사·연구·교육 및 계도 2. 피해학생에 대한 치료·재활 등의 지원 3. 학교폭력관련 행정기관 및 교육기관 상호간의 협조·지원 4. 학교폭력의 예방과 피해학생 및 가해학생의 치료·교육을 수행하는 청소년관련단체 또는 전문가에 대한 행정적·재정적 지원 5. 그 밖에 학교폭력의 예방 및 대책을 위하여 필요한 사항(2005년 제정 당시 법률)

나) 제2차 학교폭력 예방 및 대책 5개년 기본계획(2010-2014)

제2차 기본계획은 학교폭력 안전도 제고를 위해 6개 정책과제와 78개의 세부사업으로 추진하였다.

첫째, 학교폭력 인프라 구축이다. 학교 안과 밖에서의 학교폭력을 사전에 차단하기 위해 학생보호인력 확대 배치, 학교 내 CCTV 설치 확대, 등·하교 안심알리미 서비스, 학교 주변 아동보호구역 지정 확대 등 학생보호 인프라를 확충하고, 학교폭력의 신고체계를 강화하고 조기에 학교폭력을 발견하려고 하였다.

둘째, 학교급별 맞춤형 예방교육을 실시하고, 전 교원의 대응 역량을 강화하기 위하여 학교관리자, 담당자 연수를 강화하였다. 교원 대상 사이버 연수과정을 연차적으로 확대 운영하고 이수를 의무화하였다. 따돌림·괴롭힘을 사전 차단하고 다문화 및 장애학생 보호체제를 마련하였을 뿐만 아니라 찾아가는 학부모 교육을 실시하고, 가정용 학교폭력 예방 및 대처 매뉴얼을 보급한다고 하였다.

셋째, 학교폭력 조기발견·신속개입·상담·해결 원스톱지원체제를 정착하기 위하여, 자치위원회의 심의 활성화, 학교 상담망 구축, 자치위원회 심의·조정 역량 강화, 정보공시 상세화 등 책무성 제고 등을 추진하였다.

넷째, 가·피해자에 대한 효과적인 선도와 치유로 학교폭력 재발을 방지하고, 피해자의 적응과 회복을 지원하기 위하여 전문 진단·상담시스템을 구축하고, 고위험 가해학생 통합적 위기관리, 피해학생 보호·지원체제 구축, Wee센터·Wee스쿨과 같은 가·피해학생 선도·치유기관의 확충과 특성화 등을 추진하였다.

다섯째, 학교폭력 예방을 위한 학교문화 조성을 위하여 생활평점제 및 학교자치법정을 확대하고, 배려와 나눔의 인성교육을 강화하였다. 언어폭력 없는 학교문화 조성 사업으로 칭찬문화운동, 언어폭력 자정운동 등을 전개하고, 또래 상담자와 명예소년경찰단 운영 내실화 방안과 학교자치활동 활성화 방안을 제시하였다.

여섯째, 지역사회와 함께하는 학교 안전망을 구축하기 위하여, 지역단위 대응 역량 강화, 범사회적 폭력 근절 문화 조성, 청소년 유해환경 정화 등을 추진하였다.

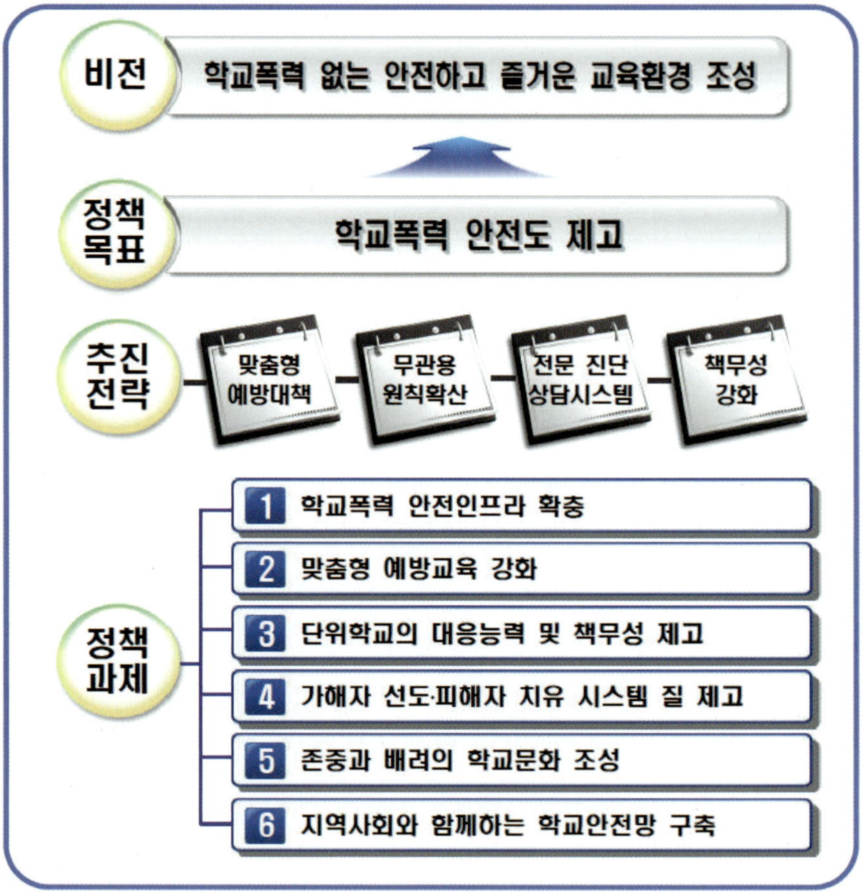

출처: 관계부처 합동(2009). 제2차 학교폭력 예방 및 대책 5개년 기본계획.

[그림 7-2] 제2차 학교폭력 예방 및 대책 기본계획 로드맵

다) 제3차 학교폭력 예방 및 대책 5개년 기본계획(2015–2019)

제3차 기본계획은 학교폭력 및 학생위험 제로 환경 조성을 위해 5대 분야, 16개의 추진과제를 대책으로 마련하였다.

첫째, 인성교육 중심 학교폭력 예방 강화로 어울림 프로그램과 학생자치활동 등의 학교폭력 예방 프로그램을 강화하였고, 또래활동을 통한 건전한 학교문화

조성, 폭력 유형에 따른 대응 강화를 추진과제로 하였다.

둘째, 학교폭력 대응 안전 인프라 구축을 위하여 학교전담경찰관 및 배움터지킴이 등 학교보호 인력을 확충하며, 학교 밖 안전관리를 강화하였다. 학교에 범죄예방환경설계(CPTED) 적용을 확대하고, 외부출입자 통제, 학교전담경찰관 배치 및 운영, 학교보안관이나 배움터지킴이 등 학생보호 인력 운영 확대 등을 제시하였다.

셋째, 공정한 사안처리 및 학교 역량 강화를 위해 학교폭력 조기감지·신고 체계 강화, 사안처리의 공정성 확보, 학교의 학교폭력 대응 역량 강화를 추진하였다. 중점 내용은 117학교폭력 신고 및 학교별 익명신고 운영 활성화, 학교폭력 사안 은폐·축소 시 엄중 조치 등 책무성 강화, 학교폭력 유공교원 인센티브 확대 등이다.

넷째, 피해학생 보호·치유 및 가해학생 선도이다. 이는 피해학생 보호 및 치유지원 내실화, 가해학생에 대한 맞춤형 교육 및 선도 강화, 관계회복을 위한 프로그램 강화 등을 중심으로 한다.

다섯째, 전 사회적 대응체계를 구축하기 위하여 가정의 역할과 교육기능을 강화하고, 지역사회의 역할 및 책무성을 제고하기로 하였다. 세부 내용은 학교폭력 예방을 위한 가정과 지역의 역할 및 책무성 제고, 학교폭력 정보공시 및 평가, 지역사회의 자율규제활동 강화, 폭력문화 해소를 위한 전 사회적 대응체계 구축, 범국민 학교폭력 예방 및 근절 공동캠페인 추진 등이다.

비 전	행복하고 안전한 학교
목 표	학교폭력 및 학생위험 제로 환경 조성
전 략	◆ 전반적 학교 문화 개선과 함께 취약요인 중점 관리 ◆ 대상별·유형별·시기별 맞춤형 대응 강화 ◆ 단위학교의 실효성 있는 자율적 예방활동 활성화

5대 분야		16개 추진과제	
1	인성교육 중심 학교폭력 예방 강화	1	인성 함양을 통한 학교폭력 사전 예방
		2	또래활동을 통한 건전한 학교문화 조성
		3	체험중심 학교폭력 예방활동 강화
		4	폭력유형 및 추세에 따른 대응 강화
2	학교폭력 대응 안전인프라 확충	5	학교폭력 위해요인 지속적 해소
		6	학생보호인력 확충
		7	학교 밖 안전관리 강화
3	공정한 사안처리 및 학교 역량 강화	8	학교폭력 조기 감지·신고 체계 강화
		9	사안처리의 공정성 확보
		10	학교의 학교폭력 대응 역량 강화
4	피해학생 보호·치유 및 가해학생 선도	11	피해학생 보호 및 치유 지원 내실화
		12	가해학생 맞춤형 교육 및 선도 강화
		13	관계회복을 위한 프로그램 강화
5	전 사회적 대응체제 구축	14	가정의 역할 및 교육기능 강화
		15	지역사회 역할 및 책무성 강화
		16	대국민 인식제고 및 전 사회적 대응체계 구축

출처: 관계부처 합동(2014). 제3차 학교폭력 예방 및 대책 5개년 기본계획.

[그림 7-3] 제3차 학교폭력 예방 및 대책 기본계획 로드맵

라) 제4차 학교폭력 예방 및 대책 5개년 기본계획(2020-2024)

제4차 기본계획은 존중과 배려가 가득한 학교문화, 적극적 보호와 교육으로 신뢰받는 학교, 민주시민의 성장을 돕는 가정과 사회를 만들기 위해 5대 분야, 14개의 추진과제를 대책으로 마련하였다.

첫째, 학교공동체 역량 제고를 통한 학교폭력 예방을 강화한다. 교육과정과 학교폭력 예방교육 연계를 확대하고 참여·체험형 예방활동을 내실화하는 등 학급·학생 중심 학교폭력 예방교육을 강화한다. 초등학생 학교폭력 피해율 및 사이버폭력 비중 증가 등 학교폭력 유형·추세 변화에 대응하는 맞춤형 예방교육·활동을 강화한다.

둘째, 학교폭력에 대한 공정하고 교육적인 대응을 강화한다. 학교폭력 감지 시 신속하게 대응하기 위해 대응체계를 강화하고, 학교 및 교육청의 사안처리 전문성 제고를 통해 학교폭력 대응절차의 엄정성을 강화한다. '학교장 자체해결제' 정착 및 학생 간 관계회복을 지원하는 등 학교폭력에 대한 학교의 교육적 해결 역량을 제고한다.

셋째, 피해학생 보호 및 치유 시스템을 강화한다. 학교폭력 피해 발생 초기부터 학생을 신속하게 보호하기 위한 대응체계 구축 및 피해학생 전담 지원기관 확대·내실화를 통한 맞춤형 보호·지원을 강화한다. 피해학생 요구를 토대로 한 지원체계 구축 및 외부기관 연계를 통한 사후지원을 강화한다.

넷째, 가해학생 교육 및 선도를 강화한다. 중대한 학교폭력 발생 시 신속한 피·가해학생 분리조치 시행 및 학교폭력 재발 방지를 위한 가해학생 교육·선도조치를 내실화한다. 소년법 적용 사건 수준의 중대한 학교폭력에 대해 엄정 대처한다.

다섯째, 전 사회적 학교폭력 예방 및 대응 생태계를 구축한다. 가정·지역사회 등 전 사회적 학교폭력 예방·대응 역량을 강화한다.

비 전	모두가 함께 만드는 행복한 학교
목 표	◇ 존중과 배려가 가득한 학교문화 ◇ 적극적 보호와 교육으로 신뢰받는 학교 ◇ 민주시민의 성장을 돕는 가정과 사회

5대 정책영역		14개 추진과제	
1	학교공동체 역량 제고를 통한 학교폭력 예방 강화	1	학교·학급 단위의 학교폭력 예방교육 내실화
		2	학생 참여·체험 중심의 학교폭력 예방활동 확대
		3	학교폭력 유형·추세 대응 예방활동 강화
		4	전사회적 협력을 통한 학교폭력 예방문화 조성
2	학교폭력에 대한 공정하고 교육적인 대응 강화	5	학교폭력 조기 감지 및 대응체계 강화
		6	학교의 교육적 해결역량 제고
		7	사안처리의 공정성·전문성 확보
3	피해학생 보호 및 치유 시스템 강화	8	피해학생 맞춤형 보호·지원체계 강화
		9	사후지원 강화 및 학교 안팎 협력체계 구축
4	가해학생 교육 및 선도 강화	10	가해학생 교육·선도 내실화
		11	중대한 학교폭력 가해학생에 대한 엄정대처
5	전사회적 학교폭력 예방 및 대응 생태계 구축	12	가정의 교육적 역할 강화
		13	지역사회의 역할 및 책무성 강화
		14	전사회적 대응체계 강화 및 대국민 인식제고

출처: 관계부처 합동(2020). 제4차 학교폭력 예방 및 대책 5개년 기본계획.

[그림 7-4] 제4차 학교폭력 예방 및 대책 기본계획 로드맵

(2) 학교폭력 예방교육 방법

학교폭력 예방교육의 방법에 있어 교육부(2024)는 학교폭력 사안처리 가이드북을 통해 학교폭력 예방교육 가이드라인을 제시하고 있다. 사전 예방활동과 관련된 조항은 다음과 같다.

관련법률 및 시행령
학교폭력예방법 제11조(교육감의 임무) ⑩ 교육감은 제14조제3항에 따른 전담기구 구성원의 학교폭력 관련 전문성 향상을 위한 교육 등을 실시할 수 있다. ⑬ 교육감은 학교의 장 및 교감을 대상으로 학교폭력 예방 및 대책 등에 관한 교육을 매년 1회 이상 실시하여야 한다. 학교폭력예방법 제14조(전문상담교사 배치 및 전담기구 구성) ⑤ 전담기구는 학교폭력에 대한 실태조사(이하 "실태조사"라 한다)와 학교폭력 예방 프로그램을 구성·실시하며, 학교의 장 및 심의위원회의 요구가 있는 때에는 학교폭력에 관련된 조사결과 등 활동결과를 보고하여야 한다. 학교폭력예방법 제15조(학교폭력 예방교육 등) ① 학교의 장은 학생의 육체적·정신적 보호와 학교폭력의 예방을 위한 학생들에 대한 교육(학교폭력의 개념·실태및 대처방안 등을 포함하여야 한다)을 학기별로 1회 이상 실시하여야 한다. ② 학교의 장은 학교폭력의 예방 및 대책 등을 위한 교직원 및 학부모에 대한 교육을 학기별로 1회이상 실시하여야한다. ③ 학교의 장은 학교폭력을 예방하기 위하여 교사·학생·학부모 등 학교구성원이 학교폭력에 대한 책임을 인식하고 실천할 수 있도록 필요한 사항을 정하여 운영할 수 있다. ④ 학교의 장은 제1항에 따른 학교폭력 예방교육 프로그램의 구성 및 그 운용 등을 전담기구와 협의하여 전문단체 또는 전문가에게 위탁할 수 있다.

⑤ 교육장은 제1항, 제2항 및 제4항에 따른 학교폭력 예방교육 프로그램의 구성과 운용계획을 학부모가 쉽게 확인할 수 있도록 휴대전화를 이용한 문자메시지 전송, 인터넷 홈페이지 게시 및 그 밖에 다양한 방법으로 학부모에게 홍보하여 참여가 활성화될 수 있도록 노력하여야 한다.

⑥ 교육부장관은 학교폭력 예방 및 대책 등에 관한 홍보영상을 제작하여 「방송법」 제2조제3호에 따른 방송사업자에게 배포하고 송출을 요청할 수 있다.

⑦ 그 밖에 학교폭력 예방교육의 실시와 관련한 사항은 대통령령으로 정한다.

학교폭력예방법 제19조(학교의 장의 의무)

④ 학교의 장은 학교폭력 예방을 위하여 필요한 경우 해당 학교의 학교폭력 현황을 조사하는 등 학교폭력 조기 발견 및 대처를 위하여 노력하여야 한다.

학교폭력예방법 시행령 제17조(학교폭력 예방교육)

① 법 제11조제13항에 따른 교육에는 다음 각 호의 사항이 포함되어야 한다.

1. 법 제13조의2에 따른 학교의 장의 자체해결 요건 및 절차 등에 관한 사항
2. 법 제16조제1항 각 호외의 부분 단서에 따른 가해자(교사를 포함한다. 이하 제17조의2에서 같다)와 피해학생의분리 및 피해학생에 대한 긴급보호 조치에 관한 사항
3. 법 제 17조제5항 및 제6항에 따른 가해학생에 대한 조치에 관한 사항
4. 그 밖에 학교폭력 예방 및 대응에 필요한 학교의 장 및 교감의 역할에 관한 사항

② 학교의 장은 법 제15조제7항에 따라 학생과 교직원 및 학부모에 대한 학교폭력 예방교육을 다음 각 호의 기준에 따라 실시한다.

1. 학기별로 1회 이상 실시하고, 교육 횟수·시간 및 강사 등 세부적인 사항은 학교 여건에 따라 학교의 장이 정한다.
2. 학생에 대한 학교폭력 예방교육은 학급 단위로 실시함을 원칙으로 하되, 학교 여건에 따라 전체 학생을 대상으로 한 장소에서 동시에 실시할 수 있다.

3. 학생과 교직원, 학부모를 따로 교육하는 것을 원칙으로 하되, 내용에 따라 함께 교육할 수 있다.
4. 강의, 토론 및 역할연기 등 다양한 방법으로 하고, 다양한 자료나 프로그램 등을 활용하여야 한다.
5. 교직원에 대한 학교폭력 예방교육은 학교폭력 관련 법령에 대한 내용, 학교폭력 발생 시 대응요령, 학생 대상 학교폭력예방 프로그램 운영 방법 등을 포함하여야 한다.
6. 학부모에 대한 학교폭력 예방교육은 학교폭력 징후 판별, 학교폭력 발생 시 대응요령, 가정에서의 인성교육에 관한 사항을 포함하여야 한다

출처: 교육부(2024). 학교폭력 사안처리 가이드북.

[그림 7-5] 사전 학교폭력 예방활동 관련 조항

학교폭력 예방교육의 실시 의무는 학교장에게 있다(법률 제15조). 학교폭력 예방 프로그램은 '학교폭력 전담기구'에서 구성·실시한다(법률 제14조제5항). 다만, 전문단체 또는 전문가에게 위탁할 수 있다(법률 제15조제4항). 학생, 교직원, 보호자를 따로 교육하는 것이 원칙이나, 내용에 따라 함께 교육할 수 있다(시행령 제17조2항제3호).

대상	횟수	방법
학생	학기별 1회 이상 (연 2회 이상)	• 학급 단위로 실시함이 원칙(시행령 제17조제2항제2호) • 강의, 토론, 역할연기 등 다양한 방법 활용(시행령 제17조제2항제4호) • 교과 및 창의적 체험활동 교육과정을 활용하여 실시
교직원	학기별 1회 이상 (연 2회 이상)	• 학교폭력 관련 법령에 대한 내용, 발생 시 대응요령, 학생 대상 예방 프로그램 운영 방법 등을 포함(시행령 제17조제2항제5호)
보호자	학기별 1회 이상 (연 2회 이상)	• 학교폭력 징후 판별, 발생 시 대응요령, 가정에서의 인성교육에 관한 사항 포함(시행령 제17제2항조제6호)

※ 학교폭력 예방교육 시 장애학생 및 다문화학생의 인권보호 관련 내용을 포함함.

출처: 교육부(2024). 학교폭력 사안처리 가이드북.

[그림 7-6] 대상별 학교폭력 예방교육 실시 횟수

2. 학교폭력 예방교육 자료

학교폭력 예방교육 자료는 EDUNET T-CLEAR(http://doran.edunet.net) 도란 도란 학교폭력 징후 및 대처 방안에 대한 내용을 제시하였다.

1) 학교폭력 징후

피해학생 징후

지각이나 결석이 잦습니다.

성적이 갑자기 혹은 서서히 떨어집니다.

갑자기 최근에 안색이 안 좋고 평소보다 기운이 없습니다.

사이버폭력 피해 징후

불안한 기색으로 정보통신기기를 자주 확인하고 민감하게 반응합니다.

단체 채팅방에서 집단에게 혼자만 반복적으로 심리적 공격을 당합니다.

온라인에 접속한 후, 문자메시지나 메신저를 본 후에 당황하거나 정서적으로 괴로워 보입니다.

가해학생 징후

반항하거나 화를 잘 냅니다.

귀가시간이 늦거나 불규칙합니다.

다른 학생을 종종 때리거나, 동물을 괴롭히는 모습을 보입니다.

학교폭력, 이렇게 예방하세요!

1 학교폭력 발생 시의 사안처리 방법과 연계기관 정보를 숙지해 둡니다.

2 올바른 SNS 사용법을 포함한 사이버 윤리교육을 시행합니다.

3 게시판과 화장실 등에 학교폭력 예방수칙과 신고방법을 게시합니다.

2) 학생 상담 방법

1단계. 피해학생의 상태파악과 신변보호

피해 상황을 알게 된 교사는 가장 먼저 피해학생의 상태와 신변보호를 생각해주세요.

2단계. 신고 행동 칭찬과 협력관계 구축

학교폭력 사안을 인지하거나 목격한 학생이 신고한 경우 그 행동을 칭찬하고, 불안감을 느끼지 않도록 지지하고 격려해주세요.

3단계. 목격한 학생이 있는지 확인하고 지도하기

학교폭력 주위에 있는 숨은 학급 집단의 구조, 학생들 간의 권력 관계를 올바르게 파악하세요.

4단계. 객관적인 해결자로서의 역할

문제를 지나치게 확대하거나 축소해서는 안 되며, 이야기를 듣고 성급하게 가해학생과 피해학생을 대질시켜도 안되요.

5단계. 상담자로서의 역할

불안한 피해학생의 마음을 정서적으로 지지해 주세요.

3) 학부모 상담 방법

1단계. 안심시키고, 믿음주기

피해학생의 보호자는 심리적으로 상당히 혼란스러울 수 있으므로 교사가 "더욱 관심을 가지고 조사하여 문제를 해결하겠습니다." 라고 보호자를 안심시키세요.

2단계. 보호자와 협력관계를 유지하기

신고 및 접수 시부터 보호자와 협력관계를 잘 유지하세요.

3단계. 피해학생 보호자 상담

우선 보호자의 감정이 격앙됨을 이해하고 보호자에게 정서적 지지를 보내주세요. 확인된 사실을 부모가 정확히 알고 있는지, 오해가 있는지 등에 대해 파악하세요.

4단계. 가해학생 보호자 상담

가해학생의 보호자 감정을 일단 수용하되, 가해학생의 행위는 정확히 알려주세요.

학부모와의 상담 시 주의사항

1. 보호자가 감정적으로 격앙되어 있다면 동요하지 않고 침착하게 대응하세요.
2. 학교에서 책임감을 가지고 사안을 처리하고 학생들을 지도할 것을 알리세요.
3. 자치위원회의 결정전에는 가해·피해학생을 단정 짓지 마세요.
4. 보호자의 심정을 충분히 공감하고 이해하며 경청하세요.
5. 당사자의 개인정보(주소, 전화번호 등)를 당사자 동의 없이 상대방에게 알려주지 않도록 하세요.
6. 책임을 회피하는 태도, 학생과 가정의 책임으로 돌리는 태도, 사안을 축소하는 태도 등을 지양하세요.

3. 학교폭력 예방 프로그램과 대처 방안

1) 학교폭력 예방 프로그램

학교폭력과 관련된 프로그램은 사전에 미리 폭력 발생을 예방하는 것이 무엇보다도 중요하지만 학교폭력이 발생한 후의 대처 또한 사전 예방 못지않게 중요하다. 따라서 학교폭력을 예방하고 대처할 수 있는 효과적인 프로그램 개발과 운영이 요구된다. 학교폭력문제는 학생 개인의 문제가 아니라 가정, 학교, 사회가 공동으로 책임지고 해결해야 할 문제이므로 학교폭력과 관련된 프로그램도 다차원적으로 접근해야 한다. 또한 학교폭력 프로그램은 예방 차원, 발생 후 대처 차원, 가해학생용, 피해학생용, 방관학생용, 교사용, 학부모용 등과 같이 그 대상 및 초점을 어디에 두느냐에 따라 다양한 프로그램들의 개발이 요구된다 할 수 있다.

학교폭력 관련 프로그램들을 살펴보면, 국가적 차원에서 학교폭력 예방을 위해 대대적으로 운영되는 프로그램이 있는가 하면, 가해학생, 피해학생, 방관학생 등을 대상으로 운영되는 소규모 집단상담, 심리치료 등이 있다. 학교폭력 프로그램들의 내용을 살펴보면 정서교육(정서 조절, 공감능력 증진 등), 분노 조절, 우울증 중재, 자기표현 훈련, 인간관계 훈련, 자존감 향상, 위기상황 대처, 문제해결능력 향상, 비폭력 대화 훈련 등이 있다(이인학 외, 2017).

(1) 국내 학교폭력 예방 프로그램

국내 학교폭력 예방 프로그램은 시우보우, 무지개 프로그램, 내가 바로 지킴이, 헬핑 프로그램, 작은 힘으로 시작해 봐! 등의 프로그램이 있으며, 〈표 8-1〉과 같다.

〈표 7-1〉 국내 학교폭력 예방 프로그램

프로그램명	핵심 구성 요소	대상	회기/시간	개발기관(개발연도)
시우보우 프로그램	이타행동, 대인관계, 의사소통, 인권과 평화의식, 폭력 문화, 집단 따돌림 등 학교폭력	초,중,고	학교급별 10편, 편당 7–10분	서울대 발달심리 연구실(2006)
무지개 프로그램	마음의 힘, 관심과 사랑, 친구상담, 학교 갈등 통찰, 희망 가꾸기, 선배 체험 나누기	초,중,고	10회기	청소년 보호위원회 (2002)
내가 바로 지킴이	학교폭력 ○× 퀴즈	초,중,고	60분	청소년폭력 예방재단
헬핑 프로그램	학교폭력에 대한 인식, 방관자와 중재자 역할, 학교폭력 법률과 대처 요령	초,중	8회기	서울대 발달심리 연구실(2005)
작은 힘으로 시작해 봐!	폭력 개념, 폭력 트라이앵글(가해자, 피해자, 방관자), 대처 행동에 대한 이해	초,중	60분	사회정신건강연구소 (2005)

출처: 정미경(2008). 학교폭력 예방 프로그램 적용효과 분석 연구.

첫째, 학교폭력 예방을 위하여 애니메이션과 다큐를 활용한 동영상 프로그램으로는 시우보우와 헬핑 프로그램이 대표적이다. 기존 인쇄물 형식의 프로그램에 비해서 이들 프로그램은 학생들의 흥미나 주의를 끄는 데 성공적인 반면에, 시우보우는 학생들이 수동적으로 프로그램을 시청하는 방식으로 제작되어 있으므로 학생의 적극적인 참여나 활동이 부족하다. 또한 헬핑 프로그램의 매뉴얼은 교사가 스스로 학습하기 어렵고 복잡하기 때문에 별도의 훈련이 필요하다.

둘째, 무지개 프로그램, 작은 힘으로 시작해 봐!, 학교폭력 예방 프로그램 백과 등은 프로그램 모형 개발의 성격이 강해서 학교 현장이나 청소년시설에서 직접 활용하는 데 제한적이다. 또한 학생의 흥미나 관심을 유발할 수 있는 요소나 활동이 부족하다.

셋째, 내가 바로 지킴이 프로그램은 학교폭력에 대한 개념과 대처 방법에 치중되어 있어 예방적 차원에서의 인성교육 성격이 약하다. 또한 프로그램 운영에 있어서 외부인사의 도움이 필요하다는 점이 활용상의 제한점으로 나타난다.

(2) 어울림 프로그램

가) 프로그램 개요

학교폭력 없는 안전한 학교를 만들기 위해서는 무엇보다 학교폭력 예방교육이 중요하다. 기존의 학교폭력 예방교육은 주로 학생 대상 프로그램으로 학교폭력에 대한 인식 및 학교폭력이 발생한 이후의 대처 방안을 중심으로 이루어져 왔다. 그러나 학교폭력 예방을 위해서는 학생뿐만 아니라 교사 및 학부모 등 학교 구성원 모두를 대상으로 한 학교폭력 예방교육이 필요하며, 학교폭력에 대한 인식 및 대처 방안은 물론 공감과 의사소통, 갈등 해결, 감정 조절, 자기존중감 향상 등 학생의 심리적 특성을 변화시키기 위한 학교폭력 예방교육이 필요하다.

또한 학생의 심리적 특성을 변화시키기 위한 교사와 학부모의 적극적인 개입 및 대처, 지원이 함께 이루어질 때 학교폭력 예방교육의 효과는 극대화된다.

이러한 학교폭력 예방교육의 효과는 단기적인 일회성 프로그램을 적용하여 이루어지는 것이 아니기 때문에 장기적인 관점으로 단위학교에서 지속적으로 프로그램을 적용할 수 있도록 학교폭력 예방 프로그램을 체계적으로 개발하여 보급할 필요가 있다.

「어울림 프로그램 추진 기본계획」의 주요 내용은 학교현장에서 내실 있는 학교폭력 예방교육이 이루어질 수 있도록 국가수준의 어울림 프로그램을 개발하고 보급하는 것이다. 어울림 프로그램은 학생, 교사, 학부모 등 학교 구성원의 공감 및 소통능력을 향상시키고 단위학교에 학교폭력 예방문화를 조성하기 위한 학교기반 학교폭력 예방 프로그램이며, 학교별 특성 및 여건에 따라 선택적으로 활용할 수 있도록 모듈형 프로그램으로 개발하여 보급할 계획이다.

어울림 프로그램 개발은 학교폭력 예방을 위해 필요한 핵심 구성요소 6개를 모듈로 구성하고 각 모듈별로 수준 및 학교급을 고려하여 순차적으로 이루어진다. 6개 모듈은 공감, 의사소통, 갈등 해결, 자기존중감, 감정 조절, 학교폭력 인식 및 대처이며, 학교급은 초등학교 저학년, 초등학교 고학년, 중학교, 고등학교 등 4개로 구성된다. 수준별로는 일반학생을 대상으로 기본적인 심리적 역량을 향상시키기 위한 기본 프로그램과 학교폭력 고위험군 학생을 대상으로 보다 심층적인 수준의 내용을 다루는 심화 프로그램으로 구성된다.

어울림 프로그램은 학생과 교사, 학부모 등 학교 구성원의 공감능력과 소통능력을 향상시켜 학교폭력을 효과적으로 예방하고 행복한 학교를 만들기 위한 맞춤형 학교폭력 예방교육 프로그램으로, 2013년 7월 23일 발표된 '현장 중심의 학교폭력 대책'에서도 가장 우선적으로 언급되는 예방대책이다. 어울림 프로그램은 한국교육개발원의 '학교폭력예방연구지원특임센터'에서 전문 연구진과 교사들이 학교에서 적용하는 데 목적을 두고 프로그램을 개발하고 있다. 즉, 어울림 프로그램은 학생의 자기 이해, 자존감 향상 등 내적 성장을 지원하는 맞춤형 프로그램으로, 학교의 신청을 받아 교육부에서 지원하여 운영된다. 어울림 프로그램은 교육부에서 위촉한 전문위원의 컨설팅을 통해 학교의 특성을 파악한 다음, 학교별로 단기간(2일~5일)에 집중적으로 실시하거나 방과 후 활동으로 운영되며, 학생 대상 프로그램, 교사 대상 프로그램, 학부모 대상 프로그램으로 구성되어 있다.

나) 프로그램의 특징

- 학교 구성원의 공감능력 향상을 통해 학교폭력을 효과적으로 예방한다.
- 발달단계상 청소년기에 취약한 공감능력의 효과적 발달을 지원하기 위한 집단상담 프로그램이다.
- 단위학교의 구성원인 학교장, 교사, 학생, 학부모 모두가 공감과 소통능력의 향상을 통해 학교폭력을 예방할 수 있다.
- 참여자 모두가 공감과 소통을 체험하고, 참여자 서로가 협력한다.
- 공감을 통해 서로를 이해할 수 있고 자신의 고민을 해결하는 데 도움이 된다.

다) 프로그램 내용 및 구성

국내외 학교폭력 예방 프로그램을 분석하고, 학생면담 및 전문가 협의회를 통해 학교폭력 예방을 위한 6개의 핵심 구성요소를 추출하였다. 6개의 핵심 구성요소는 공감, 의사소통, 갈등 해결, 자기존중감, 감정 조절, 학교폭력 인식 및 대처이다. 학생용 프로그램은 각 모듈별 학생의 심리적인 역량을 강화하기 위한 프로그램으로 구성되며, 교사 및 학부모용 프로그램은 학생의 심리적인 특성을 변화시키기 위한 교사와 학부모의 개입 및 지원 방안을 내용으로 한다.

〈표 7-2〉 어울림 학교폭력 예방 프로그램 내용(한국교육개발원, 2014)

달성 목표	핵심 구성요소 (모듈)	내용		
		학생	교사	학부모
사회성	공감	• 타인 이해 및 공감 • 타인 존중 및 수용 • 배려행동 증진	• 학생 이해 및 공감 • 학부모 이해 및 공감	• 자녀 이해 및 공감 • 감정 코칭
	의사 소통	• 경청 및 자기주장 훈련 • 대화의 중요성 및 의사소통 기술 획득	• 학생과의 의사소통 • 학부모와의 의사소통	• 자녀와의 의사소통 • 교사와의 의사소통
	갈등 해결	• 또래 중재 기술과 행동 요령 • 또래관계에서의 갈등상황 대처 방법 • 또래관계 형성 및 유지방법	• 학급 내 갈등 해결 • 교사-학생 간 갈등 해결	• 자녀의 또래갈등 이해 • 자녀의 또래갈등 개입 및 지도방안
정서	자기 존중감	• 긍정적인 자기수용 및 미래상 형성 • 자기존중감 및 자기탄력성 형성	• 학생의 자기존중감 이해 및 중요성 인식 • 학생의 자기존중감 향상 방안	• 자녀의 자기존중감 이해 및 중요성 인식 • 자녀의 자기존중감 향상 방안
	감정 조절	• 미해결된 부정적 감정 인식 및 표현 • 공격성, 충동성, 분노 조절 • 우울, 불안감, 무력감 조절	• 학생의 정서 이해 • 학생의 감정 조절 지도	• 자녀의 정서 이해 • 자녀의 감정 조절 지도
학교 폭력 예방 역량	학교폭력 인식 및 대처	• 학교폭력 행동 유형 및 학교폭력에 대한 심성 인식 • 학교폭력 상황에서 가해자, 피해자, 방관자, 입장에 따른 적절한 대처 방법 탐색	• 학급 내 학교폭력 징후 파악 • 학교폭력 사례별 교사의 대처 방안 • 학교폭력 대응절차 이해	• 자녀의 학교폭력 징후 파악 • 학교폭력 사례별 학부모의 대처 방안 • 학교폭력 대응절차 이해

어울림 학교폭력 예방 프로그램은 6개 모듈별로 학생용, 교사용, 학부모용 3종이 1세트로 구성되며, 학교급에 따라 초등 저학년용, 초등 고학년용, 중학생용, 고등학생용으로 구성된다. 또한 학생용은 기본 프로그램과 심화 프로그램으로 구성되는데, 기본 프로그램은 일반학생을 대상으로 학교폭력 예방을 위해 필요한 핵심역량을 키워주기 위한 기본적인 수준의 내용으로 구성되며, 심화 프로그램은 학교폭력 유형별 프로그램 또는 학교폭력 고위험군 학생을 대상으로 심화된 수준

의 내용으로 구성된다. 교사 및 학부모용은 기본 프로그램으로만 구성된다.

학생용 프로그램은 기본 프로그램 모듈당 4차시, 심화 프로그램 모듈당 6차시로 구성되며, 교사용 및 학부모용 프로그램은 기본 프로그램 모듈당 2차시로 구성된다. 차시별 시간은 학교급별 1교시 수업시간에 따라 초등학생용은 40분, 중학생은 45분, 고등학생은 50분을 1차시로 구성하고, 교사용 및 학부모용은 60분을 1차시로 구성한다.

라) 중학생을 위한 공감 어울림 프로그램 구성체계

중학생은 제2차 성징기, 질풍노도의 시기라고도 불리는 시기를 거치며 삶의 주기 중 급격한 신체적, 정서적, 인지적 변화를 겪으면서 다시 태어난다고 해도 과언이 아닐 정도의 변화 과정을 겪게 된다. 이런 과정을 겪으면서 심리적으로 굉장히 불안정하게 되어 불안을 경험하고 자신의 정체성을 확립하기 위해 애쓰게 된다. 이 시기는 가족이라는 틀 속에서 벗어나 친구들과 동료의식을 형성하게 되고, 가족들보다 친구들의 생각, 의견에 예민하고 동료들의 인정에 열광하는 시기이다. 또한 자신과 다른 관점을 이해하기 어렵고 자신과 다른 타인에게 배타적인 모습을 보이기 때문에 특히 공감능력이 부족할 경우 심각한 학교폭력으로 이어질 수 있는 시기이다.

공감이란 인지적, 정서적인 영역을 포함하는 개념으로, 타인의 정서를 이해하고 추측하여 효과적으로 반응하는 능력 및 타인이 표현하는 정서에 적절히 반응하는 능력을 의미한다. 정서적 공감은 타인을 배려하고 약자에 대한 동정심을 가지는 능력이며, 인지적 공감은 타인의 표정과 말투, 태도 등으로 타인의 생각을 이해하고 상황을 인식하는 능력으로, 이 능력이 결여되면 상황에 따라 적절한 태도를 취하지 못해 집단 따돌림의 표적이 되기 쉽다. 이 능력이 결여되면 타인을 지배하고 학대하는 모습을 보인다. 주로 가해학생들에게 부족한 부분이다. 따라서 공감능력을 향상시킬 수 있다면 학교폭력을 크게 예방할 수 있을 것으로 판단된다.

• 중학생의 공감 어울림 프로그램의 세부 프로그램명과 목표, 세부 활동

〈표 7-3〉 **중학교 공감 프로그램 구성내용(한국교육개발원, 2014)**

차시	프로그램명	목표	세부 활동(내용 및 방법)
1	나의 마음은 이런 거야	자신의 정서를 인식하고 적절하게 표현하기	• 프로그램의 취지, 목표, 구성, 전개에 대해 설명 • "학교 2013"의 등장인물을 보여주고 등장인물의 정보를 물어보며 배경 지식을 활성화시킴 • 무조건적 수용 부탁 • 감정카드 – 감정카드로 감정 알아가기 – 최근 자기 감정과 유사한 감정카드 5개 고르고 그 이유를 활동지에 적어보기 – 자기가 고른 카드의 감정은 언제 느끼는지 설명하기 • "학교 2013"에 나온 상황 보고 토론하기 – "학교 2013"에 나온 등장인물이 느꼈을 감정에 관해 감정카드로 이야기해 보기 • 앞으로 자신의 감정에 대해 솔직하게 이야기하겠다는 감정 표현 다짐서 작성하기
2	나는 이래서 그랬어	상황에 따른 자신의 감정을 인지하고 이에 따른 원하는 바를 표현할 수 있다.	• 미덕카드를 보고 자신을 칭찬하기 • 활동지 속 카톡 상황을 보고 등장인물의 감정 상태와 원하는 바 말하기 • 주어진 상황 카드를 보고 주어진 상황에 맞는 감정을 연기하고 원하는 바를 말하기 • 원하는 바에 대해 적고 공유하기
3	너도 그런 거구나	상대방의 상황에 대해 어떤 감정일지 추측하고 적절하게 공감한다.	• 동영상 보여주고 동영상 속 인물이 느꼈을 감정, 욕구에 대해서 이야기하기 • 학교생활에 대한 고민을 적고 타인의 고민을 나의 고민처럼 나누기 – 자신의 고민을 활동지에 적고 나누기 – 다 적은 활동지를 몇 번 접어서 상자 안에 넣고 무작위로 꺼내서 듣기 – 자신의 고민처럼 이야기하기 – 반 친구들은 그 친구에게 해주고 싶은 말을 해주기 – 다 들은 후 고민을 말한 사람은 자신이 느낀 점을 이야기하기 • 칭찬샤워로 마치기

차시	프로그램명	목표	세부 활동(내용 및 방법)
4	실제 상황에서 행동하기	실제 상황 속에서 상대방의 입장에 대해 충분히 공감을 표현한다.	• " 3인의 법칙" 동영상 보기 • 1차시에서 썼던 "학교 2013" 갈등 상황 동영상을 다시 보고 재연해 보기 • 동영상 상황에 이어서 연기하기 • 연기하면서 무엇을 느꼈는지 이야기하기 • 전체적으로 공감에 대해 마무리하고, 차시를 정리하고 공감 프로그램을 마무리하기

• 중학생의 공감 어울림 프로그램의 세부 프로그램명과 목표, 세부 활동(교사용)

〈표 7-4〉 **중학교 공감 프로그램 구성내용(한국교육개발원, 2014)**

차시	프로그램명	목표	세부 활동(내용 및 방법)
1	좋은 교사의 첫걸음은 아이들의 감정 읽기부터!	자신과 학생의 감정을 파악하고 감정 읽기 실습을 통하여 공감 반응의 기초를 다진다.	• 학교폭력 가해자의 뇌구조 이해 – 동영상 시청 • 내 감정 표현하기 • 정서반응 감지 실습 – 눈, 코, 입 중심으로 표정 인식 • 정서 인식 테스트 – 함께 학생의 감정 인식 연습 • 학생 감정 이해 실습 – 2인 1조로 감정 읽기 활동 • 공감의 중요성 인식 – "내 머리 속의 거울" 시청 • 과제 제시 및 다음 차시 안내
2	좋은 교사가 되는 비법은 공감의 실천!	공감의 5수준을 이해하고, 학생들의 인격을 존중하는 공감적 표현을 익힌다.	• 지난주 과제 점검 • 교권 침해 동영상 시청 • 공감의 5수준 이해 및 나의 수준 평가 • 공감적 표현 익힘 – 입장 바꿔 생각해 봐! – 어떻게 공감해야 할까? • "교사와 학생이 함께 행복해질 수 있는 방법" 찾기 – 교사와 학생이 함께 행복해질 수 있는 방법 2가지씩 찾기 • 들어주기의 다른 말은 사랑 – 동영상 시청 – 의견 나누기 및 피드백 나누기

• 중학생의 공감 어울림 프로그램의 세부 프로그램명과 목표, 세부 활동(학부모용)

〈표 7-5〉 **중학교 공감 프로그램 구성내용(한국교육개발원, 2014)**

차시	프로그램명	목표	세부 활동(내용 및 방법)
1	마음의 문을 여는 성공 열쇠, 공감!	공감의 중요성 인식과 인간의 감정에 대한 이해를 돕는다.	• 자기소개 & 기대목표 설정 • 공감의 의미 이해 • "내 머리 속의 거울" 시청 • 정서반응 감지 실습 • 감정단어 퀴즈 – 감정단어 맞히기 활동 • 자녀 감정 이해 – 자녀의 감정 찾기 • 느낀 점 나누기 • (과제) 감정일지 쓰기 • 다음 차시 안내
2	행복한 관계회복을 위한 새 출발, 공감!	공감이 필요한 때를 구분하고 구체적으로 자녀를 공감하는 방법을 익혀 자녀와의 관계 개선을 돕는다.	• 지난주 돌아보기 및 과제 점검 • 때를 구분하라 – 사춘기 자녀와의 대화 – 공감은 온전히 함께하는 것 • 공감 5수준 이해 및 나의 수준 평가 • 공감적 표현 익힘 – 어떻게 공감해야 할까? • 역할극 – before & after • 내가 만약 다시 한다면… – 자기점검 및 수정 • 완벽한 엄마 아닌 충분히 좋은 엄마 – 느낀 점 나누기 – 서로를 향한 응원

(3) 국외 학교폭력 예방 프로그램

학교폭력과 관련하여 사회적 심각성이 드러난 스웨덴에서는 1980년대 이후 올베우스(Olweus, 1993) 학교폭력 예방 프로그램을 개발하여 각 학교에 보급하는 등 학교폭력을 예방하고 근절하기 위한 다양한 활동을 펼치고 있다. 이후 오스트리아, 핀란드, 스위스, 미국, 캐나다 등에서도 학교폭력의 문제가 사회적 문제로 등장하기 시작하면서 학교폭력의 실태를 조사하고 발생 원인을 파악하여 대응책을 논의하는 등 학교폭력을 예방하기 위해 적극적으로 노력하고 있다.

이처럼 학교폭력이 세계 여러 나라에서 공통적으로 겪고 있는 심각한 사회문제로 대두되면서, 많은 나라에서 학교폭력에 대한 다양한 대책과 예방 프로그램이 개발·운영되고 있다. 국외 학교폭력 예방 프로그램의 사례로 노르웨이, 핀란드, 싱가포르에서 시행되고 있는 학교폭력 예방 및 대처 프로그램을 살펴보고자 한다. 노르웨이는 세계적으로 유명한 학교폭력 예방 대책 올베우스(Olweus)를 개발하여 많은 나라들에 보급하였으며, 학교폭력 예방을 위한 연구와 국제 협력에도 주도적인 역할을 하고 있다. 핀란드는 키바 코울루(Kiva Koulu)라는 학교폭력 프로그램을 운영하고 있으며, 키바 코울루는 최근 우리나라에서 학교폭력을 예방하기 위해 교육부 차원에서 시행하고 있는 어울림 프로그램의 기반이 되고 있다. 싱가포르는 인성·시민교육 프로그램으로 CCE를 운영하고 있다. 국외 학교폭력 예방 프로그램은 다음의 〈표 8-6〉과 같다.

〈표 7-6〉 국외 학교폭력 예방 프로그램(한국교육개발원, 2014)

<table>
<tr><th rowspan="2">프로그램명</th><th rowspan="2">핵심 내용</th><th rowspan="2">운영 특징</th><th rowspan="2">대상</th><th colspan="2">회기</th><th rowspan="2">개발기관
(개발연도)</th></tr>
<tr><th>회기</th><th>실시 기간</th></tr>
<tr><td rowspan="2">KiVa</td><td rowspan="2">• 자아효능감
• 비폭력 태도
• 건전한 학교문화
• 학교폭력 대응 전략 향상</td><td rowspan="2">• 이틀간 교사 전달 연수 프로그램 운영
• 교사 운영
• 학생은 입학 후, 4학견, 7학년의 총 3회 참여 의무화</td><td>초등저학년
(1~3학년)
초등고학년
(4~6학년)</td><td>10
–
20</td><td rowspan="2">학기 시작 후 1년</td><td rowspan="2">University of Turku
(핀란드)
2006</td></tr>
<tr><td>중학생
(7~9학년)</td><td>4</td></tr>
<tr><td>Be-Prox</td><td>• 학교폭력 상황에 대한 민감성
• 학교폭력 대응 전략 향상</td><td>• 교사 간의 학교 폭력, 학급운영 및 주제 토론, 실습
• 전문가 운영</td><td>교사</td><td>6</td><td>4개월</td><td>University of Berne
(스위스)
1998</td></tr>
</table>

Olweus Bullying Prevention Program, (OBPP)	• 학교의 학교폭력 실태 파악 • 학교, 학습, 학생, 학부모, 지역사회의 협력 기반 수립 • 'hot spot'운영을 통한 학교폭력 위험군에 대한 체계적 감독 강화	• 교사 주도로 운영담임교사와 한 명의 지원 교사(상담사, 전문 강사 등)와 협력적으로 운영	초등학생 중학생	–	장기간	교육부, Olweus (노르웨이) 1983
Second Step	• 공감 • 문제해결력 • 분노조절 • 학부모 연계 프로그램 제공	• 교사 워크숍 운영 • 교사나 전문상담사 운영 • 학부모 연계 프로그램 운영	유치원 초등학교 중학교 고등 저학년	15 – 20	장기간	Committee for Children (미국, 캐나다)

가) 노르웨이

노르웨이에서 학교폭력은 국가적 과제로 중요시되어 왔으며, 이에 학교폭력에 관한 체계적인 연구뿐만 아니라 예방과 대처를 위한 프로그램을 개발하여 인근지역의 국가들이 이를 활용하도록 도움을 주고 있다. 또한 2004년에 OECD 제74차 교육위원회에서 '국제 학교 괴롭힘과 폭력 전문가 네트워크 조직'을 출범시키는 데 주도적인 역할을 하였다.

사회적 불평등과 양극화가 심하지 않고 사회복지정책을 적극적으로 시행하고 있었던 노르웨이 정부가 학교폭력을 국가적 과제로 중요시하게 된 사건은 1982년 후반 10~14세 소년 3명이 학교폭력을 견디다 못해 자살한 사건이었다. 이를 계기로, 학생들의 안전과 민주적 권리보장을 위해 정부가 범국가적 캠페인을 전개하고 학교폭력에 대한 연구와 대처 방안 수립에 전폭적인 지원을 하였다. 또한 이를 기점으로 교육부 주도하에 모든 초등학교와 중학교를 대상으로 국가 차원의 학교폭력 실태조사가 이루어졌으며, 구체적인 학교폭력 예방 및 근절 프로그램이 개발·적용되기 시작하였다(박효정, 2013).

노르웨이 학교폭력 예방 프로그램인 올베우스는 베르겐 대학의 심리학 교수인 올베우스(Olweus)가 주도한 '학교폭력 예방 및 근절 프로그램(Bullying Preventing Program)'이다. 올베우스는 학교 중심의 실천 프로그램으로 학교의 일상생활 속에서 실천할 수 있는 활동들로 구성되어 있다. 또한 프로그램을 담당하는 대학과 그것을 실천하는 학교현장이 밀접하게 연계되어 있어 지속적으로 학교폭력 예방 및 대책에 관한 문제해결을 위해 노력하고 있으며, 이를 통해 많은 성과를 거두고 있다.

① 올베우스 프로그램

올베우스 프로그램은 학교에서 폭력학생과 피해학생을 감소시키기 위해 학생들 간의 사회적 관계를 개선하는 데 목표를 두고 있다. 이를 위해 직접적 폭력 및 간접적 폭력의 감소와 예방, 동급생들 사이의 관계 개선, 학교 안과 밖에서 가해학생과 피해학생이 사이좋게 지내고 원만하게 기능하도록 만들어 주는 학교환경을 조성한다. 피해학생에게는 학교에서 안정감과 자신감을 증대시키고, 가해학생에게는 공격적 행동의 감소, 사회적으로 용납될 만한 방법으로 자기표현을 하도록 한다.

올베우스 프로그램은 3단계로 구성되어 있다. 1단계에서는 설문조사를 통해 해당 학교에서 벌어지는 학교폭력의 방식을 구체적으로 파악한 뒤 '학교총회'를 통해 공론화하여 대책을 마련하여 시행한다. 2단계에서는 일반학생들에게 학교폭력으로 인한 신체 상해의 심각성 등을 가르치는 예방교육을 실시한다. 3단계에서는 학교폭력이 발생한 학급에서 '교실개입'을 한다. 이러한 '교실개입'을 통해 가해자–피해자의 관계가 아닌 학생들도 폭력을 방관한 잘못을 한 것으로 보고, 참여와 인권 존중에 대한 민주주의를 가르친다.

② 올베우스 프로그램의 구성 및 주요 내용

올베우스 프로그램은 가해학생과 피해학생, 그리고 이들의 학부모를 대상으로 학교폭력 상황에 대응하는 행동 전략, 피해자를 위한 지원 등 체계적인 프로그램을 제공하고, 방관자에게는 학교폭력 상황에서의 올바른 행동이 무엇인지를 훈련하는 내용으로 구성되었다.

프로그램의 내용에서는 학생 개인, 학급, 그리고 학교가 다음과 같은 활동과 역할을 담당하게 된다.

올베우스 프로그램은 18개월 이상 지속되는 장기 학교폭력 예방 프로그램이다. 프로그램의 초기단계에서는 설문조사를 실시하여 학교의 학교폭력 상황을 파악하고 학교에 맞는 프로그램의 전략을 수립하고, 점심시간과 휴식시간에 학생 관리·감독 시스템을 개선하기 위한 체계적인 정비가 진행되며, 학부모와 교직원을 포함하는 협의회 등을 지속적으로 개최하여 학교폭력을 예방하는 활동을 펼쳐나간다.

프로그램은 CD 제작 프로그램, 학교폭력 관련 동영상, 학교폭력 가·피해 측정을 위한 설문, 그리고 'Bullying at school: What we know and what we can do'라는 제목의 책이 제공된다. 교사를 위해서는 학교폭력 예방 프로그램의 매뉴얼과 'Olweus'core programagainst bullying and antisocial behavior'가 제공되며, 학부모와 가족을 위해서도 학교폭력을 예방하기 위한 각종 정보가 제공된다.

학교폭력 조정위원회가 구성되고, 가·피해학생과 학부모를 위한 상담, 교실협의회 및 교원협의회가 개최되는 등 교실 차원과 학교 차원에서 학교폭력 예방활동을 위한 다양한 논의와 문제를 해결하기 위한 전략이 실행된다.

〈표 7-7〉 **올베우스 프로그램의 활동 내용과 역할**

수준	프로그램 활동 내용과 역할
학교 차원의 개입활동	• 학교폭력 예방 협력조직인 조정위원회 구성 • 조직위원회 및 학교관계자 교육 • 학교폭력 실태 파악을 위한 설문조사 실시 • 학교폭력에 대응하는 학교규칙 제정 • 교사협의회를 통해 학급의 또래관계 개선을 위한 방법을 논의 • 교사 학부모협의회를 통한 학교폭력 문제 논의 • 점심시간이나 쉬는 시간의 감독 강화를 위한 시스템 정비 • 학교폭력 감시를 위한 운동장 시설 강화 • 학부모 참여
학급 차원의 개입활동	• 학생들에게 학교폭력 문제에 대한 정보를 제공 • 학교폭력에 대응하는 학급규칙 제정 • 역할극을 통해 학교폭력 발생 시 대응 전략 습득 • 학부모협의회
학생 차원의 개입활동	• 가해자 및 학부모 상담과 비신체적 제재 시행 • 피해자 및 학부모 상담 및 주장적 행동, 학교폭력에 대응하는 기술 습득 • 방관자의 효과적인 학교폭력 개입 전략 습득 • 개별적 개입 계획 수립
지역사회 개입활동	• 지역사회 관계자의 학교폭력 예방 조정위원회 참여 • 지역사회 관계자의 학교폭력 예방 프로그램 지원을 위한 협력체계 마련 • 지역사회에 학교폭력 예방 메시지와 최선의 실천적 원칙이 확산되도록 지원활동 강화

③ 올베우스 프로그램의 운영

올베우스 프로그램의 운영 시스템은 매우 체계적이다. 우선, 학교폭력 조정위원회를 구성한 후, 이들을 대상으로 2일간 학교폭력과 프로그램에 관해 집중 훈련을 실시한다. 이들은 올베우스 전문 코치에게서 적어도 1년 동안은 학교폭력 사안과 관련하여 개인적인 자문을 받을 수 있다. 교사를 대상으로는 프로그램 실시 전에 전일 학교폭력 예방교육을 실시하여 학교폭력 상황에서 어떻게 개입하고, 학교폭력 발생을 어떻게 인식할 수 있는지에 대해 교육하며, 학생을 대상으로는 매년 올베우스 학교폭력 설문조사를 실시하여 학교폭력 관련 경험을 측정함으로써 학교폭력 발생 및 경험의 변화 상황을 점검한다. 또한 올베우스 프로그램은 학교폭력 조정위원회를 주축으로 하여 교원협의회를 한 달에 한 번 개최하여 학교폭력 예방에 관한 노력과 프로그램 효과에 대해 점검하는 등 학교 차원, 교실 차원, 학생 차원으로 다양한 학교폭력 예방활동을 펼치며, 이 과정에서 담임교사나 교원이 직접 학교폭력 가·피해학생 및 학부모를 상담하는 등 면담활동을 통한 개별적인 활동도 진행한다.

올베우스 프로그램은 학교수준, 학급수준, 개인수준에서 학교폭력을 예방하고 대처하도록 운영하고 있다. 학교수준에서는 학교폭력 가해학생과 피해학생만을 대상으로 하지 않고 전체 학생을 대상으로 운영된다. 이는 학교폭력 예방은 학교 전체적으로 학생들의 태도와 환경 조성이 전제되어야 하기 때문이다. 학교수준에서 이루어질 수 있는 예방활동과 대책은 다음과 같다(박효정, 2012).

첫째, 학교폭력의 성격과 현황을 파악하기 위해 설문조사를 실시한다. 학교폭력 문제에 관한 무기명 설문조사를 실시하여 폭력에 개입된 학생 수와 문제수준, 교사가 개입하고 상담한 빈도, 학부모가 자녀들이 학교에서 어떤 행동을 하고 무엇을 경험하는지에 대해 알고 있는 내용 등 학교폭력 현황을 공개함으로써 교사와 학부모의 참여를 촉진시키고, 학교폭력 문제에 대한 관심과 인식을 고취시켜 교사와 부모들이 열의를 가지고 학교폭력 문제해결을 위해서 개입하도록 한다.

둘째, 학교폭력 대책을 논의하기 위해 학교협의회의 날(school conference day)을 정하고 운영한다. 학교협의회는 학교폭력 예방 프로그램을 제대로 수행할 수 있도록 장기 계획을 세운다. 이 협의회에는 교장, 교감, 교사, 교직원, 학교폭력위원회, 학부모와 학생 등이 참석하여, 학교수준의 총괄적 장기행동계획 작성, 학교가 선택해야 할 조치 등에 관한 사항들을 충분히 논의한 후 결정한다.

셋째, 학교폭력예방위원회를 구성한다. 학교폭력예방위원회는 학교폭력 예방과 관련된 모든 사항을 조정하는 역할을 담당한다. 위원회에는 학교 행정가, 학년별 교사 대표, 상담가, 학교 정신건강 전문가 또는 학교 심리학자, 부모 및 학생 대표 등이 참여한다.

넷째, 학교폭력이 자주 일어나는 장소에 대한 감독을 강화한다. 쉬는 시간이나 점심시간 등 학교폭력이 발생할 수 있는 시간대와 장소를 효과적으로 감독하고 지도하는 교사나 성인들을 충분히 확보한다. 이러한 감독의 확보를 통해 학교폭력 예방에 대한 조직과 체제를 구성한다.

다섯째, 학부모의 이해와 협조를 구한다. 학교폭력 문제의 예방을 위해서는 학부모와의 다양한 만남의 기회를 통한 협력이 중요하다. 이를 위해 학교에서는 교사와 부모가 전화 통화나 개별적인 면담을 하는 방법, 부모에게 학교폭력에 관한 정보를 우편으로 보내주는 방법 등을 통해 학교가 학교폭력을 막기 위해 노력하고 있다는 것을 부모에게 알리고 이에 대한 이해와 협조를 얻는다.

학급수준에서의 학교폭력 예방을 위한 구체적인 활동들을 살펴보면 다음과 같다(한국초등교육상담학회, 2013).

첫째, 학교폭력에 관한 학급의 규칙을 만들어 시행한다. 즐거운 교실 분위기를 만들기 위해서는 교사와 학생들이 토론을 통해 괴롭힘이나 왕따 등 학교폭력에 관한 규칙을 만들고 시행해 나가는 것이 중요하다. 이러한 과정을 통해 학생들로 하여금 규칙 준수에 대한 책임감을 느끼도록 하는 효과를 얻을 수 있다. 학교폭력에 관한 학급의 규칙 설정은 학급회의를 통해 교사와 학생들이 토론 과정을 거쳐 합의된 규칙으로 설정한다. 또한 규칙의 내용은 가능한 한 구체적으로 설정하는 것이 좋다. 합의된 규칙은 학급게시판이나 눈에 잘 띄는 곳에 붙여 둔다.

〈학급수준의 집단 괴롭힘 예방을 위한 규칙〉

1. 우리는 다른 학생들을 괴롭히지 않을 것이다.
2. 우리는 괴롭힘을 당하는 학생들을 도울 것이다.
3. 우리는 따돌림을 당하는 학생들이 소외되지 않도록 노력할 것이다.
4. 누군가 괴롭힘을 당하고 있을 때, 우리는 선생님이나 어른에게 그 사실을 말할 것이다. 이것은 '고자질하는 것'과는 다르다.

둘째, 정규적인 학급회의를 운영한다. 정규적인 학급회의를 통해 학생들이 친사회적인 행동에 대한 공감능력과 지식을 함양할 수 있다. 또한 교사와 학생들은 괴롭힘과 같은 학교폭력에 대한 규칙을 분명히 하고 규칙을 위반했을 때 수반되는 부정적인 결과들에 대해 자연스럽게 이해할 수 있는 계기가 된다. 학급회의에서 학교폭력에 관한 비디오를 보거나 역할놀이 등의 다양한 활동들을 통해 학교폭력에 관한 피해의 실상을 직·간접적으로 접하게 되는 계기가 되게 하며, 학교폭력에 대처하는 방법에 대해 토론하는 기회를 갖는다.

셋째, 부모의 적극적인 참여를 유도하고 교사와의 관계를 긴밀하게 유지한다. 학급수준에서 교사와 학부모 회의를 통해 학교폭력 문제를 명확히 인식하고 대처방안을 철저하게 논의한다. 이를 통해 학부모가 자녀의 학교생활에 대해 보다 많은 관심을 기울이고 더 많이 알도록 하는 데도 도움을 준다. 특히 학급수준에서는 교사와 부모가 만나 학교폭력에 관해 토론하는 것은 필요하지만, 누가 가해자이고 누가 피해자인지에 대한 언급은 되도록 하지 않는다. 교사는 학부모를 초청할 때 이를 미리 알려주어야 한다.

넷째, 협동학습을 통하여 학생들 간의 상호의존성을 조성한다. 협동학습은 공동과제를 함께 함으로써 학생들 간의 상호의존성을 조성하고, 조별 평가나 표창을 통해 적극적인 상호협동 환경을 조성한다. 협동학습 팀을 구성할 때 학생들 사이의 사회적 관계에 대한 자기 지식을 활용하는 것이 중요하다. 즉, 팀을 구성할 때 폭력학생과 잠재적 희생자를 넣지 않고, 폭력학생 주위에는 폭력을 용납하지 않을 강하고 안정적인 학생을 배치하고, 고립된 학생 주위에는 긍정적이고 우호적인 학생을 배치한다. 교사는 협동학습을 통해 학생들 간에 긍정적인 상호관계성이 조성되도록 하고, 팀에서 어떤 일이 일어나고 있는지 항상 관심을 가진다. 그리고 협동학습은 교과학습 이외에 소풍, 캠핑, 파티 등의 공동활동도 적극 활용한다.

다섯째, 칭찬과 제재를 함께 활용한다. 적극적으로 규칙을 준수하는 행동에 대해서는 개인, 팀별, 또는 학급 전체를 칭찬한다. 교사의 친근함과 칭찬은 학생의 태도에 영향을 미치는 수단이다. 교사가 자기를 칭찬하고, 좋아한다고 느끼는 학생은 바람직하지 않은 자기 행동에 대해 비판을 쉽게 받아들이고 행동을 고치려고 노력할 것이다. 교사의 칭찬이 학생의 태도 변화에 영향을 미친다고 무조건적인 칭찬을 하라는 것은 아니다. 긍정적인 활동에 대해서는 칭찬을 해주되, 공격적인 행동이나 학급의 규칙을 심하게 위반할 때는 제재를 가하여 '해서는 안 되는 행동'을 알게 해야 한다. 이때 사용하기 쉬운 제재수단을 활용하는 것이 중요하며, 가능하면 행동과 학생은 구별되어야 한다. 따라서 교사가 어떤 행동에 대해서 제재하는지에 대해 말로 분명하게 설명해 주어야 한다. 또한 숙제와 같은 학교의 일상적 활동을 추가로 더 많이 부과하는 방법의 제재수단은 사용하지 않아야 한다.

개인수준에서의 학교폭력 예방활동은 가해학생과 피해학생 및 그들의 부모를 대상으로 이루어지는데, 학급에서 학교폭력 가해 및 피해의 문제가 발생하면 교사는 초기에 개입하여 즉각적으로 문제를 해결해야 한다.

첫째, 가해학생이 다른 학생들을 괴롭히는 행동에 대해서는 단호하게 대처해야 한다. 또한 괴롭히는 행동을 더 이상 하지 못하게 해야 한다. 여러 명의 가해학생들이 괴롭히는 행동을 하고 있다면 개별적으로 빠른 시기에 만나 상담을 진행해야 한다. 이는 면담하는 동안 가해학생들이 만나 다른 계획을 세우는 것을 방지할 수 있기 때문이다.

둘째, 피해학생과의 면담 시에는 피해자들이 폭력 발생 상황과 세부적인 경위에 대해 자세한 정보를 제공할 수 있도록 지지하고 격려해 주는 것이 필요하다. 이때 피해학생이 교사로부터 각종 지원과 함께 추가적인 괴롭힘과 폭력으로부터의 보호를 받을 수 있을 것이라는 확신을 얻을 수 있도록 도와주어야 한다. 이를 위해서는 학교와 해당 학생의 부모가 긴밀하게 협력하는 것이 필요하며, 만일 피해학생이 또다시 괴롭힘을 당한다면 즉시 보고하도록 격려해 주어야 한다.

셋째, 학급에서 가해학생이나 피해학생을 발견했을 때는 해당 학생의 부모에게 즉각적으로 그 상황에 대해 알리고, 교사와의 논의를 통해 문제해결 방안을 모색해야 한다. 또한 가해학생의 부모에게 자녀의 그러한 행동을 심각하게 받아들일 필요가 있으며, 앞으로 그러한 행동이 발생하는 경우 묵인하지 않을 것이라는 사실을 단호하게 말할 필요가 있다.

넷째, 부모가 자녀와 더 많은 시간을 함께 보내고 자녀의 행동을 모니터링 한다. 또한 가정에서도 폭력행위와 관련된 규칙을 만들고 규칙을 따르는 행동을 하면 칭찬과 강화를 해주고, 규칙을 위반하면 일관되게 부정적인 반응을 보이도록 한다.

다섯째, 자녀의 재능을 보다 적절한 방식으로 계발하도록 도와준다. 또한 자녀가 학급의 친구들과 접촉하도록 도와주거나 스포츠 활동 등에 참여할 수 있도록 동기를 부여해 준다.

④ 올베우스 프로그램의 효과

올베우스 학교폭력 예방 및 근절 프로그램은 세계적으로 가장 잘 알려진 프로그램 중 하나로 현재 전 세계 16개국 이상에서 실시되고 있다. 이 프로그램은 노르웨이 학교의 4~7학년에 속하는 2,500명을 대상으로 그 결과가 검증된 바 있으며, 집단 따돌림에 초점을 둔 최초의 프로그램이다(곽금주, 2004).

올베우스 프로그램은 학교폭력의 50% 이상을 감소시키는 효과가 있었으며, 학교 내의 폭력이 등굣길이나 하굣길 등 학교 밖으로 옮겨가지 않았다. 또한 파괴, 싸움, 도둑질, 음주, 무단결석 등 일반적인 반사회적 행동도 뚜렷하게 줄어들었다. 뿐만 아니라 학급의 사회적 분위기가 여러 측면에서 뚜렷이 개선되었으며, 질서와 규율이 개선되고 긍정적 상호관계의 증가, 학급과 학교에 대한 태도가 긍정적으로 변화되었으며 학교생활에 대한 만족도도 크게 증가되었다.

나) 핀란드

키바 코울루(Kiva Koulu)는 핀란드의 투르쿠대학 심리학과와 교육연구소가 공동으로 만든 국가 차원의 프로그램으로 학교의 왕따 문제를 해결하기 위해 발족시켰다. 핀란드는 이 프로젝트에 약 70억 원의 연구자금을 지원하였으며, 전문기관의 연구를 바탕으로 2006년부터 3년간의 연구 개발 과정을 거친 후, 2009년 가을부터 핀란드 학교에 본격적으로 실시되었다. 학교의 적극적 참여를 유도하기 위해 프로젝트가 처음 시행된 2009년과 2010년에는 참여를 결정한 모든 학교에 프로젝트 시행에 필요한 모든 자료와 교재를 무료로 제공하기도 하였다. 현재는 핀란드 전체 종합학교 중 약 90%의 학교에서 채택하여 사용하고 있으며, 따돌림 등 학교폭력 문제를 약 30% 감소시키는 효과를 보이고 있다. 우리나라에서 시행되고 있는 국가 차원의 어울림 프로그램도 핀란드의 키바 코울루 프로그램에서 아이디어를 얻은 것이다.

① 키바 코울루 프로그램

키바 코울루 프로그램의 'KiVa'라는 말은 핀란드어 '왕따에 맞서다(kiusaamista vastaan)'라는 단어의 앞 두 글자씩 따서 만들었으며, 코울루는 '학교'라는 뜻이다. 즉, 키바 코울루는 '왕따에 맞서는 학교'라는 뜻이다. 또한 Kiva는 핀란드어로 '좋다'는 뜻이 있기 때문에 키바 코울루는 '좋은 학교'라는 뜻으로 해석할 수도 있다.

키바 코울루 프로그램은 교육문화부 재정지원으로 운영되며, 단위학교는 국가의 기본교육과정에서 이를 적용해야 한다. 한 달에 한 번씩 담임교사에 의해 진행되며, 1년에 20시간 정도 수업을 진행한다.

키바 코울루(Kiva Koulu) 프로그램은 학생, 교사, 학교, 학부모 모두 프로그램에 참여하여 학교폭력에 대응하는 건전한 학급문화를 형성하고, 사안이 발생할 경우 협력적으로 문제를 해결할 수 있는 학교문화를 형성하는 데 목적이 있다.

키바 코울루 프로그램의 세부 목적을 살펴보면, 첫째, 방관학생의 자기효능감과 행동을 긍정적으로 변화시키는 것이 목적이다. 따라서 가해학생의 행동이나 피해학생의 행동 변화에 초점을 둔 기존의 프로그램과 달리 학교폭력 상황에 직접적으로 연관되지 않은 일반학생(방관자)의 긍정적 사회적 지원 역량을 신장시키는 보편적인(universial) 내용을 담고 있다. 이러한 긍정적인 학급문화는 학교폭력의 발생 동기와 괴롭히는 행동을 줄이는 중요한 원동력이 되기 때문이다.

둘째, 실제적인 학교폭력 사안 발생 시 학교 차원에서 문제를 효과적으로 해결할 수 있는 역량을 향상시키는 것이 목적이다. 따라서 키바 코울루 프로그램은 괴롭힘 행동에 대해 가해학생에게만 초점을 두는 것이 아니라 전체 학생을 대상으로 학생들의 태도와 자세를 심어 주는 데 목적이 있는 것이다. 이는 집단 따돌림은 개인의 문제이기보다는 교실 전체의 문제이기 때문이다. 그러므로 모든 학생에게 괴롭힘에 대해 보다 분명한 입장을 취할 수 있는 전략을 가르치고, 괴롭힘을 당하는 친구들을 어떻게 도와주어야 하는지를 알게 하는 데 목표가 있다. 이 과정에서 괴롭힘이나 그 피해의 개별적인 사례에 초점을 두기보다는 공동체의 안녕을 위한 공동의 책임을 강조하며, 학교는 모든 학생에게 안전한 곳이라는 확신을 심어 준다. 특히 학생들에게 학교폭력을 방관하는 사람이 되지 않도록 강조한다. 방관하는 학생들은 학교폭력 행위를 조장하거나 더 강화시킬 수도 있고, 침묵을 통해 가해행위를 묵인할 수도 있다는 것을 깨닫게 한다.

② 키바 코울루 프로그램 구성 및 주요 내용

초등학생용은 단원(lesson)별로, 중학생용은 주제(theme)별로 내용이 구성되어 있으며, 초등학생용은 총 20단원으로, 중학생용은 총 6개 주제로 구성되어 있다. 프로그램은 학교폭력 상황과 관련된 토론, 그룹 활동, 학교폭력 관련 동영상, 역할극 등 다양한 활동으로 이루어져 있다. 더불어 이러한 오프라인 프로그램과 함께, 온라인 컴퓨터 게임을 제공함으로써 학교폭력 예방 프로그램의 효과를 높이고 있다(Salmivalli, Poskiparta, Ahtola, & Haataja, 2013).

키바 코울루 프로그램은 학교폭력 문제에 대해 생태체계적(ecological)인 접근을 통해 학생과 교사, 학교, 학부모, 지역사회가 학교 내 폭력 사안을 효과적으로 해결하기 위해 협력하고, 학교폭력을 예방하고 건전한 학교문화를 형성하기 위해 다양한 활동을 펼치는 내용으로 이루어졌다.

세부 목적에 따라서 프로그램 내용이 두 가지로 구별된다.

첫째, 보편적(universal) 내용에서는 방관자에게 학교폭력 피해자에 대한 공감과 학교폭력 상황에서 피해자를 지원할 수 있는 역량을 향상시키기 위한 자기효능감 증진의 활동을 제공하고 있으며, 학교폭력에 대응하고 피해자를 지원하는 비폭력적 태도를 향상시키기 위한 훈련을 포함한다.

둘째, 지시적(indicated) 내용에서는 실제 학교폭력이 발생할 경우 이를 해결하기 위한 체계적 해결과정 및 전략에 대한 정보를 제공한다. 즉, 사안이 발생했을 때 담임교사와 세 명의 교사(타 학교의 교사도 가능)로 KiVa 팀이 구성되어 사안을 처리하게 되며, 이들은 피해자·가해자 각각 혹은 함께 면담하는 한편, 담임교사는 학급에서 친사회적 특성을 가진 2~4명의 학생과 함께 피해학생에게 다양한 방법으로 지원활동을 펼치는 등 구체적인 지원 전략이 제시되어 있다(한국교육개발원, 2014).

③ 키바 코울루 프로그램의 운영

키바 코울루 프로그램은 학교폭력에 대한 교사의 인식을 제고하고, 가해학생과 피해학생 간의 중재 역할, 방관자에 대한 교육, 학교와 가정, 지역사회가 함께 참여하도록 하며, 지속적인 프로그램 효과 평가를 통해 프로그램의 완성도를 높여 가고 있다. 또한 학교폭력 문제 해결을 위해 학교가 중심이 되고, 교사가 핵심적인 역할을 한다. 학생과 학부모, 교사를 위한 전문적인 자료가 제공되고, 학생들과 함께 참여할 수 있는 패키지를 제공하고 있다.

키바 코울루 프로그램은 학생 보호와 관련된 일반적인 행동(general action) 프로그램과 성인들의 도움을 받아 심각한 괴롭힘을 저지할 수 있는 절차와 관련된 구체적인 행동(indicated action) 프로그램으로 구성된다. 일반 행동 프로그램은 학교 내에 있는 모든 학생을 대상으로 한다. 프로그램을 통해 집단의 규범을 인식하고 지키도록 하고 피해자들을 도와줄 수 있도록 하는 역량을 길러 주는 데 목적이 있다.

1. 자신이 학교폭력 행위를 유지시켜 주는 역할을 할 수 있다는 것에 대해 자각한다.
2. 학교폭력을 당한 학생의 고통을 이해, 공감하려고 노력한다.
3. 학교폭력을 당한 학생들을 도와주는 전략의 개발과 활용에 대한 자기효능감을 증대시킨다.

일반 행동 프로그램은 토론, 협동학습 수행, 역할극, 학교폭력에 관한 영상 상영 등의 방법들로 구성되며, 학교폭력 방지를 위해 컴퓨터 게임을 활용한다는 특징이 있다. 학생들은 키바 코울루 수업 중에 학교폭력 방지 컴퓨터 게임을 할 수 있다. 게임은 모두 다섯 단계로 이루어져 있으며, 각 단계는 다음과 같이 세 부분으로 구성되어 있다.

1. I KNOW : 학생들은 학교폭력에 관한 새로운 정보를 습득하고 자신들이 기존에 가지고 있던 괴롭힘에 관한 지식을 평가받는다.
2. I CAN : 학생들은 학교폭력이 벌어지는 상황에서 적절한 방식으로 대처할 수 있는 새로운 기술을 익힌다.
3. I DO : 학생들은 실제 장면에서 학교폭력 방지를 위한 지식과 기술을 활용할 수 있도록 격려를 받는다.

키바 코울루 프로그램은 쉬는 시간 감독을 맡은 교직원들이 Kiva 유니폼을 착용하고 학교를 순찰함으로써, 학교에서 학교폭력에 대해 매우 심각하게 보고 있음을 알리고, 학생들로 하여금 지속적으로 경각심을 갖게 한다. 또한 학생 및 학부모들에게 프로그램의 도입을 설명하기 위한 프리젠테이션 자료를 통해 교육을 하고 있으며, 학교폭력을 줄이기 위해 어떤 노력을 해야 하는지에 대해 교육 받는다.

구체적인 행동 프로그램은 학교폭력 문제가 발생했을 때, 피해학생과 가해학생 모두를 도와주는 데 목적이 있다. 이를 위해 모든 학생을 대상으로 사전 예방교육을 실시하고, 문제 상황이 발생했을 때 문제를 해결하고 피해자를 보호하며 가해자를 적절히 선도하고 교정할 수 있는 능력을 기르게 한다. 구체적인 행동 프로그램은 학교폭력에 관련된 학생들 사이에서 지속적인 개별 및 그룹 토의 과정으로 이루어지며, 피해학생을 도와주기 위한 동료 학생들의 적극적인 참여를 중시한다.

핀란드의 각 학교에서는 학교폭력에 대해 무엇을, 언제, 어떻게 조치할 수 있을 지에 대해 구체적이고 체계적인 관리가 가능하도록 프로그램이 구성되어 있다. 키바 프로그램을 시행한 각 학교에서는 최소 3명의 교직원을 키바팀에 합류시켜, 학교에서 목격되고 드러난 폭력행위를 해결해 나가는 역할을 맡고 있다. 학교폭력 사례들은 피해자 및 가해자와 함께 개별 또는 소그룹 토의를 통해 해결해 나가는데, 좀 더 체계적인 후속 모임들이 수반된다. 또한 각 학급 담임교사들은 2명 내지 4명 정도의 사교적이고 영향력 있는 학급의 학생들을 통해 피해학생을 도와줄 수 있도록 적극 격려해 준다.

〈표 7-8〉 **키바 코울루 프로그램의 학교 구성원의 역할**

구성원	역할 및 내용
학생	• 프로그램에 직접 참여함 • 학급에서 학교폭력 사안 발생 시 친사회적 행동 성향을 가진 학생들은 담임교사와 함께 피해학생 지원을 위한 활동을 수행함
교사	• 학급에서 학교폭력 예방 프로그램을 직접 실시함 • 사안 발생 시 학교폭력 문제 해결을 위해 구성된 KiVa 교원팀의 구성원으로 활동함
학부모	• 학교폭력에 관한 다양한 정보를 포함하여 학교폭력을 예방하고 감소시키기 위해 협력함
학교	• KiVa에서 제공하는 학생용 프로그램 자료를 이용하여 학부모와 교사들을 대상으로 프로그램을 소개하고 홍보함
지역사회	• 타 학교의 교원과 연계하여 학생의 학교폭력 문제 해결을 위한 협력적 지원활동을 함

④ 키바 코울루 프로그램의 효과

키바 코울루 프로그램은 학생, 교사, 학부모를 위한 보다 광범위하고 포괄적이며 전문적으로 준비된 학교폭력과 관련된 자료들을 제공하고 있다. 또한 인터넷 및 가상 학습환경 등의 강력한 학습미디어를 활용하고 있다. 학교폭력 근절을 위한 이러한 노력은 여러 형태로 나타나는 학교폭력의 피해를 시행 첫해 21~63%로 현저하게 감소시켰다. 키바 코울루 프로그램의 효과는 다음과 같다.

1. 학교폭력 가해학생에 대한 지지 감소
2. 학교폭력 피해학생에 대한 공감 증가
3. 학교폭력 피해학생의 학교폭력 대처 능력 함양
4. 애교심 함양 및 학업성취도 향상
5. 우울증, 불안감, 또래에 대한 부정적 관념 저하
6. 교사 및 학부모의 학교폭력 대처 능력 함양

2) 학교폭력 대처 방안

학교폭력, 이렇게 대처하세요!

방관하지 말고 돕거나 신고하세요

친구들이 한 친구를 괴롭히거나 따돌릴 때 그 친구를 도와주지 않는 것도 나쁜 거예요. 반드시 그 친구를 도와주거나 즉시 주변 사람이나 관련 기관에 알려야 해요.

참지 말고 도움을 요청하세요

괴롭힘을 받고 있다면 혼자 고민하지 말고, 교사와 부모님 혹은 경찰 및 상담기관 등에 연락하고 도움을 받아야 해요. 전화나 문자로도 가능해요.

맞서 싸우지 마세요

자신을 괴롭힌 학생에게 감정적이 되어 함께 폭력을 휘두르면 쌍방 폭력이 되어 자신의 피해를 주장하지 못하거나 더 큰 문제가 될 수 있어요.

자책하며 참지 마세요

친구들이 괴롭히는 원인이 자신에게도 있다고 생각하며 참고 지내지 마세요. 도와주는 친구들이 없어도 주변에는 반드시 도와주는 어른들이 있어요.

출처: EDUNET T-CLEAR(http://doran.edunet.net)

[그림 7-7] 학교폭력, 학생 대처 방안

[공감과 지지] 대화를 통하여 충분한 공감과 지지하기

"혼자 많이 힘들었겠구나, 지금이라도 이야기해 주어서 정말 고마워. 엄마아빠가 어떻게 해줄까?" 상처받은 마음을 위로해 주세요.

[안정감] 감정을 잘 조절하여 자녀에게 심리적으로 안정감을 주며 차분히 대화 이끌기

아이들은 이야기를 하면 혼날지도 모른다는 생각과 부모님도 해결할 수 없을지 모른다는 불안감을 가지게 됩니다. 다그치기 보다는 따뜻한 말로 대화를 이끌어 주세요.

[자녀에게 원인 찾지 않기] 폭력을 당하는 자녀에게도 원인이 있다는 생각은 하지 않기

"너한테도 문제가 있으니 당하는 거 아니니"와 같은 말은 자녀에게 심리적 위축과 자존감을 저하해요.

출처: EDUNET T-CLEAR(http://doran.edunet.net)

[그림 7-8] 학교폭력, 학부모 대처 방안

8장 학교폭력 대응

이 장에서는 학교폭력이 발생했을 때의 초기 대응에 대해 살펴보기로 한다. 교사가 학교폭력을 인지하는 방식에 따른 대응, 피해학생, 가해학생, 피해·가해 학부모와 면담, 외부기관과의 관계, 학교폭력 징후에 관해 구체적으로 알아본다.

1. 학교폭력 감지 · 인지 노력

관련 법률 및 시행령
학교폭력예방법 제20조(학교폭력의 신고의무) ④ 누구라도 학교폭력의 예비·음모 등을 알게 된 자는 이를 학교의 장 또는 심의위원회에 고발할 수 있다. 다만, 교원이 이를 알게 되었을 경우에는 학교의 장에게 보고하고 해당 학부모에게 알려야 한다. 학교폭력예방법 제14조(전문상담교사 배치 및 전담기구 구성) ④ 학교의 장은 학교폭력 사태를 인지한 경우 지체 없이 전담기구 또는 소속 교원으로 하여금 가해 및 피해 사실 여부를 확인하도록 하고, 전담기구로 하여금 제13조의2에 따른 학교의 장의 자체해결 여부를 심의하도록 한다.

1) 초기 감지·인지의 중요성

교사는 학교에서 많은 시간을 학생들과 같이 보내므로, 주의를 기울이면 학교폭력 발생 전에 그 징후를 발견할 수 있는 가능성이 많다. 교사는 학교폭력 상황을 감지·인지했을 때, 신속하고 적극적으로 개입해야 한다.

- 감지: 학생들의 행동이나 교실 분위기 등을 보고 학교폭력이라고 느끼어 알게 되는 것
- 인지: 학생 또는 학부모의 직접 신고, 목격자 신고, 제3자 신고, 기관통보, 언론 및 방송 보도, 상담 등으로 학교폭력 사안을 알게 되는 것

학교폭력이 감지·인지된 경우 학교장에 보고하여야 하며(법률 제20조제4항), 학교장은 지체 없이 전담기구 또는 소속 교원으로 하여금 사실 여부를 확인하도록 해야 한다(법률 제14조제4항). 전담기구 또는 소속 교원을 통한 사실 여부 확인 후 조사관을 통한 사안조사 진행하여야 하고 학교는 학교폭력 예방을 위해 학교전담경찰관과 협력한다.

교사의 관찰 및 조사 요령
• 피해학생 관찰: 피해학생이 신체적으로 혹은 심리·정서적으로 어려움을 겪고 있는지를 파악하고 관계회복 등 피해학생의 구체적인 욕구를 파악한다. • 가해학생 관찰: 가해학생이 특정 학생을 괴롭히는지 혹은 다수의 학생들을 괴롭히는지, 가해학생이 반 내에서 다른 학생들과 어떤 관계를 형성하고 있는지 등을 파악한다. 가해학생 간에도 힘의 우위관계가 형성되어 있을 수 있으므로 관계의 역동을 살핀다.

- 주변학생 관찰: 학교폭력과 관련된 학생들은 더 없는지, 학교폭력 사안에 어떻게 연루되어 있는지, 목격학생 및 주변학생들의 심리상태(불안감 등)는 어떠한지 등에 대해 알아본다.
- 학교폭력 사실 확인 요령: 교사가 학교폭력 사안을 인지하고 있다는 것에 대해 말하지 않고, 학교생활이나 교우관계 등을 물어보고 다양한 방식으로 관찰한다. 가해학생 등에게 교사가 학교폭력 사실을 알고 있다는 것을 너무 성급히 이야기하면 다른 학생들을 더 괴롭힐 위험이 있으므로 주의한다. 반장, 회장 등의 학급임원이나 학생회 임원에게 교실 분위기나 관련 학생들에 대해 자연스럽게 물어본다. 다수 또는 다른 학생이 보는 앞에서 피·가해 사실을 확인하지 않고 관련학생에 대한 사실 확인을 개별로 한다. 학생들의 진술이 일치하지 않더라도 사실관계를 추궁하거나 대답을 강요하는 행위는 지양하고 객관적 증거를 확인한다.

2) 학교폭력 감지·인지를 위한 학교 구성원의 역할 및 책임

유형	예시 상황 내용
학교폭력 실태조사	• 학교폭력 실태조사 실시 • 학교 · 학급 단위에서 자체적으로 설문조사 등 수시 실시
교내 학교폭력 신고	• 학교폭력 신고함, 학교 홈페이지 비밀 게시판, 담임교사의 문자 · 메일 등 다양한 신고체계 마련 • 피해 · 목격 학생들이 적극적으로 신고하도록 지도 • 학생, 학부모, 교사 대상 학교폭력 신고 방법 안내(예방 교육 시)
교사의 관찰 및 상담 실시	• 담임교사 등이 학교폭력 징후를 보이는 학생이 없는지 세심하게 관찰 • 담임교사, 전문상담교사 · 전문 상담사 등의 상담
교내 · 외 순회지도	• 점심시간, 쉬는 시간, 방과 후 시간 등 취약 시간 순회지도 • 학부모, 자원봉사자, 학생보호인력, 학교전담경찰관 등과 유기적 협력

3) 학교폭력 징후

학교폭력 징후는 교사뿐 아니라 보호자도 파악할 수 있다. 학교폭력 징후를 통해 학교폭력을 초기에 감지하여 차단할 수 있다. 다만, 어느 한 가지 징후에 해당한다고 해서 학교폭력의 피해 및 가해학생으로 특징지을 수는 없으며, 여러 가지 상황을 고려하여 판단해야 할 것이다. 최근 사이버폭력의 경우 학교 내외에서 시·공간의 제약 없이 발생하기 때문에 주변인의 세심한 관찰과 관심으로 징후를 파악할 수 있도록 해야 한다. 피해학생의 징후는 다음과 같이 살펴볼 수 있다.

(1) 가정에서

- 표정이 어둡고 평소보다 기운이 없다.
- 이름만 불러도 놀라는 등 사소한 일에도 크게 반응하고 평소보다 예민하다.
- 학교 가는 것을 싫어하거나 두려워한다.
- 이유 없이 결석하거나 전학시켜 달라고 말한다.
- 몸에 상처나 멍 자국이 자주 발견되고 혼자 있고 싶어 한다.
- 절망감(예: 죽고 싶다)이나 복수심(예: 죽어라)을 표현하는 낙서가 있다.

(2) 학교에서

- 친구들이 자신을 험담해도 반발하지 않는다.
- 모둠 활동이나 학급 내 다양한 활동 시 소외되거나 배제된다.
- 쉬는 시간, 점심시간에 친구들을 피해 종종 자신만의 공간(화장실 등)에 머문다.
- 옷이 망가지거나 준비물, 소지품을 잃어버리는 일이 잦다.
- 학교행사나 단체 활동에 참여하지 않으려고 한다.
- 특별한 사유 없이 지각, 조퇴, 결석하는 횟수가 많아진다.

(3) 사이버폭력 피해 징후

- 불안한 기색으로 정보통신기기를 자주 확인하고 민감하게 반응한다.
- 단체 채팅방에서 반복적으로 심리적 공격을 당한다.
- 용돈을 많이 요구하거나 온라인 기기의 사용요금이 지나치게 많다.
- 부모가 자신의 정보통신기기를 만지거나 보는 것을 극도로 싫어하고 민감하게 반응한다.
- 문자메시지나 메신저를 본 후에 당황하거나 정서적으로 괴로워 보인다.
- 사이버상에서 이름보다는 비하성 별명이나 욕으로 호칭되거나 야유나 험담이 많이 올라온다.
- SNS의 상태 글귀나 사진 분위기가 갑자기 우울해지거나 부정적으로 바뀐다.
- 컴퓨터 혹은 정보통신기기를 사용하는 시간이 지나치게 많다.
- 잘 모르는 사람들이 자녀의 이야기나 소문을 알고 있다.
- 갑자기 휴대전화 사용을 꺼리거나 SNS 계정을 탈퇴한다.

2. 신고 및 접수

관련법률 및 시행령
학교폭력예방법 제19조(학교의 장의 의무) ③ 학교의 장은 교육감에게 학교폭력이 발생한 사실과 제13조의2에 따라 학교의 장의 자체해결로 처리된 사건, 제16조, 제16조의2, 제17조 및 제18조에 따른 조치 및 그 결과를 보고하고, 관계 기관과 협력하여 교내 학교폭력 단체의 결성예방 및 해체에 노력하여야 한다. ④ 학교의 장은 학교폭력 예방을 위하여 필요한 경우 해당 학교의 학교폭력 현황을 조사하는 등 학교폭력 조기 발견 및 대처를 위하여 노력하여야 한다. 학교폭력예방법 제20조(학교폭력의 신고의무)

> ① 학교폭력 현장을 보거나 그 사실을 알게 된 자는 학교 등 관계 기관에 이를 즉시 신고하여야 한다.
> ② 제1항에 따라 신고를 받은 기관은 이를 가해학생 및 피해학생의 보호자와 소속 학교의 장에게 통보하여야 한다.
> ③ 제2항에 따라 통보받은 소속 학교의 장은 이를 심의위원회에 지체 없이 통보하여야 한다.
> ④ 누구라도 학교폭력의 예비·음모 등을 알게 된 자는 이를 학교의 장 또는 심의위원회에 고발할 수 있다.
> 다만, 교원이 이를 알게 되었을 경우에는 학교의 장에게 보고하고 해당 학부모에게 알려야 한다.
> ⑤ 누구든지 제1항부터 제4항까지에 따라 학교폭력을 신고한 사람에게 그 신고행위를 이유로 불이익을 주어서는 아니된다.
>
> 학교폭력예방법 제21조(비밀누설금지 등)
> ① 이 법에 따라 학교폭력의 예방 및 대책과 관련된 업무를 수행하거나 수행하였던 사람은 그 직무로 인하여 알게 된 비밀 또는 가해학생·피해학생 및 제20조에 따른 신고자·고발자와 관련된 자료를 누설하여서는 아니된다.
>
> 학교폭력예방법 시행령 제33조(비밀의 범위)
> 법 제21조제1항에 따른 비밀의 범위는 다음 각 호와 같다.
> 1. 학교폭력 피해학생과 가해학생 개인 및 가족의 성명, 주민등록번호 및 주소 등 개인정보에 관한 사항
> 2. 학교폭력 피해학생과 가해학생에 대한 심의·의결과 관련된 개인별 발언 내용
> 3. 그 밖에 외부로 누설될 경우 분쟁당사자 간에 논란을 일으킬 우려가 있음이 명백한 사항

1) 법률에 따른 신고의무, 보고의무, 신고자·고발자 비밀누설 금지 의무

(1) 신고의무 (법률 제20조제1항)

학교폭력예방법 제20조제1항 학교폭력 신고의무에 따라 학교폭력 현장을 보거

나 그 사실을 알게 된 자는 학교 등 관계기관에 이를 즉시 신고하여야 한다. 즉, 학교폭력을 알게 된 사람은 누구라도 지체 없이 신고해야 한다. 학교장은 피해학생 또는 그 보호자가 신고하지 않더라도 학교폭력 사실을 알게 된 경우 전담기구 또는 소속교원을 통해 사실 여부를 확인해야 한다. 전담기구 또는 소속 교원을 통한 사실 여부 확인 후 조사관을 통한 학교폭력 사안조사가 진행되어야한다. 학교의 장은 학교폭력 예방을 위하여 필요한 경우 해당 학교의 학교폭력 현황을 조사하는 등 학교폭력 조기 발견 및 대처를 위하여 노력하여야 한다.(법률 제19조제4항)

(2) 교원의 보고의무(법률 제20조제4항)

누구라도 학교폭력의 예비·음모 등을 알게 된 자는 이를 학교의 장 또는 심의위원회에 고발할 수 있다. 다만, 교원이 이를 알게 되었을 경우에는 학교의 장에게 보고하고 해당 학부모에게 알려야 한다.

(3) 신고자·고발자에 대한 비밀누설 금지의무(법률 제21조제1항)

교원 등은 학교폭력 신고자 및 고발자와 관련된 자료(개인정보 등)를 누설하여서는 안 된다.

2) 신고 및 접수 절차

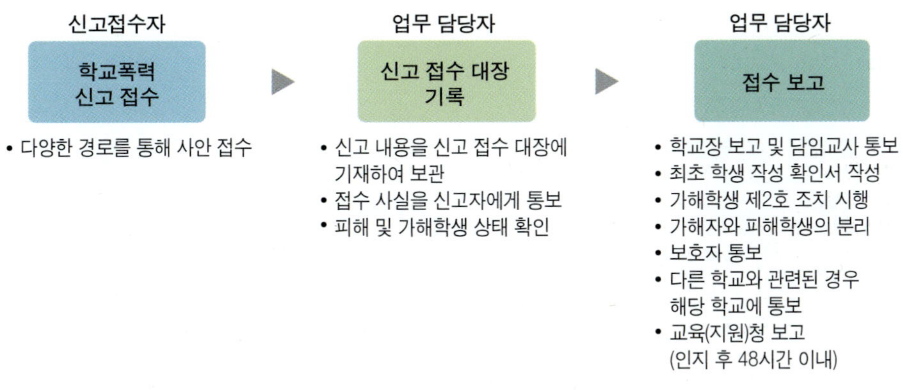

[그림 8-1] 학교폭력 신고 및 접수 절차

3) 신고 방법

(1) 교내 신고 방법

〈표 8-1〉 교내 신고 방법

유형	방법
구두	– 피해학생, 목격학생, 보호자 등이 직접 교사에게 말하는 경우 – 교사가 개별적인 학생 상담을 통해 파악한 경우
신고함	– 일정한 장소에 학교폭력 신고함을 설치하고 이를 안내한다. 신고 학생이 신고서를 넣는 행위가 목격되는 것을 두려워할 수 있으므로, 이를 고려하여 신고함의 위치를 정한다.
설문조사	– 모든 학생에게 신고 기회를 부여하여 심도 있는 정보를 얻기 위해 설문지 조사를 실시할 수 있다.
이메일	– 담임교사의 메일, 책임교사의 메일, 학교명의 메일 등 ※ 학생들의 이메일로 담임교사가 학교폭력 예방과 신고 안내문을 정기적으로 보내는 것도 좋은 방법임. 이때 신고서를 첨부하여 바로 회신할 수 있도록 함
SNS	– 학교 · 학급 SNS 비공개 채팅 등
홈페이지	– 학교 홈페이지의 비밀 게시판 등
휴대전화	– 학교 공동 휴대전화(학교 명의의 휴대전화)의 문자, 음성녹음, 통화 등
포스터 부착	– 교실 벽에 학교폭력 신고 방법 등을 안내하는 포스터를 붙여 도움을 줄 수 있다.

(2) 교외 신고 방법

〈표 8-2〉 교외 신고 방법

유형	방법
112 경찰청	– 학교폭력 및 사이버폭력 등 긴급상황 발생 시 긴급범죄 신고 – 사이버범죄 신고시스템(ecrm.police.go.kr)

117 학교폭력 신고센터	– 전국에서 발생되는 학교폭력 신고를 접수하여 즉시 긴급구조, 수사지시, 법률상담, 연계지원 안내 등의 업무를 한다. – 신고센터는 24시간 운영하며, 피해 신고 접수 즉시 긴급구조, 수사, 법률상담, 쉼터 연계 등 종합지원이 가능 (전화) 전국에서 국번 없이 117 (문자) #0117 (인터넷) 안전 Dream(또는 검색어 117)으로 신고 (방문) 117센터에 방문하여 신고 · 상담
학교전담 경찰관	– 해당 학교의 담당 학교전담경찰관에게 문자 또는 전화로 신고한다.

4) 신고자에 대한 대처 방법

(1) 신고자가 보호자인 경우

폭력 피해 징후를 보호자가 먼저 알아채고 학교로 알려왔을 때, 교사의 입장에서 어떻게 대처해야 하는가?

가) 안심시키고, 믿음을 주기

학교폭력 사안을 피해학생의 보호자가 알려왔을 때, 보호자는 심리적으로 상당히 혼란스러울 수 있으므로 교사가 "더욱 관심을 가지고 조사하여 문제를 해결하겠다."라고 보호자를 안심시켜야 한다. 보호자는 신속하고 적극적인 학교의 대처를 원한다. 심리적으로 예민해진 보호자에게 학교에서 미온적인 모습을 보이면 가해학생 편을 든다거나 은폐한다고 오해할 수 있으므로, 중간 중간에 진행상황에 대해서 충분히 설명해 준다.

나) 보호자와 협력관계를 유지하기

학교폭력 사안처리 시, 보호자가 비협조적이거나 학교가 사안처리에 있어 미온적이라고 생각하면 사안 처리에 어려움을 겪을 수 있다. 신고 및 접수 시부터 보호자와 협력관계를 잘 유지하는 게 중요하다. 학교폭력 사안 처리의 궁극적 목적은 피해 및 가해학생 모두 안전하게 학교생활을 할 수 있도록 하는 것임을 말해준다.

(2) 신고자가 피해학생일 때

학교폭력 피해를 당한 학생이 직접 신고를 하거나 징후를 보이는 경우가 있다. 이런 경우는 어떻게 해야 하는가?

가) 피해학생의 상태 파악과 신변 보호

피해 상황을 알게 된 교사는 가장 먼저 피해학생의 상태와 신변보호를 생각해야 한다. 학교폭력 사안으로 인해 신체적으로 다친 곳이 없는지 확인하고, 심리적·정서적 상태도 확인한다. 또한 학교폭력의 위험이 계속될 것이라고 판단되면, 귀가 시 하굣길이 비슷한 친구들과 함께 귀가하도록 지도한다.

나) 해결자로서의 역할

교사는 사실을 객관적으로 파악하여 방향을 설정하는 해결자로서의 역할을 수행해야 한다. 자칫 피해학생의 주관적인 확인에만 근거해 문제를 지나치게 확대하거나 축소해서는 안 되며, 이야기를 듣고 성급하게 가해학생과 피해학생을 대질시켜도 안 된다. 이런 일이 한 번 발생하면 피해학생은 더 이상 말하지 못하고, 보복으로 폭력의 강도는 더욱 심해질 수 있다.

다) 상담자로서의 역할

불안한 피해학생의 마음을 정서적으로 지지하는 따뜻한 상담자로서의 역할을 수행해야 한다. 이때 "많이 힘들겠구나", "선생님에게 얘기하는 것은 고자질이 아니야" 등의 말을 해주면 좋다. 교사는 설령 학생이 말한 학교폭력의 내용이 대수롭지 않게 여겨지더라도 피해학생을 지지해 주면서 공감대를 형성하고, 어떤 문제든지 해결을 위해 도와주겠다는 의지를 보여주어야 한다. 이를 통해 학생이 교사에 대해 신뢰감을 갖도록 하며, 학생을 안정시킬 수 있다.

(3) 신고자가 주변 학생일 때

학교폭력을 목격하거나 인지한 학생이 용기를 내서 신고를 하는 경우가 있다. 이럴 때 신고한 학생을 어떻게 지도해주어야 하는가?

가) 신고 행동 칭찬과 협력관계 구축

학교폭력 사안을 인지하거나 목격한 학생이 신고한 경우, 그 행동을 칭찬하고, 불안감을 갖지 않도록 지지하고 격려해 준다. 책임교사와 담임교사는 신고를 한 학생과 연락처를 공유하여, 비상시에 대비한다

나) 다른 목격학생이 있는지 확인하고, 전체 지도하기

학교폭력은 가해학생과 피해학생 당사자들만이 아니라, 그것을 방관하거나 무관심하게 지켜보는 친구들끼리의 인간관계나 학급 분위기 등에 크게 좌우된다. 따라서 학교폭력 주위에 있는 숨은 학급 집단의 구조, 학생들 간의 권력관계를 바로 보아야 한다.

3. 학교의 대응 요령

교사는 신체폭력, 언어폭력, 금품갈취, 강요, 따돌림, 성폭력, 사이버폭력의 7가지 유형과 방과 후 학교폭력 대응에 대해 신속하게 대응을 할 수 있어야 한다.

1) 학교폭력 발생 시 대응 순서

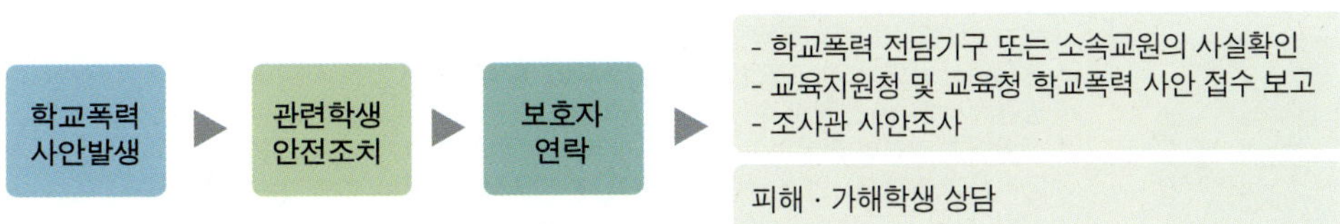

[그림 8-2] 학교폭력 발생 시 대응 순서

학기 초 각 학교에서는 안전사고예방대책을 세울 때 학교에서 가까운 거리에 있는 지구대, 병원, 법률기관, 상담기관 등과 업무협약을 맺어 평상시 긴밀한 협조체제를 유지하는 것이 좋다. 특히 성범죄에 대한 즉시 신고, 폭력서클 연계 사안 등을 처리하기 위해 학교전담경찰관(SPO)과 긴밀하게 협력한다.

2) 유형별 초기대응 요령(예시)

(1) 주요 대상별 초기 요령

피해학생 조치

- 피해를 당한 학생의 마음을 안정시키고(심호흡, 안정을 유도하는 말 등) 신변안전이 급선무다.
- 가벼운 상처는 학교 보건실에서 1차적으로 치료하고, 상처 정도가 심해 학교 보건실에서 치료할 수 없을 때는, 2차적 병원으로 신속히 이송한다.
- 탈골, 기도 막힘, 기타 위급상황이라고 판단된 경우 자리에서 움직이지 않고 119에 도움을 청한다.

가해학생 조치

- 상황을 종료시키고 피해학생과 분리한 후, 가해학생을 진정시킨다.
- 피해학생의 상태가 위중하거나 외상이 심한 경우, 가해학생 역시 충격을 받아 예측하지 못하는 돌발행동에 주의를 기울이며 대화를 시도한다.
- 질책이나 지나친 맛장구는 삼가하고 중립적으로 가해학생의 입장을 청취한다.
  - 가해학생과 대화가 진행된 경우
    가치 판단 없이 가해학생의 입장을 간단히 요약하고, 이후 조사과정에서도 협조할 수 있도록 안내한다.
  - 가해학생이 대화를 원치 않는 경우
    가해학생의 마음을 존중하고, 이후 조사에는 협조할 수 있도록 안내한다.

보호자 조치

- 보호자에게 신속히 연락하고 해당 시점에서 파악된 사안의 내용을 침착하게 전달한다.
- 보호자의 학교 방문이 필요하거나 가능한 경우, 자녀와 만날 장소 및 시간을 협의한다.
- 학교 측의 대응 계획을 정확히 안내하고 이후 조사관의 사안조사 과정에 협조를 부탁한다.
- 학생이 귀가했을 때, 심리적 안정을 취할 수 있도록 당부한다.

목격학생·주변학생 조치

- 현장 접근 통제 후 목격학생/주변학생의 충격 수준을 파악한다.(심하게 불안해하거나 우는 학생이 있는지 조용히 파악)
- 현장에서 폭력에 직·간접적으로 노출되어 힘들어 하는 경우 지도 교사가 있는 안전한 공간에서 휴식, 진정할 수 있도록 안내한다.
- 상황을 정리하여 전달하고, 사안이 잘 처리될 수 있도록 이에 대한 언급을 자제할 것을 당부한다. 특히, 사안에 관련된 학생들에 대한 낙인을 찍어 따돌리는 일이 없도록 주의시킨다.
- 학생들이 동요하거나 의구심을 갖는지 등을 모니터링하고, 필요한 경우 학교의 사안 처리 과정을 안내하여 불안 요소를 해소한다.

(2) 신체폭력

응급상황 발생 시 교직원들은 역할을 분담하여 신속하게 조치한다. 사안을 가장 먼저 인지한 교직원은 신속히 학교폭력 전담기구 소속교사에게 이를 알린다.

피해학생의 위급상황을 발견한 교직원은 보건교사에게 이를 알리거나 119에 연락하여 도움을 청한다. 보건교사는 119 등 응급의료센터에 연락하여 지시대로 응급조치를 취하며, 관리자와 해당 교사에게 이를 알린다. 현장에 있던 모든 증거자료는 섞거나 없애지 말아야 한다. 관련 자료들은 추후 법적, 의료적 분쟁이 있을 시 중요한 근거 자료가 될 수 있으므로 학교에서 응급조치한 내용은 빠짐없이 기록한다.

(3) 언어폭력

언어폭력은 상대방의 명예를 훼손하는 구체적인 말을 하거나 인터넷, SNS, 문자메시지 등으로 퍼뜨리는 행위이므로 증거를 확보해 놓는다.

피해학생 조치로는 첫째, 핸드폰 문자로 욕설이나 협박성 문자가 오면 어떠한 응답도 하지 않도록 한다. 둘째, 인터넷상에서 게시판이나 안티카페 등에서 공개적인 비방 및 욕설의 내용은 그 자체로 저장해두도록 한다. 셋째, 보호자에게 알리고 전문 상담사에게 상담을 받도록 권한다.

가해학생 조치로는 첫째, 언어폭력을 했는지 사실여부와 이유 등을 확인한다. 둘째, 장난으로 한 욕설이라도 피해학생이 고통받을 수 있음을 인식시킨다.

(4) 금품갈취

아무리 적은 금액이라도 다른 사람에게 돈을 빼앗겼을 경우에는 반드시 담임교사에게 사실을 알려 피해가 커지지 않도록 평소에 예방교육을 철저히 한다.

피해학생 조치로는 첫째, 초등학교 저학년 학생은 500원, 1,000원을 빼앗겨도 두려워하고 불안해할 수 있으므로 교사는 이를 무시하거나 가볍게 여기지 않고 반드시 도와주겠다는 것을 학생에게 약속하여 학교를 신뢰하도록 한다. 둘째, 적은 금액을 빼앗겼을 때 피해학생의 경우 교사에게 얘기하기를 주저할 수 있다. 하지만 교사는 금품갈취 금액보다는 금품 갈취당했다는 사실에 대해 주목하고 이에 대해 학생의 심정을 공감하고 해결을 위해 노력한다.

가해학생 조치로는 첫째, 가해학생과의 면담을 통하여 사실을 확인한다. 둘째,

아무리 적은 금액이라도 남의 돈을 빼앗는 행위는 폭력에 해당한다는 사실을 인식시킨다. 셋째, 보호자에게 사실을 알린다. 넷째, 방임·빈곤아동일 경우, 경제적 도움을 줄 수 있도록 사회복지사나 지역주민자치센터에 연계하여 지원을 돕는다.

(5) 강요

강요 등은 폭력서클과 연계하여 일어날 수 있으므로 즉시 신고하도록 평소에 지도한다.

피해학생 조치로는 첫째, 상담을 통하여 어느 정도 피해를 받았는지, 다른 폭력 피해는 없는지 확인을 한다. 둘째, 당분간 보호자가 등·하교 길에 동행한다.

가해학생 조치로는 첫째, 단순가담 학생들은 상담을 통해 지도한다. 둘째, 보호자에게 알리고 재발하지 않도록 지도한다.

(6) 따돌림

따돌림은 괴롭힘과 함께 이루어지는 경우가 많지만, 대부분의 교사들이 학교폭력으로 인식하지 못하는 경우가 많으므로 특별히 주의를 요한다.

피해학생 조치로는 첫째, 피해학생이 정신적 피해를 심하게 입어 학교에 나오지 못하는 경우, 집에서 휴식을 취하거나, 병원 또는 상담센터에서 상담을 받도록 안내한다. 둘째, 학교에 출석하지 못하는 동안 담임교사는 학생의 학습 상황을 수시로 점검하여 학습능력이 뒤처지지 않도록 신경을 쓴다.

가해학생 조치로는 첫째, 가해학생은 실제 자신이 무엇을 잘못했는지 모르는 경우가 많다. 그러므로 가해학생의 따돌림 행동이 명확한 학교폭력이라는 것을 인식시킨다. 둘째, 담임교사나 상담교사가 수시로 가해학생을 만나 지속적으로 상담을 한다.

(7) 성폭력

성폭력의 경우에는 학교장을 비롯해 교직원은 직무상(학생과의 상담과정, 학교폭력신고 접수 등) 아동·청소년대상 성범죄의 발생 사실을 알게 된 때에는 즉시 수사기관(112, 117)에 신고하여야 한다. 이때, 117 학교폭력 신고센터에 신고할 때에는 신고 의사를 명확하게 밝힌다. 유의할 점은 피해학생 측의 의사와는 관계없이 반드시 신고하여야 하나, 피해학생 측에 신고의무의 당위성을 설명하고, 신고 과정에서도 수사기관에 피해학생 측의 의사를 충분히 전달해야한다. 무엇보다 성폭력에 관하여는 피해학생의 프라이버시가 특별히 보호되어야 한다. 따라서 학교장 및 관련 교원을 제외하고는 이와 관련된 사실을 알지 못하도록 철저하게 비밀을 보호하여 2차 피해를 방지한다.

피해학생 조치로는 첫째, 씻어내는 등 증거가 소멸되지 않도록 주의하여 가능한 빨리 의료기관에 이송한다. 둘째, 피해학생이 정신적 피해를 심하게 입어 학교에 나오지 못하는 경우, 관련 상담센터에서 상담을 받게 한다.

가해학생 조치로는 학교장의 긴급조치를 통해 피해학생과 분리한다.

(8) 사이버폭력

사이버폭력은 휴대전화 문자로 욕설이나 협박성 문자가 오면 어떠한 응답도 하지 않도록 하고, 인터넷의 게시판이나 안티카페 등에서 공개적인 비방 및 욕설의 내용은 그 자체로 저장하도록 평소에 지도한다.

피해학생 조치로는 불특정 다수에게 공개되는 사이버폭력으로 인해 피해학생은 명예훼손, 모함, 비방 등을 당하여 심각한 정신적 피해를 입을 수 있다. 그러므로 피해학생을 상담교사나 상담센터와 연계하여 상담을 받도록 한다.

가해학생 조치로는 교사가 증거를 철저하게 확보한 후, 사이버폭력을 지속하지 않도록 지도한다.

3) 방과 후 학교폭력 대응 요령

근무시간 종료 후 교사가 인지한 학교폭력 사안에 대해서도 피해학생 보호를 위한 적극적인 대응이 요구된다.

(1) 방과 후 피해학생이나 보호자에게 연락이 왔을 때의 대처 방법

가) 피해학생이나 보호자로부터 연락이 왔을 경우, 심리적 안정을 찾을 수 있도록 상담하며 학생의 안전을 확인하여 필요시 병원에 가서 진단 및 치료를 받도록 안내한다.

나) 상대방의 신원 정보(교복, 명찰, 생김새 등 기억)를 최대한 모으고, 피해상황에 대해 사진을 찍어 놓는 등 증거자료를 최대한 확보해 두어야 추후 효과적인 대처가 가능함을 알린다.

다) 사안이 긴급한 경우, 경찰 등 수사기관에 신고할 수 있음을 안내한다.

라) 성폭력 등의 경우에 몸을 씻지 말고 그대로 병의원을 방문할 것을 안내하고, 필요한 경우 해바라기센터 등 도움을 받을 수 있는 기관을 안내한다.

마) 방과 후 학교폭력 발생 시, 긴밀한 연락체계를 구축하고 지속적으로 모니터링한다.

(2) 신고 다음날 학교에서 할 수 있는 조치

가) 교사는 피해 상황과 정도를 구체적으로 파악한 후 학교폭력 전담기구에 이를 알린다.

나) 가해학생이 다른 학교(학교급) 학생일 경우, 해당 학교에 연락하여 사안조사해 줄 것을 요청한다.

다) 사안이 학교 외부에서 발생하였을 경우, 필요하다면 학교전담경찰관(SPO)의 협조를 요청한다.

라) 학원 등 외부 기관(단체, 조직)에서 사안이 발생하였을 경우, 해당 기관에 연락하여 사안 발생 상황에 대한 구체적인 설명을 듣는 등 적극적으로 사실을 파악하고자 노력한다.

4. 외부기관 연계

학교폭력에 효과적으로 대처하기 위해서는 지역의 여러 자원체제를 효과적으로 활용해야 한다. 학기 초 각 학교에서는 안전사고예방대책을 세울 때 학교에서 가까운 거리에 있는 지구대, 병원, 법률기관, 상담기관 등과 업무협약을 맺어 평상시 긴밀한 협조체제를 유지하는 것이 좋다. 특히 성폭력에 대한 즉시 신고, 폭력서클 연계 사안 등을 처리하기 위해 학교전담경찰관(SPO)과 긴밀하게 협력한다. 117 학교폭력 신고·상담센터, 위(Wee)프로젝트, 청소년상담복지센터(CYS-Net), 청소년전화 1388, 푸른나무재단(1588-9128), 청소년꿈키움센터(법무부 청소년비행예방센터), 대한법률구조공단(132) 등의 주요 지원체계가 있다. 각 기관의 역할은 〈표 8-3〉과 같다.

〈표 8-3〉 지원기관과 역할

기관	활동
117 학교폭력 신고 · 상담센터	전화로 어디에서나 국번 없이 117을 눌러 신고하며, 24시간 운영함. 긴급 상황 시에는 경찰 출동, 긴급구조를 실시
위(Wee)프로젝트	We(우리들), education(교육), emotion(감성)의 첫 글자를 모은 것으로 학교 및 교육(지원)청에서 학생 상담 지원 Wee클래스(학교 단위) – Wee센터(교육지원청 단위) – Wee스쿨(시 · 도 교육청 단위)
소년상담복지센터 (CYS-Net)	위기청소년에게 적합한 맞춤형 서비스를 제공하는 ONE-STOP 지원센터
청소년전화 1388	청소년의 위기, 학교폭력 등의 상담, 신고 전화

기관	활동
푸른나무재단 (1588-9128)	학교폭력 관련 전화 및 사이버 상담을 실시하고, 학교폭력 피해학생 및 가족 대상 통합지원, 학교폭력 SOS지원단에서는 화해 · 분쟁조정지원, 사안처리 진행 자문 및 컨설팅 지원
청소년꿈키움센터 (법무부 청소년비행 예방센터)	학교폭력 가해학생 및 보호자 특별교육, 찾아가는 학교폭력 예방교육 등 운영
대한법률구조공단 (132)	법률상담, 변호사 또는 공익법무관에 의한 소송대리 및 형사변호 등의 법률적 지원

5. 학교폭력의 징후로 의심할 수 있는 사례

학교폭력 징후는 교사뿐 아니라 보호자도 파악할 수 있다. 학교폭력 징후를 통해 학교폭력을 초기에 감지하여 차단할 수 있다. 다만, 어느 한 가지 징후에 해당한다고 해서 학교폭력의 피해 및 가해학생으로 특정 지을 수는 없으며, 여러 가지 상황을 고려하여 판단해야 할 것이다.

가해학생의 경우 〈표 8-4〉와 같이 일반적으로 학교폭력의 징후로 의심할 수 있는 사례를 나타내는 경우가 많으므로, 부모와 교사는 특별히 관찰하는 것이 필요하다.

〈표 8-4〉 가해학생의 징후

유형	내용
가정	• 부모님을 포함한 어른들에게 반항적이고, 무시하며 공격적이다. • 또래 친구들에 비해 참을성이 없으며 화를 잘 낸다. • 부모와의 대화를 기피한다. • 외출이 잦고 친구들의 전화에 신경을 많이 쓴다. • 친구관계를 중요시하며 귀가 시간이 늦거나 불규칙하다. • 집에서 주는 용돈보다 돈 씀씀이가 크고, 사주지 않은 물건을 소지하고 있다. • 음주, 약물 남용 또는 흡연 등의 행동을 한다.
학교	• 비행 전력이 있거나 또래 폭력 집단에 속해 있다. • 교실에서 큰 소리를 많이 치고 반 분위기를 주도한다. • 교사와 눈길을 자주 마주치며 수업분위기를 독점하려 한다. • 교사가 질문 시 다른 학생의 이름을 대며 그 학생이 대답하게끔 유도한다. • 교사의 권위에 도전하는 행동을 종종 나타낸다. • 친구에게 받았다고 하면서 비싼 물건을 가지고 다닌다. • 다른 학생들을 지배하고, 굴복시키며 힘과 위협으로 자기주장을 세우고, 자기 뜻대로 관철시키려는 욕구가 강하다. • 음주, 약물 남용 또는 흡연 등의 행동을 한다. • 난폭하고 강인한 것처럼 보이고, 피해학생에게 동정심을 전혀 기울이지 않는다.
기타	• 자신의 문제 행동에 대해서 이유와 핑계가 많고, 과도하게 자존심이 강하다. • 성미가 급하고, 충동적이며 공격적이다. • 자신의 문제 행동에 대해서 이유와 핑계가 많다. • 옷차림이나 과도한 화장, 문신 등 외모를 과장되게 꾸며 또래 관계에서 위협감을 조성한다. • 폭력과 장난을 구별하지 못하여 갈등 상황에 자주 노출된다. • 평소 욕설 및 친구를 비하하는 표현을 자주한다. • sns상에 타인을 비하, 저격하는 발언을 거침없이 게시한다.

피해학생의 경우 〈표 8-5〉와 같이 일반적으로 학교폭력의 징후로 의심할 수 있는 사례를 나타내는 경우가 많으므로, 부모와 교사는 특별히 관찰하는 것이 필요하다.

〈표 8-5〉 피해학생의 징후

유형	내용
가정	• 전화를 받고 갑자기 외출하는 경우가 많다. • 휴대폰에 협박성 문자 메시지가 온다. • 친구에게 전화 오는 것조차 싫어한다. • 부모와 눈을 잘 마주치지 않고 피한다. • 자기 방에서 혼자 보내는 시간이 많다. • 학용품이나 소지품이 자주 없어지고 전보다 용돈을 자주 달라고 요구한다. • 몸에 상처나 멍이 들어 있거나, 옷이 더럽혀 있고 찢겨 있다. • 교과서나 공책에 '죽고 싶다', '죽어라' 같은 낙서가 발견된다. • 갑자기 학교에 가기 싫어하고 학교를 그만 두거나 전학가고 싶어 한다. • 학교나 학원을 옮기는 것에 대해서 이야기를 꺼낸다. • 작은 자극에 놀란다.
학교	• 수업시간에 많은 학생들로부터 야유나 험담을 많이 받는다. • 체육시간이나 점심시간, 야외활동 시간에 집단에서 떨어져 따로 행동한다. • 옷이 지저분하거나 단추가 떨어지고 구겨져 있으며 혼자 다닌다. • 친구의 심부름이나 시키는 대로 따른다. • 교과서나 필기도구 등이 자주 없어지거나 수업 준비물을 챙겨오지 못한다. • 이름보다는 비하성 별명이나 욕으로 호칭되고, 잘못에 대해 비웃어도 이에 반발하지 않는다. • 성적이 갑자기 혹은 서서히 떨어진다. • 자주 지각을 하거나 표정이 어둡고 몸이 아프다는 이유로 결석이 잦다. • 자기 교실에 있기보다 이 반, 저 반 다른 반을 떠돈다. • 같이 어울리는 친구가 거의 없거나 소수의 학생과 어울린다. • 특별한 볼일 없이 교무실(상담실, 보건실)이나 교사 주위를 배회한다. • 평상시와 달리 수업에 집중하지 못하고 불안해 보인다. • 수련회, 수학여행 및 체육대회 등 학교행사에 참석하지 않는다. • 각종 모둠 활동에서 소외된다.
사이버	• 불안한 기색으로 정보통신기기를 자주 확인하고 민감하게 반응한다. • 단체 채팅방에서 집단에게 혼자만 반복적으로 심리적 공격을 당한다. • 용돈을 많이 요구하거나 온라인 기기의 사용요금이 지나치게 많이 나온다. • 부모가 자신의 정보통신기기를 만지거나 보는 것을 극도로 싫어하고 민감하게 반응한다. • 온라인에 접속한 후, 문자메시지나 메신저를 본 후에 당황하거나 정서적으로 괴로워 보인다. • 사이버상에서 이름보다는 비하성 별명이나 욕으로 호칭되거나 야유나 험담이 많이 올라온다. • SNS의 상태 글귀나 사진 분위기가 갑자기 우울하거나 부정적으로 바뀐다. • 컴퓨터 혹은 정보통신기기를 사용하는 시간이 지나치게 많다. • 잘 모르는 사람들이 자녀의 이야기나 소문을 알고 있다. • 자녀가 SNS 계정을 탈퇴하거나 아이디가 없다.

9장 사안조사 및 학교폭력 통합지원

이 장에서는 학교폭력 발생 시 사안조사, 학교폭력 통합지원에 대해 살펴보고자 한다. 학교폭력 전담기구의 구성 및 역할과 사안조사에 대해 살펴보고 학교폭력 피·가해학생 간의 관계회복, 피해학생의 치유, 피해학생에 대한 법률자문 등 통합지원 업무하는 학교폭력 제로센터에 대해 알아본다.

1. 사안조사

1) 학교폭력전담기구 구성 및 역할

(1) 학교폭력전담기구의 구성

학교폭력전담기구의 구성권자는 학교장이며 구성원은 교감, 전문상담교사, 보건교사 및 책임교사(학교폭력 문제를 담당하는 교사), 학부모 등으로 학교폭력 문제를 담당하는 전담기구를 구성한다. 학부모는 구성원의 1/3 이상이어야 한다.

〈표 9-1〉 학교폭력전담기구 위원 수에 따른 학부모 위원 수

전담기구 인원	5	6	7	8	9	10	11
학부모 수	2명 이상	2명 이상	3명 이상	3명 이상	3명 이상	4명 이상	4명 이상

출처: 교육부(2024) 학교폭력 사안처리 가이드북

전담기구를 구성하는 학부모는 학교운영위원회에서 추천한 사람 중에서 학교

장이 위촉한다. 전담기구 심의방법, 전담기구 업무분장, 학부모위원 임기 등 전담기구 운영에 필요한 사항은 학교의 장이 정한다. 학교폭력전담기구 조직 예시는 [그림 9-1]과 같다.

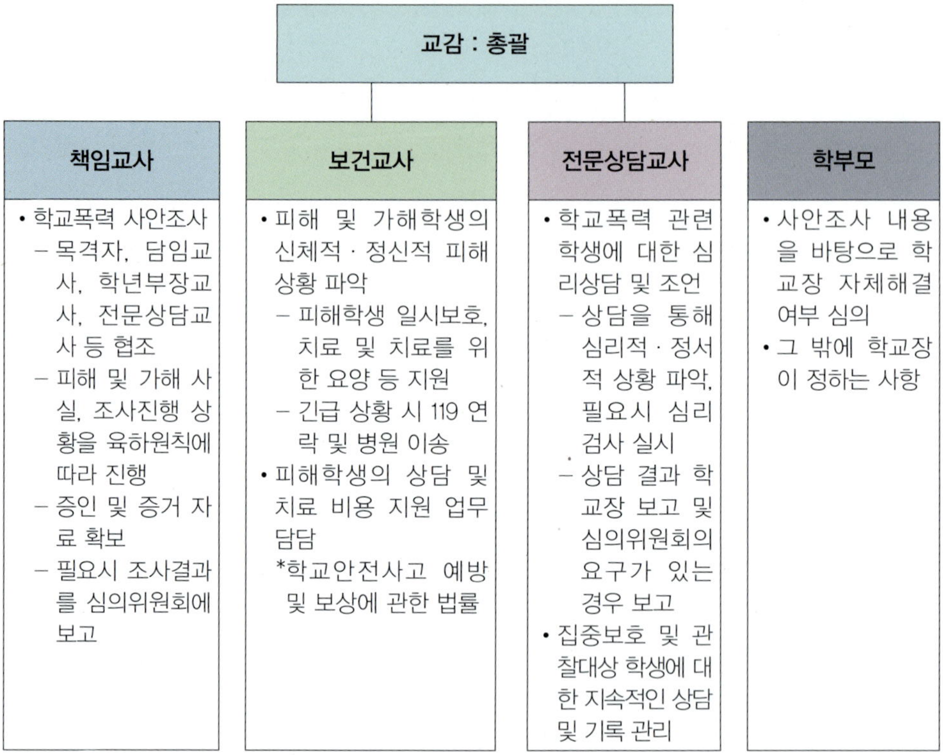

[그림 9-1] **학교폭력전담기구 조직**

(2) 학교폭력 전담기구 역할

학교폭력 전담기구는 학교폭력 사안이 발생했을 때 여러 가지 역할을 수행해야 한다. 구체적인 역할은 〈표 9-2〉와 같다.

〈표 9-2〉 학교폭력 전담기구 역할

역할	세부 내용
사안접수 및 보호자 통보	• 전담기구는 학교폭력신고 접수대장을 비치하고 117신고센터, 학교장, 교사, 학생, 보호자 등 학교폭력 현장을 보거나 그 사실을 알게 된 자 및 기관으로부터 신고받은 사안에 대해 기록 · 관리함 • 학교폭력신고 접수대장은 학교장, 교원의 학교폭력 은폐여부를 판단하는 중요한 기초자료로 활용되므로, 사소한 폭력이라도 신고한 것은 접수하여야 함 • 접수한 사안에 대해서는 즉시 관련 학생 보호자에게 통보하고, 통보일자, 통보방법 등 통보사실 등을 기록함
학교폭력 사실 확인	• 학교폭력을 인지한 경우 피해 및 가해사실 여부에 대해 확인(법률 제14조제4항).
교육(지원)청 보고	• 인지 후 48시간 이내에 교육청(교육지원청)으로 사안 보고하는 것을 원칙으로 함 – 긴급하거나 중대 사안(성폭력 사안 등)일 경우 유선으로 별도 보고 • 성폭력 사안은 반드시 수사기관에 신고함
학교장 자체해결부의 여부 심의	• 학교장 자체해결의 객관적 요건 충족 여부 및 피해학생과 그 보호자의 학교폭력대책심의위원회 개최 요구 의사를 확인함
학교장 긴급조치 여부 심의	• 법률 제17조제6항에 따라 피해학생 측의 요청이 있는 경우에 가해학생에게 제17조제1항제6호 또는 제7호 조치를 내릴지 여부를 심의
집행정지 결정에 따른 '가해학생과 피해학생 분리' 심의	• 가해학생 조치에 대한 집행정지 신청이 인용되어 피해학생 측이 요청하는 경우에 전담기구 심의를 거쳐 가해학생과 피해학생을 분리해야 함(법률 제17조의4제3항)
졸업 전 가해학생 조치사항 삭제 심의	• 법률 제17조제1항에 따른 가해학생 조치사항 제4호, 제5호, 제6호, 제7호의 삭제 심의 ※ 다만, 2023. 2. 28. 이전 신고된 학교폭력에 따른 가해학생 조치사항인 경우에는 제4호, 제5호, 제6호, 제8호의 삭제를 심의 • 심의대상자 조건을 만족할 경우 졸업과 동시에 삭제 가능 여부를 심의함
집중보호 또는 관찰대상 학생에 대한 생활지도	• 관련 학생 담임교사와 함께 지속적인 상담 및 기록을 진행함 • 학교폭력 가해학생 조치 기재유보 사항 기록 및 관리(학교생활기록부 기재요령 참조)
집중보호 또는 관찰대상 학생에 대한 생활지도	• 법률 제14조제5항에 따라 학교폭력에 대한 실태조사를 실시 ※ 학교의 장은 법률 제14조제7항에 따라 실태조사와 관련하여 행정적 재정적 지원을 할 수 있음

2) 학교폭력 전담 조사관의 역할

(1) 조사관의 위촉(임명)과 해촉

조사관 임명·위촉권자는 교육감 또는 교육장이다. 교육감 또는 교육장은 조사·상담 업무 수행을 위하여 학교폭력 조사·상담 관련 전문가(학교폭력 전담 조사관)를 임명 또는 위촉할 수 있다(시행령 제8조제2항). 조사관의 역할, 요건, 수당 지급 등에 관한 세부 사항은 교육감이 정한다(시행령 제8조제3항)

(2) 조사관의 요건 및 역할

가) 조사관의 요건 및 임기

조사관 규모는 지역의 학교 및 학생 수, 학교폭력 발생 건수 등을 고려하여 시교육청에서 자율적으로 정하고 조사관의 요건은 아래와 같다.

- 교원으로 재직했던 사람으로서 학교폭력 또는 생활지도 업무 경력이 2년 이상인 사람
- 경찰로 재직했던 사람으로서 학교폭력·선도 업무 또는 조사·수사 업무 경력이 2년 이상인 사람
- 청소년 선도, 보호 및 상담 단체에서 청소년 선도, 보호 및 상담 활동을 2년 이상 담당한 사람
- 그밖에 학교폭력 예방 및 청소년 보호에 대한 지식과 경험이 풍부하다고 교육감(장)이 인정하는 사람

조사관의 임기는 1년으로 한다. 다만, 해촉 등으로 새로 임명·위촉되는 조사관의 임기는 전임 조사관의 남은 기간으로 한다. 교육감 또는 교육장은 조사관으로 임명된 자가 다음 각 호의 어느 하나에 해당하는 경우에는 임명을 철회하거나 해촉 할 수 있다. 첫째, 심신장애로 인하여 직무를 수행할 수 없는 경우, 둘째, 직무와 관련하여 비위 사실이 있는 경우, 셋째, 직무태만, 품위 손상이나 그 밖의 사

유로 인하여 조사관으로 적합하지 아니하다고 인정되는 경우이다.

나) 조사관의 역할

역할	내용
학교폭력 사안조사	• 학교폭력 제로센터로부터 사안을 배정받은 후 학교폭력 피 · 가해사실에 대한 조사를 실시 • 관련학생 보호자와 면담을 할 수 있음 • 학교장 자체해결 동의 시 관련 동의서를 전담기구에 제출할 수 있다는 내용을 안내 ※ 면담과정에서 자체해결 동의서를 조사관에게 제출하는 경우, 조사관이 학교에 전달할 수 있음 • 필요시, 관련 교사와의 면담을 진행할 수 있음
사안조사보고서 작성 및 조사 결과 보고	• 신고된 학교폭력 사안에 대해 조사를 실시하고 조사 결과를 보고서로 작성하여 전담기구 및 제로센터에 보고함
사례회의 참석	• 사례회의 참석하여 조사 결과를 설명
자문 요청	• 학교전담경찰관과의 정보 공유 및 조사에 대한 학교전담경찰관에 자문 요청
그 밖에 교육감 또는 교육장이 정하는 사항	• 교육감 또는 교육장이 필요하다고 판단할 시 학교폭력 사례회의 및 심의위원회에 참석

다) 조사관 사안조사 시 학교의 역할

조사관 사안조사 시 학교의 역할은 다음과 같다.

- 학교장 자체해결 및 피·가해학생 간 관계개선·회복
- 피·가해학생 분리 실시, 필요시 피해학생 긴급보호조치 또는 가해학생 긴급조치
- 피해학생 면담을 통해 피해학생의 어려움과 필요한 도움을 파악하여 즉각적이고 안전한 보호 방안 마련
- 교육지원청 및 교육청에 사안접수 보고 시, 관련학생의 조사가 가능한 시간과 장소 등을 기입

- 조사관의 사안조사에 앞서 책임교사 등 학교 조사관의 사안조사 준비 지원
- 조사관의 사안 조사 시, 교원의 협력 방법(동석 등)은 관련학생의 심리적 상태, 나이, 성별, 사안의 성격 및 조사관의 요청 등을 고려하여 학교장이 판단
- 조사관이 학부모 면담 요청 시, 장소 제공 ex) 학교 민원 면담실 등
- 조사관이 접수한 학생 확인서 원본 및 증빙자료 관리 및 조사관에게 사본 및 스캔본 제공

※ 관련 문서에 암호를 설정하거나 보안문서로 저장하는 등 보안에 유의

※ 담당교사는 '학교폭력 전담조사관 자료 관리 대장'을 작성·관리

라) 조사관 업무수행을 위한 학교의 협조사항

조사관 업무수행을 위한 학교의 협조사항을 다음과 같다.

- 독립적이고 편안한 면담 공간을 마련
- 관련 학생을 분리하여 조사할 수 있도록 공간과 시간을 확보
- 조사관을 믿고 존중해 주시고, 상호 협력적인 관계를 끝까지 유지
- 조사관에게 요청 사항이나 불만이 있는 경우, 적극 소통
- 소통이 어렵거나 문제가 있다고 판단되면, 교육지원청 및 교육청 담당자에게 연락
- 수업 시간 이외의 시간을 활용하고, 부득이한 경우 학교장의 허가를 받아 협조
- 조사관의 자료 등 협조 요청이 있는 경우, 전담기구를 통해 적극 협조
- 성 관련 사안, 장애 학생이나 다문화가정학생, 위기학생 등 민감한 정보를 사전에 공유
- 조사관 방문 시 학교폭력 전담조사관증을 상시 착용할 수 있도록 안내
- 사안 관련한 비밀, 관련 자료가 유출되지 않도록 각별히 주의
- 조사관과 언쟁을 하는 등 감정적인 대응을 하지 말아 주시기 바람

마) 조사관 업무수행 시 유의 사항

조사관 업무수행 시 유의 사항은 다음과 같습니다.

- 모든 학교 방문 시 학교폭력 전담조사관증 상시 착용
- 약속된 방문 일정과 시간을 준수하고, 미리 도착하기
- 학교 방문 시 단정하고 청결한 차림과 태도를 유지
- 흡연이나 음주로 인해 불쾌감을 주지 않도록 유의
- 조사 업무 외 학생을 직접 지도, 훈계하지 않도록 함
- 업무와 관련한 비밀이나 자료가 유출되지 않도록 주의
- 교직원, 학생, 학부모와 언쟁을 하거나, 감정적 대응을 하지 않음
- 조사 중 휴대전화 사용이나 사적인 일을 수행하지 않도록 하고, 긴급한 경우 양해를 구함
- 불필요한 분쟁이 추가로 발생하지 않도록 노력
- 학교폭력 여부를 임의로 판단하거나, 조치의 수준을 예견하여 언급하거나 안내하지 않도록 주의
- 조사관 업무는 조사의 전문성과 공정성 확보, 교원의 업무 부담 경감을 위한 것임을 인식
- 학교폭력예방법에 근거한 '교육적 절차'로서, 사법적 기능이 아님을 항상 인식하고 업무수행

3) 사안조사 절차 및 방법

(1) 사안조사 진행과정

조사 책임자는 학교장이며 조사 담당은 전담기구 또는 소속 교원, 학교폭력 전담조사관이 사안 조사를 한다. 사안의 '발생-조사-보고' 진행과정은 [그림 10-1]과 같다.

접수 및 보고

초기 대응

- 접수되기 전, 교사가 상시 생활교육으로 사전 예방에 주력(관계회복지원단 활용)
- 접수/초기 대응
  - 신고 · 접수대장 기록
  - 피 · 가해 관련 학생 상태 확인
  - 피 · 가해관련 확인서 작성(학생)
  - 접수보고서 작성(교사)
  - 학교장 보고
  - 보호자 및 해당학교 통보
- 분리/긴급조치 (필요시)
  - 피 · 가해 학생 분리
  - 피해학생 긴급조치
  - 가해학생 선도 및 긴급조치
- 교육지원청 및 교육청 보고 (접수보고서)
  - 신고 개요
  - 피 · 가해학생 상태
  - 분리 및 긴급조치 여부

➡ 대화모임 참석 의사 등 고려

사안 조사

구분	절차 및 내용
학교 생활 교육	• 학교 - 자체해결 요건을 충족할 경우, 소속 선생님들이 생활교육 차원에서 갈등 조정 - 관련 학생 · 학부모 · 전담 조사관 일정 조율 및 조사 준비 ⇩ • 시교육청 학교폭력 제로센터 - 관계 회복 목적의 상담 전문가 (전담 조사관) 배정 ⇩ • 상담 전문가 1명 - 피해관련 학생 회복 상담 및 피 · 가해 관련 학생 관계 회복 - 조사 보고서 작성 * 학부모의 요구가 있을 경우, 추가로 조사관 배정 가능
제로 센터 적극 활용	• 학교 - 관련 학생 · 학부모 · 전담 조사관 일정 조율 및 조사 준비 ⇩ • 시교육청 학교폭력 제로센터 - 2인 1조(퇴직 교원 · 경찰 1명+ 상담 전문가 1명) - 학교장 요청(가해 반복 또는 심각한 사안 관련 학생 등) 시, 전담 조사관으로 위촉된 가해학생 특별교육기관 소속 교육전문가도 추가 투입 ⇩ • 학교폭력 전담 조사관 - 관련 학생 · 학부모 면단, 증거자료 인수 - 전담 조사관 2명이 각각 보고서 작성 및 조사 결과 통보 * 학부모 동의시 학교장 자체 해결로도 진행 가능

➡ **전담기구 심의** (전담 조사관 참석)

[그림 9-2] 사안의 '발생-조사-보고' 진행 과정

출처: 교육부(2024) 학교폭력 사안처리 가이드북

사안 진행 과정의 단계별 조치사항을 구체적으로 살펴보면 [그림 9-3]와 같다.

단계	처리내용
학교 학교폭력 사건 발생인지	• 117학교폭력 신고센터로부터의 통보 및 교사, 학생, 보호자 등의 신고 접수 등을 통해서 학교폭력 사건 발생 인지

▼

학교 신고 접수 및 초기 사실확인 등	• 신고 접수된 사안을 학교폭력 신고 접수대장〈양식 1-1〉에 반드시 기록 • 학교장 보고 및 담임교사 통보 • 초기 사실확인 실시 - 관련학생 확인서〈양식 2-1〉 • 신고접수 된 사안 관련학생 보호자 통보 • 가해자와 피해학생의 분리〈양식 1-2〉 • 가해학생에게 제2호 조치 시행 • 분리 및 제2호 조치 시행 사실을 관련 학생 및 그 보호자에게 통보 · 교육지원청 및 교육청에 48시간 이내에 보고〈양식 1-3〉, 〈양식 2-1〉

▼

학교 즉시조치 (필요시 긴급조치 포함)	• 관련학생 안전조치(피해학생–보건실 응급처치 · 119 신고 · 병의원 진료 등, 가해학생–격리 · 심리적안정 등) • 피해학생의 신체적 · 정신적 피해를 치유하기 위한 조치 우선 실시 • 성범죄인 경우 「아동 · 청소년의 성보호에 관한 법률」에 따라 반드시 수사기관에 신고하고, 성폭력 전문상담기관 및 병원을 지정하여 정신적 · 신체적 피해 치유 • 사안처리 초기에 긴급한 필요가 있는 경우, 법률 제16조제1항 및 제17조제5항 및 제6항에 따라 긴급조치 실시 가능〈양식 2-4〉

▼

조사관 사안조사	• 피해 및 가해사실 여부 확인을 위한 구체적인 사안조사 실시〈양식 2-1〉, 〈양식 2-2〉 – 관련학생의 면담, 주변학생 조사, 설문조사, 객관적인 입증자료 수집 등 • 피해 및 가해학생 심층면담 • 조사한 결과를 바탕으로 육하원칙에 따라 사안조사 보고서 작성〈양식 2-5〉 • 성폭력의 경우, 비밀유지에 특별히 유의 • 장애학생, 다문화학생에 대한 사안조사의 경우, 특수교육 전문가 등을 참여시켜 장애학생 및 다문화학생의 진술 기회 확보 및 조력 제공 • 필요한 경우, 보호자 면담을 통해 각각의 요구사항을 파악하고 사안과 관련하여 조사된 내용을 관련 학생의 보호자가 충분히 이해할 수 있도록 안내* * 학교장 자체해결 동의시 관련 동의서를 전담기구에 제출할 수 있음을 포함

▼

학교	• 법률 제13조의2제1항제1호~제4호의 요건에 해당하는지 여부를 서면으로 확인〈양식 3-1〉 – 2주 이상의 신체적 · 정신적 치료를 요하는 진단서를 발급받지 않은 경우 – 재산상 피해가 없거나 즉각 복구되거나 복구 약속이 있는 경우 – 학교폭력이 지속적이지 않은 경우 – 학교폭력에 대한 신고, 진술, 자료제공 등에 대한 보복행위가 아닌 경우 • 피해학생과 그 보호자의 학교장 자체해결 동의를 서면으로 확인〈양식 3-2〉 ※ 학교장은 자체해결 요건은 충족하나 피해학생 및 그 보호자가 자체해결에 부동의하는 사건에 대하여 관계회복을 위한 프로그램을 권유할 수 있음(법률 제13조의2제3항)
학교장 자체해결 여부 심의	

▼ **자체해결 사안**

〈학교〉
자체해결/관계회복

- 자체해결 통보
  - 학생 · 보호자 통보
  - 교육지원청 및 교육청 보고
- 관계회복 프로그램 운영
  - 상담
  - 프로그램 참여

▼ 학교장 자체해결

▼ **자체해결 불가 사안**

〈제로센터〉
사례회의/보완 조사/관계개선 지원

- 사례회의 개최
  - 조사의 완결성 · 객관성 확인
  - 중대사안 수사 의뢰(필요시)
- 보완 조사
  - 조사관 추가 조사
  - SPO 자문

관계개선 지원

▼ 심의위원회 심의 · 의결

[그림 9-3] **사안 진행 과정의 단계별 조치사항**

※ 전담기구 심의결과 자체해결 요건에 모두 해당하더라도 피해학생 및 그 보호자가 심의위원회 개최를 요구하는 경우 반드시 심의위원회 개최를 요청함.

※ 사안 처리의 전 과정에서 필요시 관계회복 프로그램을 운영할 수 있으며, 학교는 학교폭력 관련 학생 및 보호자에게 관계회복 프로그램에 대해 안내함.

(2) 사안조사 절차(예시)

[그림 9-4] 사안조사 절차

가) 사실 확인

확인서는 피해 및 가해학생 확인서, 목격학생 확인서가 있으며 육하원칙에 따라 기술되어야한다. 설문조사는 피해 및 가해학생과 관련된 학생과 학급을 대상으로 실시한다. 증거자료 수집은 이메일, 채팅, 게시판, SNS, 피해사실 화면 온라인상 캡처, 문자메시지, 관련 사진, 동영상 자료, 음성증거자료 등이 된다. 또한 진단서 및 소견서는 폭력 피해를 증명할 수 있는 신체·정신적 진단서, 의사 소견서 등이다. 사실 확인 시 진위 파악 원칙은 아래와 같다.

사실 확인 시 진위 파악 원칙

- (면담결과와 관련 정보의 일치) 피해 및 가해 측 면담을 통해 확인한 것과 주변 정황에 대한 정보 수집을 통해 밝혀낸 결과들이 일치하는지를 파악한다.
- (피해·가해학생의 상호 인정) 면담조사 결과를 피해학생(보호자)과 가해학생(보호자)이 상호 인정하는지 확인한다.
- (진술 맥락의 일관성 파악) 언급한 진술에서 문맥의 앞·뒤가 서로 모순되지 않고 잘 부합되는지 살핀다.
- (목격자 확인) 면담조사 결과와 목격 학생의 확인이 일치하는지를 점검한다.
- (정황증거 파악) 사안의 주변 흔적이나 간접적인 정황이 있는지, 그러한 정황이 있다면 누구의 진술과 더 잘 부합하는지 살펴야 한다.

(가) 면담조사

① 면담 과정에서 피해학생 및 보호자, 가해학생 및 보호자, 목격자 등에게 신뢰감과 안정감을 주도록 한다.

② 전문상담교사 등 상담전문가에게 학생의 심리·정서적 상태를 파악하도록 한다.

- 학생들의 언행을 주의 깊게 살펴봄으로써 심리·정서적 상태를 파악할 수 있다. 해당학생의 눈 맞춤, 눈빛, 손 떨림, 목소리 크기 및 높낮이 등을 통해 학생의 불안, 분노, 우울 등을 파악한다
- 위급한 심리적 지원이 필요한 경우, 학교 내 전문상담(교)사를 통해 심리검사 또는 정서적 지원을 받도록 한다.

③ 학생들이 서면조사에 무엇을 써야 할지 알지 못해 충분한 내용을 기재하지 못하는 경우, 기재 과정을 세심하게 도와줄 수 있다.

④ 장애학생의 경우, 장애로 인한 피해를 방지하기 위하여 면담조사 시 특수교육 전문가를 참여시켜 장애학생의 의견진술 기회 확보 및 진술을 조력하도록 한다.

⑤ 중도입국·외국인학생과 제3국 출생 탈북학생의 경우, 가급적 대면면담을 활용하고, 서면조사 활용 시 한국어로 충분한 내용을 기재하지 못할 수 있으므로 번역된 조사지의 활용 및 모국어 작성을 허용할 수 있다. 모국어로 작성된 서면조사지는 번역하여 활용한다.

⑥ 면담조사 시 면담내용의 녹취는 음성권 침해의 문제가 발생할 수 있으므로 사전에 학생 및 보호자 동의를 받는 것이 바람직하다.

(나) 정보 수집

① 피해학생: 학년, 성별, 인적사항, 피해학생 수, 교우관계, 장애 유무, 평소 학교생활, 특이사항 등

② 가해학생: 학년, 성별, 인적사항, 가해학생 수, 가해동기, 장애 유무, 다른 피해자 및 유사 사안의 관련 유무 등

③ 폭력 유형 및 형태: 폭력유형(신체폭행, 금품갈취, 따돌림 등), 폭력형태(집

단폭력, 일대일폭력 등), 발생 및 지속기간(1회적·지속적 사안), 발생장소, 발생원인, 치료비, 피해정도, 진단서 발급 유무 등

(다) 정황 파악

① 피해학생의 심리적·신체적 상태 파악: 대처능력, 적응능력 등을 파악한다.

② 피해학생(보호자 포함)의 현재까지의 대처상황을 확인한다.

③ 가해학생(보호자 포함)의 대응방법 및 태도를 파악한다.

④ 힘의 불균형 파악: 관련학생들 사이에 힘의 불균형이 있는지 파악해야 한다. 힘의 불균형은 물리적인 체격·체력은 물론, 언어·표정·심리적 표현 및 인간관계에 의해 유발될 수 있음을 간과해서는 안 된다. 괴롭힘의 대상이 된 아이가 교실에 힘의 불균형이 있다고 느낀다면, 특히 그 주장에 귀 기울여야 한다. 집단폭행 사안의 경우에는 특히 그러하다.

나) 요구사항 확인

학생과 보호자의 사안 해결에 대한 요구를 파악하고 피해·가해상황에 대한 수용 정도 및 사과, 처벌, 치료비 등에 대한 합의 등을 확인한다.

다) 사안조사 보고서 작성

보고서작성은 사안을 종합적으로 판단할 수 있도록 사안조사 결과를 보고서로 작성한다. 진위여부의 판단 및 확정을 위해서는 가해자가 가해사실을 인정하지 않거나 목격자가 증언을 거부하여도, 다른 여타 상황에서 사실로 파악이 가능하면 확인된 사실로서 사안조사 보고서에 기록할 수 있다. 또한 사안조사 내용 중 피해 및 가해학생의 첨예한 의견 대립 중 사실 확인이 어려운 부분에 대해서는 양측의 주장을 모두 기록할 수도 있다.

라) 사안 보고

작성된 사안조사 보고서를 학교폭력 전담기구 및 학교폭력 제로센터에 보고한다.

마) 사안 조사 중점 파악 요소

전담기구는 폭력행위의 유형별 중점 파악 요소, 폭력 행위의 경중 판단 요소 등을 파악한다.

〈표 9-3〉 **학교폭력 조사 기준**

<table>
<tr><th colspan="2">폭력 유형</th><th>중점 파악 요소</th></tr>
<tr><td colspan="2">신체적 폭력</td><td>상해의 심각성, 감금 · 신체적 구속 여부, 성폭력 여부</td></tr>
<tr><td colspan="2">경제적 폭력</td><td>반환 여부, 손괴 여부, 협박/강요의 정도</td></tr>
<tr><td rowspan="2">정서적 폭력</td><td>괴롭힘</td><td rowspan="2">지속성 여부, 협박/강요의 정도, 성희롱 여부</td></tr>
<tr><td>따돌림</td></tr>
<tr><td colspan="2">언어적 폭력</td><td>욕설/비속어, 허위성, 성희롱 여부</td></tr>
<tr><td colspan="2">사이버 매체 폭력</td><td>명의도용, 폭력성/음란성, 유포의 정도, 사이버 성폭력 여부</td></tr>
</table>

※ 사안에 해당하는 모든 폭력 유형 검토

〈표 9-4〉 **폭력 행위의 경중 판단 요소 내용**

폭력 행위의 경중 판단 요소 내용
〈학교폭력예방 및 대책에 관한 법률 제16조의2, 제17조 제2항〉 • 피해학생이 장애학생인지 여부 • 피해학생이나 신고 · 고발 학생에 대한 협박 또는 보복행위인지 여부 〈학교폭력예방 및 대책에 관한 법률 시행령 제19조〉 • 가해학생이 행사한 학교폭력의 심각성 · 지속성 · 고의성 • 가해학생의 반성의 정도 • 해당 조치로 인한 가해학생의 선도 가능성 • 가해학생 및 보호자와 피해학생 및 보호자 간의 화해의 정도 〈기타〉 • 교사(敎唆)행위를 했는지 여부 • 2인 이상의 집단 폭력을 행사한 것인지 여부 • 위험한 물건을 사용했는지 여부 • 폭력행위를 주도했는지 여부 • 폭력서클에 속해 있는지 여부 • 정신적 · 신체적으로 심각한 장해를 유발했는지 여부

4) 가해자와 피해학생의 분리

관련법률 및 시행령
학교폭력예방법 제16조(피해학생의 보호) ① 심의위원회는 피해학생의 보호를 위하여 필요하다고 인정하는 때에는 피해학생에 대하여 다음각 호의 어느 하나에 해당하는 조치(수 개의 조치를 동시에 부과하는 경우를 포함한다)를 할 것을 교육장(교육장이 없는 경우 제12조제1항에 따라 조례로 정한 기관의 장으로 한다. 이하 같다)에게 요청할 수 있다. 다만, 학교의 장은 학교폭력사건을 인지한 경우 피해학생의 반대의사등 대통령령으로 정하는 특별한 사정이 없으면 지체 없이 가해자(교사를 포함한다)와 피해학생을 분리하여야 하며, 피해학생이 긴급보호를 요청하는 경우에는 제1호부터 제3호까지및 제6호의 조치를 할 수 있다. 이 경우 학교의 장은 심의위원회에 즉시 보고하여야 한다. 학교폭력예방법 시행령 제17조의2(가해자와 피해학생 분리 조치의 예외) 법 제16조제1항 각 호 외의 부분 단서에서 "피해학생의 반대의사 등 대통령령으로 정하는 특별한 사정"이란 다음 각 호의 경우를 말한다. 1. 피해학생이 반대의사를 표명하는 경우 2. 가해자 또는 피해학생이 「학교안전사고 예방 및 보상에 관한 법률」 제2조제4호에 따른 교육활동 중이 아닌 경우 3. 법 제17조제5항 및 제6항에 따른 조치로 이미 가해자와 피해학생이 분리된 경우

(1) 가해자와 피해학생의 분리파악 요소

학교의 장은 학교폭력 사건을 인지한 경우, 대통령령으로 정하는 특별한 사정이 없으면 지체 없이 가해자(교사 포함)와 피해학생을 분리하여야 한다(법률 제16조제1항). 분리의 취지는 가해자를 피해학생으로부터 분리하여 피해학생의 심리적 불안감을 해소하고, 2차 피해를 방지하며 고조된 학교폭력 갈등 상황을 완화하고자 함이다. 학교의 장이 학교폭력 사건을 '인지'한 경우에는 분리를 하여야 한다. 인지한 날은 피해학생 소속학교에 신고·접수된 학교폭력 사안을 학교장이 보고 받아 알게 된 날을 의미한다.

학교는 분리 시행 전 관련 학생들에게 제도의 취지, 기간, 출결, 이후 사안처리 절차 등에 대해 충분한 설명을 하여야 하며 절차는 다음과 [그림 9-5]와 같다.

학교폭력 사안 인지(접수)	▶	분리방법 결정 *24시간 이내 처리	▶	가해자 분리
• 피해학생에게 분리 의사 반대 의사 확인 ※ 분리 의사확인서〈양식 1-2〉		• 분리 대상, 기간, 공간 등 분리 방법 결정(전담기구 또는 소속 교원 협의를 통해 학교장이 결정) ※ 학교장의 판단으로 협의없이 분리 가능		• 최대 7일을 초과하지 않음 ※ 가해학생 교육방법 운영 • 가해관련학생 및 보호자에게 통보(유선통화 등)

[그림 9-5] **분리절차**

분리기간은 분리방법 결정 시점으로부터 최대 7일 범위 이내에서 실시하되, 제16조제1항제2호 또는 제17조제5항에 따른 제5호, 제6호, 제7호 및 제17조제6항에 따른 제6호, 제7호 긴급조치가 시행되어 가해자와 피해학생이 분리된 경우에는 종료된다. 가해자와의 분리 시행 당일은 분리기간에 산입(초일 산입)되며, 공휴일이나 토요일이 분리기간에 포함되더라도 이를 기간에 포함하여 계산한다. 가해자와 피해학생의 분리 기간 중에도 피해학생 또는 가해학생 긴급조치를 시행할 수 있다.

5) 긴급조치

학교폭력 발생과 함께 피해학생을 긴급하게 보호하거나 가해학생에 대해 선도가 필요할 경우에 긴급조치를 사용한다.

(1) 피해학생 보호를 위한 긴급조치

학교장은 피해학생의 보호를 위하여 긴급하다고 인정하거나, 피해학생이 긴급보호의 요청을 하는 경우에는 학교장 자체해결 혹은 심의위원회의 개최 요청 전에 제1호, 제2호, 제3호 및 제6호의 조치를 할 수 있다. 다만, 학교장은 피해학생 보호 및 가해학생 선도를 위하여 심의위원회 개최 요청 이후라도 심의위원회의 조치 결정(심의위원회 의결) 전까지 긴급조치를 할 수 있다. 긴급조치 범위는 다음과 같다.

피해학생 긴급조치 범위

- 학내외 전문가에 의한 심리상담 및 조언(1호)
- 일시보호(2호)
- 치료 및 치료를 위한 요양(3호)
- 그 밖에 피해학생의 보호를 위하여 필요한 조치(6호)

피해학생에 대한 긴급조치는 심의위원회에 즉시 보고하여야 한다.

(2) 가해학생 보호를 위한 긴급조치

학교장은 가해학생에 대한 선도가 긴급하다고 인정할 경우 지체 없이 제2호 조치를 해야한다. 학교장은 피해학생 보호와 가해학생의 선도·교육이 긴급하다고 인정할 경우 학교장 자체해결 혹은 심의위원회 개최 요청 전에 우선 제1호, 제3호, 제5호부터 제7호의 조치를 할 수 있다. 다만, 학교장은 피해학생 보호 및 가해학생 선도를 위하여 심의위원회 개최 요청 이후라도 심의위원회의 조치 결정(심의위원회 의결) 전까지 긴급조치를 할 수 있다. 긴급조치의 범위는 〈표 9-5〉와 같다.

〈표 9-5〉 긴급조치 범위

근거	사유	절차	범위	사후 절차
제17조제4항	학교폭력 인지 시	학교장 결정	제2호	X (학교생활기록부 기재 대상 아님)
제17조제5항	피해학생 보호와 가해학생 선도 · 교육이 긴급하다고 인정 시	학교장 결정	제1호, 제3호, 제5호, 제6호, 제7호	심의위원회 보고 및 추인
제17조제6항	피해학생 및 그 보호자가 요청할 경우	전담기구 심의 거쳐 학교장 결정	제6호, 제7호	심의위원회 보고 및 추인

제17조제5항 및 제6항에 따른 제6호 출석정지 조치는 미인정결석으로 처리하고 제17조제5항 및 제6항 제7호 학급교체 조치에 따른 학적변동은 심의위원회에서 추인된 이후 반영한다. 학급교체 조치는 해당 학년도까지 유효하다.

학교장이 제17조제4항부터 제6항까지에 따른 조치를 한 때에는 가해학생과 그 보호자에게 이를 통지하여야 한다(법률 제17조제10항). 학교장이 우선 출석정지와 학급교체 조치를 할 수 있는 사안은 2명 이상이 고의적·지속적으로 폭력을 행사한 경우, 전치 2주 이상의 상해를 입힌 경우, 신고, 진술, 자료제공 등에 대한 보복을 목적으로 폭력을 행사한 경우, 학교장이 피해학생을 가해학생으로부터 긴급하게 보호할 필요가 있다고 판단하는 경우이다(시행령 제21조제1항).

학교장이 우선 출석정지와 학급교체 조치를 하려는 경우에는 해당 학생 또는 보호자의 의견을 들어야한다. 다만, 학교장이 해당 학생 또는 보호자의 의견을 들으려 하였으나 이에 따르지 아니한 경우에는 그러하지 아니하다(시행령 제21조제2항).

가해학생에 대한 제17조제5항 및 제6항 긴급조치는 심의위원회에 즉시 보고하고 추인을 받아야 한다. 긴급조치의 경우 사실관계가 확정되기 이전의 결정 사항이므로, 심의위원회에서는 '일부추인' 또는 '추인하지 않음' 결정이 가능하다. 다만, '일부 추인', '추인하지 않음'을 결정하였더라도 긴급조치를 결정할 당시에 그 필요성이 인정된다면 '긴급조치'가 문제되지 않는다.

긴급조치로 '출석정지'를 내렸으나 심의위원회에서 추인하지 않은 경우, 기타 부득이한 사유로 학교장의 허가를 받아 결석하는 경우로 보아 출석으로 인정할 수 있다. 가해학생 긴급선도 조치에 대해 심의위원회가 추인하는 경우 심의위원회의 조치가 되므로 학교생활기록부에 조치사항을 기재해야 한다.

가해학생 긴급조치로 출석정지를 한 후에 학교장이 사안을 자체해결한 경우, 학교장은 긴급조치를 직권으로 취소하고 긴급조치로 인한 결석 기간을 기타 부득이한 사유로 학교장의 허가를 받아 결석하는 경우로 보아 결석 기간을 출석 기간으로 인정할 수 있다.

학교장이 긴급조치를 한(내부결재 시행) 때에는 가해학생과 그 보호자에게 이를 통지하여야 하며, 가해학생이 이를 거부하거나 회피하는 때에는 「초·중등교육법」 제18조에 따라 징계하여야 한다.

〈표 9-6〉 조치 사항

조치 상항	내용
가해학생 우선 출석정지 시 조치 사항	• 출석정지 기간은 학교 실정에 맞게 기준을 정한다. • 출석정지 기간은 심의위원회 조치 결정 시(심의위원회 의결일)까지로 정할 수 있다(법률 제17조제7항). • 우선 출석정지 시 가해학생 및 보호자에게 의견제시 기회를 주어야 한다. • 출석정지 기간 중 위(Wee)클래스 상담, 자율학습 등 적절한 교육적 조치를
가해학생 우선 학급교체 시 조치 사항	• 우선 학급교체가 추인되면 해당 학년도까지 유효하다는 점을 고려하여 결정한다. • 교체할 학급은 학교 실정을 고려하여 정한다. • 우선 학급교체 시 가해학생 및 보호자에게 의견제시 기회를 주어야 한다. • 학급교체로 인하여 학교폭력 관련한 비밀이나 자료가 누설되지 않도록 각별히 유의해야 한다.

6) 학생 및 보호자 상담

(1) 학생 상담 시 유의 사항

학생 상담 시 유의 사항은 다음과 같다.

첫째, 관련 학생에 대한 효과적인 상담이 이루어지기 위해서는 무엇보다 안정적인 환경 조성과 관계형성이 필요하므로, 가급적 조용하고 안정적인 환경을 만들어 주고, 학생이 긴장하거나 불편하지 않도록 편안하고 허용적인 분위기에서 상담을 진행한다.

둘째, 피해학생의 2차 피해를 예방하기 위해 상담 내용이나 상담을 받고 있다는 사실이 다른 교직원이나 학생들에게 알려지지 않도록 유의한다. 다만, 사안조사 보고서 작성 및 심의위원회 심의를 위해 필요한 정보에 대해서는 사전에 피해학생의 동의를 구한 후 전달할 수 있다.

셋째, 관련학생을 한 장소에 모이게 한 후 상담하는 것은 피해학생에게 위축감, 불안감을 줄 수 있으므로, 각자 개별적으로 상담한다.

넷째, 가해학생에게 훈계나 평가를 하는 것은 오히려 역효과를 줄 수 있으므로, 비난이나 심문하는 태도를 취하지 않는다.

다섯째, 초등학교 저학년, 장애학생, 한국어능력이 없거나 부족한 중도입국·외국인학생과 탈북학생, 기타 심리적으로 불안정한 학생 등 상황 전달 및 자기표현이 부족할 수 있는 학생들에 대해서는 안정적인 분위기를 조성하는 등 더욱 세심하게 배려한다.

가) 피해학생 상담

상담 학생의 대상에 따라 피해학생, 가해학생, 목격학생의 상담이 다를 수 있다. 구체적으로 살펴보면 다음과 같다.

① 초기 상담 시 피해학생의 이야기를 판단이나 충고 없이 적극적으로 경청하고, 적절한 위로와 지지를 해준다.

② 피해학생이 신체적, 심리·정서적으로 어떤 어려움을 겪고 있으며, 필요한 도움은 무엇인지 상황과 욕구를 파악한다.

③ 가해학생으로부터 보복을 당하지 않도록 학교에서 책임감을 가지고 지도·관리할 것을 알려준다.

④ 사안처리 절차(학교장 자체해결, 심의위원회 개최) 및 내용, 진행과정, 보호 조치 등을 설명해 주어, 학생이 안심하고 학교생활을 해나갈 수 있도록 도와준다.

나) 가해학생 상담

① 초기 상담과정에서 학생을 낙인찍지 않고, 가해학생의 이야기를 판단이나 충고 없이 경청한다.

※ 경우에 따라서는 쌍방 피해로 결론이 나거나 피해학생과 가해학생이 뒤바뀌는 상황이 전개될 수 있음을 고려한다.

② 가해학생들이 폭력을 사용하게 된 상황(가정적 요인 포함)에 대해 충분히 탐색한다.

③ 폭력은 용인되지 않으며 가해학생이 저지른 행동은 잘못된 것이라는 사실을 알려주고 피해학생이 당한 충격과 상처를 이해시킨다.

④ 가해학생에게 사안처리 절차(학교장 자체해결, 심의위원회 개최) 및 내용, 진행과정, 보호 조치 등을 설명해 주고, 자신의 잘못을 인정하고 사과하려는 욕구가 있는지 여부를 파악한다.

⑤ 피해학생에게 사과할 의사가 있을 경우, 먼저, 피해학생이 사과를 받아들일 마음의 준비된 상황에서 진심 어린 사과를 해야 함을 안내한다.

※ 진심 어린 사과란? 단지 난처한 상황을 모면하기 위한 것이 아니라, 자신의 잘못을 솔직하게 인정하고 상대에게 정중하게 미안한 마음을 표현하는 것

다) 목격학생 상담

① 목격학생의 심리적 충격 여부를 확인하여 적절한 위로와 지지를 해준다.

② 목격학생의 이야기를 판단이나 충고 없이 적극적으로 경청하고, 힘들거나 불편한 경우에는 언제든 상담을 통해 도움을 받을 수 있음을 안내한다.

③ 사안조사 과정에서의 비밀보장에 대해 충분히 안내하여 보복에 대한 두려

움을 갖지 않도록 한다.

(2) 보호자 상담 시 유의 사항

보호자 상담 시 유의 사항은 다음과 같다.

첫째, 피·가해학생 어느 쪽의 편을 들고 있다는 인상을 주지 않도록 주의하며 객관적인 태도를 유지하고 학생과 보호자의 상황과 심정에 대한 이해와 공감을 통해 신뢰를 형성하고 불필요한 분쟁이 추가적으로 발생하지 않도록 반응한다.

둘째, 보호자가 감정적으로 격양되더라도 동요하지 말고 침착하게 대응한다.

셋째, 보호자의 상황과 심정에 대한 이해와 공감을 통해 신뢰관계(라포)를 형성하되, 보호자의 의견에 동조하거나 반박하는 것은 추후 불필요한 분쟁을 야기할 수 있음을 감안하여 신중하게 반응한다.

넷째, 보호자가 사안의 내용이나 정황에 대해 문의할 때는 명확하게 확인된 사실만을 전달하고, 가해학생 징계 수위나 피해학생 보호 조치 수준에 대해 언급하지 않는다.

다섯째, 장애학생의 보호자가 장애로 인해 의사소통이 어려운 경우, 특수교육 전문가 등의 참여를 통해 충분한 상담이 이루어질 수 있도록 한다.

여섯째, 다문화학생(중도입국 학생, 외국인 학생 등)의 보호자 중 한국어가 미숙하여 의사소통이 어려운 경우, 통역을 통해 충분한 상담이 이루어질 수 있도록 한다.

일곱째, 당사자의 개인정보(주소, 전화번호 등)를 당사자의 동의 없이 상대방에게 알려주지 않는다.

가) 피해학생 보호자 상담

① 피해학생의 보호자는 자녀의 피해 사실에 대하여 놀라고 당황스러워하는 한편, 가해학생에 대한 분노와 원망, 억울함, 자신의 자녀에 대한 미안함 등으로 보호자가 자녀를 대신하여 무엇이라도 해주고 싶은 마음이 들 수 있음을 이해한다.

② 피해학생 보호자의 감정이 격앙됨을 이해하고 수용하는 것이 중요하다.

③ 피해학생 보호자가 말하는 상황이 해당 사안과 직접적으로 관련한 사실이 아닐지라도 처음에는 온전히 들어주는 것이 필요하다.

④ 피해학생 보호자가 심리·정서적으로 어떤 어려움을 겪고 있으며, 필요한 도움은 무엇인지 상황과 욕구를 파악한다.

⑤ 교사의 개인적 의견을 묻는 경우, 공정한 업무 처리를 위해 개인적 의견을 언급할 수 없음을 정중하게 전달한다.

※ (예시) 학교폭력 사안을 처리할 때 공정하게 업무를 처리하기 위해 개인적 주관이 개입되지 않도록 항상 조심하고 있습니다. 저의 개인적인 의견을 말씀드리지 못하는 점 양해 부탁드립니다.

⑥ 피해학생의 심리적 안정을 위해 가정에서의 보호자 역할을 안내한다.

⑦ 피해학생이 학교에서 상담을 받는 것을 불편해 할 경우 외부 전문기관에 연계하여 상담을 받을 수 있음을 안내한다.

나) 가해학생 보호자 상담

① 가해학생 보호자 역시 자녀가 다른 학생에게 폭력을 휘둘렀다는 사실에 당황스러움과 혼란스러움, 의심, 미래에 대한 불안감 등을 경험하게 됨을 이해한다.

② 가해학생 보호자는 자녀의 잘못을 인정하면 더 중대한 가해학생 조치를 받을지 모른다는 우려를 할 수 있음을 이해한다.

③ 가해학생 보호자의 감정은 수용하되, 확인된 사실에 근거하여 가해학생의 폭력 행동에 대해서는 정확히 알려주어 상황을 객관적으로 수용할 수 있도록 한다.

④ 가해학생 보호자가 학생의 가해행위를 부정하는 경우, 논쟁하기보다는 접수하는 태도로 반응한다.

※ (예시) 네, 그런 생각이 드시는군요. 말씀하신 내용 잘 정리하여 전달하겠습니다.

⑤ 가해학생 보호자가 피해학생 및 보호자에게 사과할 의사가 있을 경우, 먼저, 피해학생 측에서 사과를 받아들일 마음이 있고 준비된 상황인지 알아

보고, 진심 어린 사과를 해야 함을 안내한다. 일방적인 사과는 피해학생 측을 더 힘들게 할 수도 있음을 안내한다.

⑥ 학교에서는 가해학생 역시 걱정하고 있고, 교육적으로 적절하게 지도할 것임을 안내하고, 정확한 사실을 확인하고 이에 따라 대응하는 것이 가해학생과 피해학생 모두를 위한 것임을 안내한다.

⑦ 가해학생의 심리적 안정을 위해 가정에서의 보호자 역할을 안내한다.

2. 학교폭력 통합지원

1) 학교폭력 제로센터

(1) 학교폭력 제로센터의 구성과 역할

학교폭력 피·가해학생 간의 관계회복, 피해학생의 치유, 피해학생에 대한 법률자문 등 통합지원 업무를 수행하는 교육(지원)청 내 전담부서(시행령 제8조제1항)이다. 학교폭력 제로센터장은 교육감(장)이 임명하며 교육지원청 및 교육청 여건에 따라 구성 및 운영은 달라질 수 있다. 학교폭력 제로센터 구성은 다음과 같이 할 수 있다.

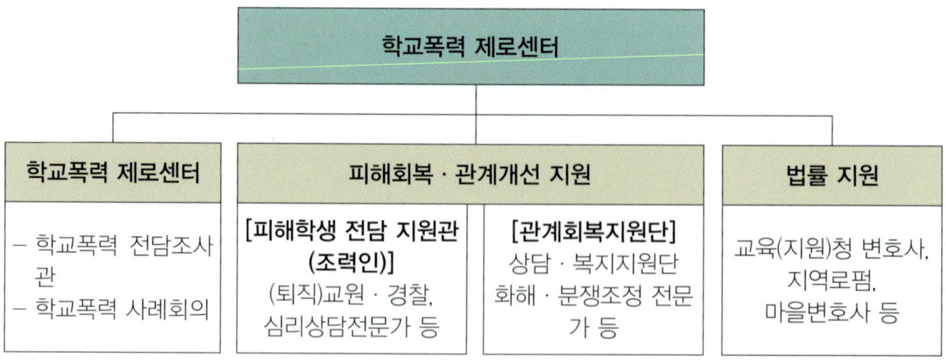

[그림 9-6] 학교폭력 제로센터 구성(예시)

(2) 학교폭력 사례회의 역할

조사관의 사안 조사 결과를 검토하여, 보완 조사가 필요한지 여부를 결정하고, 필요한 경우제로센터는 조사관이 보안조사를 하도록 한다. 충분한 조사가 이루어졌다고 판단하면 심의위원회에 (보완 조사용) 사안조사 보고서를 제출한다. 그밖에 학교폭력 예방 및 대책과 관련하여 학교폭력 제로센터장이 정하는 사항으로 중대사안 신고 여부, 피해학생 보호와 지원에 관한 사항 등이 있다.

(3) 학교폭력 사례회의 운영

참석 대상은 학교폭력 제로센터장, 장학사, 주무관, 해당 사안 전담조사관, 학교전담경찰관(SPO), 외부 전문가 등이다. 교육지원청 내부 구성원을 중심으로 운영하되 성폭력, 언론보도 사안 등 중대사안에 대해서는 학교 전담경찰관이나 외부 전문가를 참석하게 할 수 있다. 운영 방법은 수시, 정례화, 연간 운영계획 수립 등의 방법으로 교육(지원)청이 정하는 바에 따라 운영할 수 있으며 법령상 회의록을 작성하여 보존할 의무는 없으나, 회의 결과에 따른 보완 조사 요청 등 결과 보고(내부 결재)는 필요하다.

2) 피해학생 지원 조력인

교육감 또는 교육장은 피해학생 지원을 위하여 피해학생 지원 조력인을 지정할 수 있다(법률 제16조의3제1항). 피해학생 지원 조력인의 역할은 피해학생이 필요로 하는 법률, 상담, 보호 등을 위한 서비스 및 지원기관의 연계(시행령 제18조의2제1항)이다. 제로센터 내 피해학생 지원 조력인(피해학생 전담지원관)의 역할은 직접 피해학생을 지원하는 것은 아니며, 학생과 가족에게 필요한 자원을 발굴하여 연계하고, 교사를 비롯한 다양한 전문가, 관련 기관과의 협력체계 구축이다.

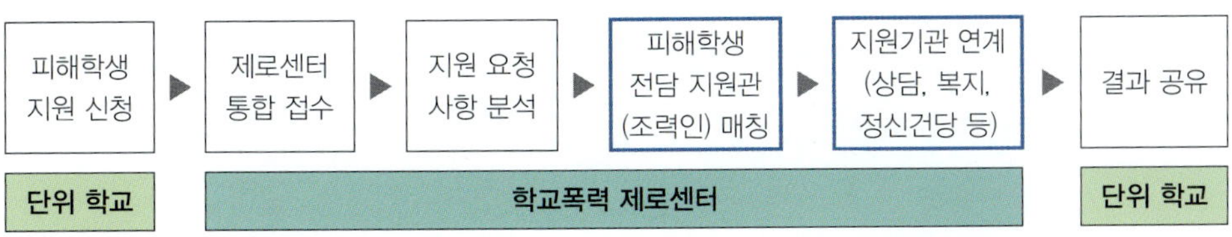

3) 관계회복지원단

관계회복지원단은 교육 전문가, 상담·복지 전문가, 화해·분쟁조정 전문가 등으로 관계회복지원단 구성되었으며 학교폭력에 대한 화해와 관계회복 중심의 교육적 해결로 관련 학생 학교생활 정상화·적응 지원한다.

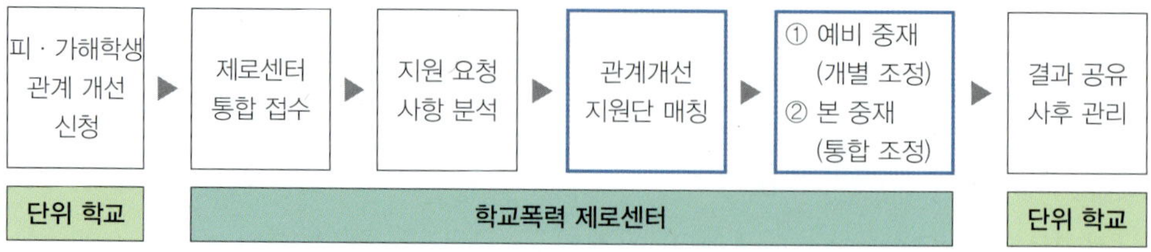

4) 피해학생 법률지원

가해학생이 심의위원회 조치결과에 대하여 행정심판·행정소송 제기 시 피해학생에게 법률 자문·소송지원하며 가해학생이 불복하는 경우가 아니더라도, 전담지원관(조력인)이 피해학생의 보호를 위해 법률지원을 신청할 경우 지원 가능하다.

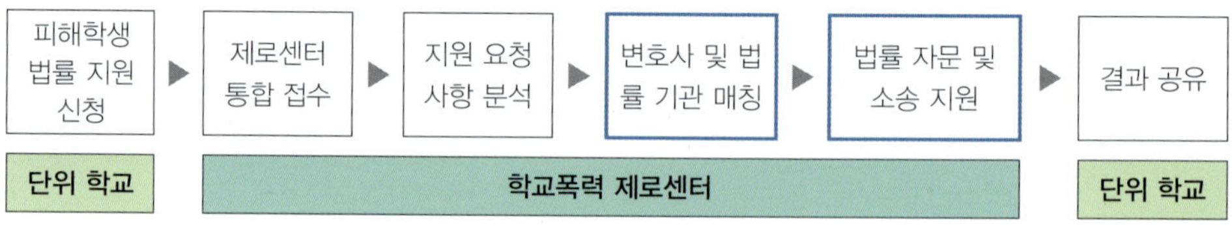

10장 학교장 자체 해결제 및 관계회복

이번 장에서는 학교장 자체 해결을 할 수 있는 사안 및 절차와 학교폭력 관련학생 및 보호자의 관계 회복 및 분쟁 조정에 대해서 알아본다.

1. 학교장 자체해결제

학교장은 법 제13조의2제1항에 따른 경미한 학교폭력(부동의 사건)에 대하여 피해학생과 가해학생 사이의 관계회복 프로그램을 권유할 수 있다. 사안 처리 전 과정에서 필요시 학교는 관계회복 프로그램을 운영할 수 있으며, 학교폭력 관련학생 및 보호자에게 관계회복 프로그램에 대해 안내할 수 있다. 학교장 자체해결 사안처리 흐름도는 [그림 10-1]과 같다.

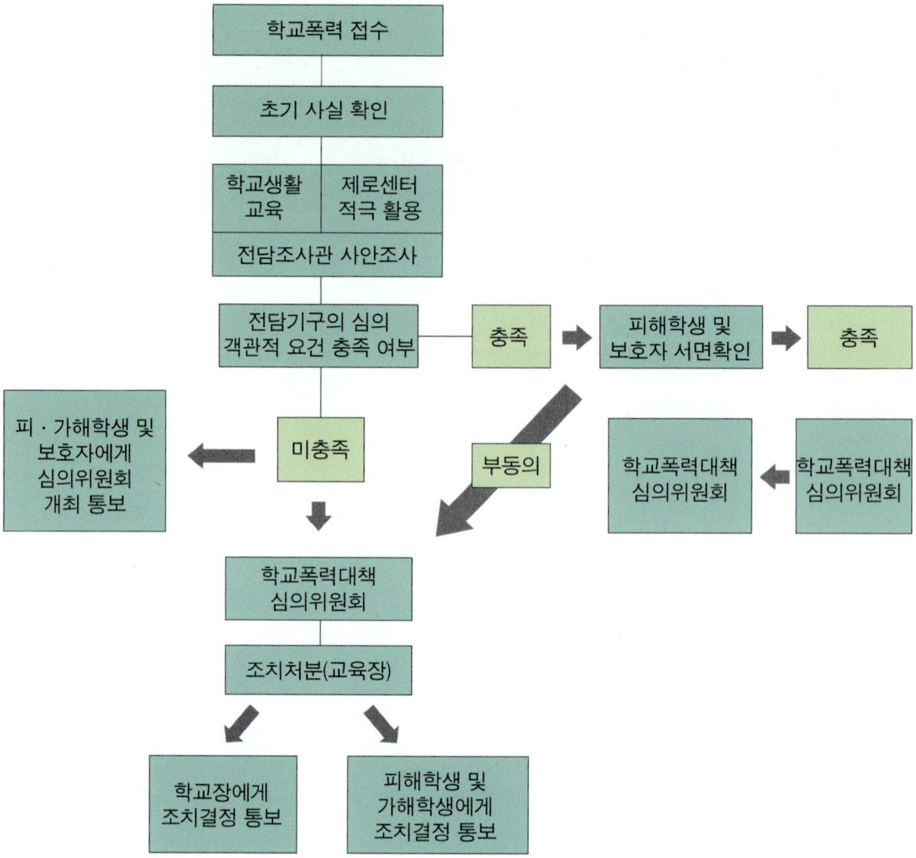

[그림 10-1] **학교장 자체해결 사안처리 흐름도**

1) 학교장 자체해결 사안 및 심의위원회 개최 요청

(1) 학교장 자체 해결 사안

피해학생 및 그 보호자가 심의위원회 개최를 원하지 않고, 아래 네 가지 요건에 모두 해당하는 경우 학교장 자체해결 가능하다.

가) 2주 이상의 신체적·정신적 치료를 요하는 진단서를 발급받지 않은 경우

전담기구 심의일 이전에 진단서를 제출하지 않은 경우에는 자체해결 요건을 충족하는 것으로 보고 전담기구에서는 피해학생 측이 학교에 진단서를 제출한 이후에 의사를 번복하여 진단서를 회수하여도 자체해결 요건은 충족

하지 않은 것으로 판단하므로 학교는 해당 내용을 사전에 안내한다.

나) 재산상 피해가 없는 경우 또는 재산상 피해가 즉각 복구되거나 복구 약속이 있는 경우

재산상 피해의 복구 여부는 전담기구 심의일 이전에 재산상 피해가 복구되거나 가해 관련학생 보호자가 피해 관련학생 보호자에게 재산상 피해를 복구해 줄 것을 확인해 주고 피해 관련학생 보호자가 인정한 경우이다. 다만, 심의위원회 개최 전에 재산상 피해가 복구된 경우(복구 약속이 있는 경우 포함)에는 전담기구심의를 거쳐 자체해결 요건을 충족하는 것으로 볼 수 있다. 재산상 피해는 신체적·정신적 피해의 치료비용을 포함한다.

다) 학교폭력이 지속적이지 않은 경우

지속성의 여부는 피해 관련학생의 진술이 없을지라도 전담기구에서 보편적 기준을 통해 판단한다.

라) 학교폭력에 대한 신고, 진술, 자료제공 등에 대한 보복행위가 아닌 경우

가해 관련 학생이 조치 받은 사안 또는 조사 과정 중에 있는 사안과 관련하여 신고, 진술, 증언, 자료 제공 등을 한 학생에게 학교폭력을 행사하였다면 보복행위로 판단할 수 있다.

(2) 학교장 자체해결로 종결된 사안에 대한 심의위원회 개최 요청

원칙적으로 피해학생 및 그 보호자는 사안의 학교장 자체해결 이후에는 동일 사안에 대하여 심의위원회 개최를 요구할 수 없으나, 아래 사유에 해당되는 경우에는 학교장에게 서면으로 심의위원회 개최를 요청할 수 있다.

- 해당 학교폭력 사건으로 피해학생 및 그 보호자가 받은 재산상 손해를 가해학생 및 그 보호자가 복구하기로 약속하였으나 이행하지 않은 경우
- 해당 학교폭력 사건의 조사과정에서 확인되지 않았던 사실이 추가적으로 확인된 경우

학교장은 요청서〈양식 3-4〉를 첨부하여 교육지원청 및 교육청에 심의위원회 개최를 요청한다. 가해자가 학생이 아닌 학교폭력 사안의 경우, 학교장 자체해결 대상 사안이 아니며, 학교장은 피해학생의 보호를 위해 심의위원회 개최를 요청해야 함. 다만, 피해학생과 그 보호자가 피해학생 보호조치를 원하지 않을 경우, 학교장은 심의위원회 개최를 요청하지 않을 수 있다(피해학생과 그 보호자의미개최 동의를 받아 교육지원청 및 교육청에 보고).

2) 학교장 자체해결 절차 및 고려 사항

(1) 학교장 자체해결 절차

가) 학교폭력 사안 조사

전담기구 및 조사관의 사안 조사과정에서 피해 관련학생 및 그 보호자를 상담할 때 학교장 자체해결을 강요하지 않도록 유의한다.

나) 피해학생 및 그 보호자의 서면 확인

학교장 자체해결 요건에 해당하는 사안의 경우, 피해학생과 그 보호자가 심의위원회 개최 요구 의사 확인을 통해 학교장 자체해결에 동의하면 학교장이 자체 해결할 수 있다. 피해학생 및 그 보호자는 전담기구에 학교장 자체해결 동의서를 제출할 수 있다.

전담기구와 조사관은 ① 학교장 자체해결 동의서를 제출했다 하더라도 추후 전담기구 심의를 통하여 학교장 자체해결 요건에 해당하지 않으면 학교장 자체해결은 불가능하다는 사실 ② 학교의 장이 자체 해결한 학교폭력 사안에 대해서는 재산상의 피해 복구를 이행하지 않거나 해당 학교폭력 사안의 조사과정에서 확인되지 않았던 사실이 추가적으로 확인된 경우를 제외하고는 피해학생 및 그 보호자가 심의위원회 개최를 요청할 수 없다는 사실을 반드시 사전에 충분히 설명한다.

다) 전담기구 심의 시 유의 사항

학교장의 자체해결 요건 해당 여부는 전담기구 심의에서 협의를 통해 결정한다. 피해학생이 1명이고 가해학생이 여러 명인 경우, 학교장 자체해결 요건에 충족하더라도 피해학생이 가해학생 모두에 대해 자체해결에 동의하는 경우에 한하여 학교장 자체해결이 가능하다. 단, 피해학생이 여러 명인 경우에는 피해학생별로 학교장 자체해결 부의 여부를 판단한다.

라) 학교장 자체해결 결재 및 교육(지원)청 보고

학교장 자체해결 결과는 학교폭력 사안조사 보고서〈양식 2-5〉, 전담기구 심의결과 보고서〈양식 3-1〉, 학교장 자체해결 동의서(피해학생 및 그 보호자의 학교폭력대책심의위원회 개최 요구 의사 확인서)〈양식 3-2〉를 첨부하여 교육지원청 및 교육청에 보고한다. 가해학생 우선 출석정지 후 학교장 자체해결하는 경우 학교장이 긴급조치를 직권으로 취소하고 기타 부득이한 사유로 학교장의 허가를 받아 결석하는 경우로 보아 출석으로 인정할 수 있다.

마) 관련학생 보호자 통보(서면, 유선, 문자 등 가능)

(2) 학교장 자체해결 시 고려 사항

가) 필요시, 가해학생을 대상으로 상담, 캠페인 활동 등 다양한 별도 교육 프로그램을 운영할 수 있다.

나) 필요시, 관련 학생 간 관계개선 의지와 동의 여부에 따라 관계회복 프로그램을 운영할 수 있다.

다) 학교폭력 관련 학생의 소속학교가 다른 경우

학교장 자체해결 여부는 피해학생 소속 학교의 전담기구에서 심의 후 해당 학교장이 결정하며, 가해학생 소속 학교에서는 피해학생 소속 학교의 결정을 따라 전담기구에서 심의한다. 이때, 정확한 사안조사를 위하여 가해학생 소속 학교에서 조사한 사안 내용이 공유될 수 있도록 학교장 승인 하에 긴밀하게 협조가 이루어져야 한다.

2. 관계회복 및 분쟁조정

1) 관계회복

(1) 관계회복의 개념

관계회복이란 두 명 이상의 관련 대상자들이 발생 상황에 대하여 이해, 소통, 대화 등을 통해 원래 상태 또는 일상생활로 돌아갈 수 있도록 함께 노력하는 것을 말한다.

(2) 관계회복의 목적

가) 관련 당사자 사이에 발생한 사안을 중심으로 개입하여 양측 관계를 회복시키는 것을 목적으로 한다.

나) 상호 이해 및 소통, 대화를 하는 과정을 통해 피해학생 측 입장을 충분히 고려한 진심 어린 사과(화해)와 가해학생 측의 반성에 대한 올바른 인식 정립을 하고 나아가 관계 개선을 통한 회복을 도모한다.

다) 심리·정서적 안정 및 학교와 일상생활, 또래(교우)관계 등의 안정적 적응과 신속한 복귀, 회복을 조력한다.

주의해야 할 점은 학교폭력 관계회복은 진행 단계별로 피해학생 측의 의사를 우선적으로 고려하여 확인하고 동의여부를 확인하며 진행한다.

(3) 운영 대상 및 방법

학교장은 법 제13조의2제1항에 따른 경미한 학교폭력(학교장 자체해결의 객관적 요건을 충족)에 대하여 피해학생 및 그 보호자가 심의위원회 개최를 원하는 경우, 피해학생과 가해학생 사이의 관계회복 프로그램을 권유할 수 있다(법률 제13조의2제3항). 학교폭력 사안이 발생한 해당 관련학생(피해 및 가해 측)을 대상으로 진행한다.

가) 사전 개별면담: 양측의 학생을 개별적으로 면담하여 각각의 욕구와 사안에 대한 해결방식, 심리·정서적 상태 등을 탐색한다.
나) 관계회복프로그램(직접대면 및 소통): 양측 학생이 준비와 동의가 되었을 때 서로 대면하여 소통의 과정을 통해 관계회복을 하도록 조력한다.

학교폭력 관계회복은 일반 학생 또는 불특정 다수의 학생이 아니라 사안이 발생한 관련학생(피해학생 및 가해학생)을 대상으로 한다.

(4) 관계회복의 운영 주체

가) 학교는 사안에 따라 누가 어떠한 역할을 수행할 것인지에 대해 논의한다.
나) 사안에 대한 내용 및 학생들의 상황을 잘 인지하고 있는 교사가 개입하는 것이 효과적이다.
다) 학교의 사정에 맞게 가장 적합한 교사에게 역할을 배정하되 아래의 역할 예시를 참고할 수 있다.

(5) 관계회복 진행 시 유의 사항

가) 관계회복 프로그램은 양측 학생이 동의할 경우에만 진행할 수 있다.
나) 관계회복 프로그램은 한 명이 중단하고 싶으면 중단될 수 있다.
다) 관계회복 프로그램을 했다고 해서 갑자기 사이가 좋아지거나 개선이 되지 않을 수도 있다.
라) 학교 및 교사는 사전에 가급적 보호자와 면담을 진행하여 프로그램 취지를 잘 이해할 수 있도록 한다.
마) 서로 소통함으로써 안전한 학교생활을 할 수 있도록 하는 것임을 안내한다.
바) 관계회복 프로그램은 양측 학생이 학교 및 일상생활과 또래와의 관계에 잘 적응할 수 있도록 돕는 것임을 안내한다.
사) 피해학생에 대하여 모든 단계 시작 시 현재 마음과 생각, 2차 피해(재발 및

보복 등), 참여 의사 등을 확인함으로써 관계회복 프로그램 진행이 강제적인 것이 아닌 피해학생 의사를 우선으로 고려하여 진행됨을 확인시켜 주는 것이 중요하다.

※ 관계회복 프로그램 진행은 사안처리를 갈음하거나 심의위원회의 조치 결과 대신 진행하여 조치 변경 또는 경감 등의 조건부로 진행할 수 없음.

2) 분쟁조정

(1) 분쟁조정의 개념

분쟁조정이란 피해 및 가해학생 간 또는 그 보호자 간의 손해배상에 관련된 합의조정 및 그밖에 심의위원회가 필요하다고 인정하는 사항에 대한 심의위원회 또는 교육감의 조정을 의미한다.

(2) 분쟁조정의 주체

가) 학교폭력과 관련하여 분쟁이 있는 경우에 심의위원회 또는 교육감이 분쟁을 조정할 수 있다(법률 제18조제1항, 제6항, 제7항).

나) 심의위원회는 분쟁조정을 위하여 필요하다고 인정하는 때에는 관계 기관의 협조를 얻어 학교폭력과 관련한 사항을 조사할 수 있다(법률 제18조제4항).

※ 분쟁조정은 피해, 가해, 학교 각 3주체의 동의가 확인된 후 진행되어야 하며, 조정의 객관성, 공정성, 중립성을 기반으로 전문적인 조정을 위해 관계 기관의 협조를 얻어 진행 할 수 있다(푸른나무 재단 학교폭력화해·분쟁조정 지원 사업, 02-598-1640, https://www.schooljikim.net).

(3) 분쟁조정의 대상

가) 피해 및 가해학생 간 또는 그 보호자 간의 손해배상에 관련된 합의조정(법률 제18조제3항)

피해학생 측에서 치료비, 위자료 등 금전적 손해에 대한 배상을 요구하는 경우와 가해학생 측에서 치료비, 위자료 등 금전적 손해배상을 통해 합의하고자 하는 경우이다.

나) 그밖에 심의위원회가 필요하다고 인정하는 사항

심의위원회의 조치만으로는 해결이 불가능한 갈등이 있는 경우와 제3의 전문기관을 통한 객관적, 전문적, 공정한 개입이 필요한 경우이다.

(4) 분쟁조정의 신청

분쟁당사자(피해 및 가해 측)가 신청할 수 있다. 당사자는 분쟁조정신청서(분쟁조정 신청인의 성명 및 주소, 보호자의 성명 및 주소, 분쟁조정 신청의 사유가 포함되어 있음)를 작성하여 심의위원회나 교육감에게 신청한다. 이를 위해서는 해당 당사자들에게 분쟁조정 제도가 있다는 것을 알리고 분쟁조정 관련된 절차와 내용에 대해 안내한다.

(5) 분쟁조정의 기한

심의위원회 또는 교육감은 분쟁조정의 신청을 받으면 5일 이내 분쟁조정을 시작하여야 하며(시행령 제27조제1항), 분쟁의 조정기간은 1개월을 넘지 못한다(법률 제18조제2항).

(6) 분쟁조정의 관할권

가) 피해 및 가해학생이 같은 교육지원청 소속일 경우: 심의위원회에서 분쟁을 조정

나) 피해 및 가해학생이 다른 교육지원청 소속일 경우

① 동일한 시·도 교육청 관할 구역일 경우: 해당 시·도교육감이 분쟁을 조정한다.

② 관할 구역이 다른 시·도교육청일 경우: 각 지역의 교육감 간에 협의를 거쳐 분쟁을 조정한다.

(7) 분쟁조정의 거부·중지 및 통보

가) 분쟁조정의 거부·중지

심의위원회 또는 교육감은 다음에 해당하는 사유가 발생한 경우에는 분쟁조정의 개시를 거부하거나 분쟁조정을 중지할 수 있다.

① 분쟁당사자 중 어느 한 쪽이 분쟁조정을 거부한 경우

② 피해학생 등이 관련된 학교폭력에 대하여 가해학생을 고소·고발하거나 민사소송을 제기한 경우

③ 분쟁조정의 신청내용이 거짓임이 명백하거나 정당한 이유가 없다고 인정되는 경우

나) 분쟁조정의 거부·중지의 통보

분쟁조정을 거부하거나 중지할 경우에는 그 사유를 분쟁당사자에게 서면으로 통보하여야 한다.

(8) 합의서 작성

심의위원회 또는 교육감은 분쟁조정이 성립된 때에는 분쟁당사자의 주소와 성명, 조정대상의 분쟁내용(분쟁의 경위, 조정의 쟁점), 조정 결과를 적은 합의서를 작성하여 심의위원회의 분쟁당사자와 피해학생 및 가해학생이 소속된 학교의 장에게 각각 통보해야 한다(시행령 제29조제1항). 합의서에는 심의위원회가 조정한 경우에는 분쟁당사자와 조정에 참가한 위원이, 교육감이 조정한 경우에는 분쟁당사자와 교육감이 서명 날인하여야 한다(시행령 제29조제2항).

(9) 분쟁조정의 종료 및 결과 보고

가) 분쟁당사자 간에 합의가 이루어지거나 심의위원회 또는 교육감이 제시한 조정안을 분쟁당사자가 수락하는 등 분쟁조정이 성립한 경우 또는 분쟁조정 개시일로부터 1개월을 경과하도록 분쟁조정이 성립하지 아니한 경우 분쟁조정을 종료(시행령 제28조제2항).

나) 심의위원회 또는 교육감은 시행령 제28조제1항에 따라 분쟁조정을 거부 또

는 중지하거나 시행령 제28조제2항제2호에 따라 분쟁조정을 종료한 경우에는 그 사유를 분쟁당사자에게 각각 통보(시행령 제28조제3항).

다) 심의위원회의 위원장은 분쟁조정의 결과를 교육감에게 보고(시행령 제29조제3항).

※ 분쟁조정이 성립되었다 하여, 심의위원회를 개최하지 않거나 가해학생에 대한 조치를 하지 않는 것은 아니나, 조치별 적용기준(시행령 제19조제4호)에 고려될 수 있음.

11장 조치 결정 및 이행

이 장에서는 학교폭력에 대한 조치 결정 및 이행을 살펴본다. 심의위원 구성 및 운영과 조치 결정을 알아보고 사건의 경중에 따른 이행을 살펴본다.

1. 심의위원회 조치 결정

1) 심의위원회 구성 및 운영

(1) 심의위원회의 지위

심의위원회는 학교폭력의 예방 및 대책에 관련된 사항을 심의하는 교육지원청 내의 법정위원회이다(법률 제12조).

(2) 심의위원회의 심의사항

가) 학교폭력의 예방 및 대책

나) 피해학생의 보호

다) 가해학생에 대한 선도 및 징계

라) 피해 및 가해학생 간의 분쟁조정

마) 그밖에 대통령으로 정하는 사항

학교폭력 예방 및 대책과 관련하여 학교의 장이 건의하는 사항(시행령 제13조 제2항)

(3) 심의위원회의 권한

가) 해당 지역에서 발생한 학교폭력에 대한 조사

나) 자료 제출 및 의견 진술 요청권

① 학교장에게 심의에 필요한 자료 또는 정보의 제출 요구

② 심의를 위해 필요한 경우 해당 학교의 관련 교원에게 의견 진술 요청

③ 심의를 위해 필요한 경우 전문가 등 참고인의 의견 진술 요청

④ 관할 경찰서장에게 관련 자료 요청

(4) 심의위원회의 구성

가) 심의위원회는 위원장 1인을 포함하여 10명 이상 50명 이내의 위원으로 구성하되, 법률에 따라 전체위원의 3분의 1이상을 해당 교육지원청 관할 구역 내 학교(고등학교 포함)에 소속된 학부모로 위촉함(법률 제13조제1항).

※ 소위원회 역시 3분의 1 이상을 학부모로 위촉하되, 심의(소)위원회의 전문성·공정성 강화를 위하여 학부모 위원을 35% 이내로 제한함. 다만, 심의(소)위원회 규모에 따라 불가피한 경우 35% 이내 제한은 적용하지 않을 수 있음.

※ 학교전담경찰관(SPO)를 반드시 심의(소)위원회 위원으로 위촉해야 함.

나) 학교폭력 피해 및 가해학생이 각각 다른 교육지원청 관할 구역 내 학교에 재학 중인 경우에는 교육감의 보고를 거쳐 둘 이상의 교육지원청이 공동으로 심의위원회를 구성할 수 있음(법률 제12조제1항).

(5) 심의위원회 운영

가) 심의위원회 회의의 개의와 의결

심의위원회의 회의는 재적위원 과반수의 출석으로 개의하고, 출석위원 과반수의 찬성으로 의결한다(시행령 제14조제5항).

나) 심의위원회 회의록 작성 및 공개 범위

① 심의위원회는 회의의 일시, 장소, 출석위원, 토의내용 및 의결사항 등이 기록된 회의록을 작성하여야 한다(법률 제13조제3항).

② 심의위원회의 회의는 공개하지 않는다. 다만, 피해 및 가해학생 또는 보호자가 회의록의 열람·복사 등 회의록 공개를 신청한 때에는 학생과 그 가족의 성명, 주민등록번호 및 주소, 위원의 성명 등 개인정보에 관한 사항을 제외하고 공개하여야 한다(법률 제21조제3항).

다) 심의위원회의 자료 요청

심의위원회가 해당 지역에서 발생한 학교폭력에 대하여 학교장 및 관할 경찰서장에게 관련 자료를 요청할 수 있다(법률 제12조제3항).

라) 심의위원회의 전문가 의견 청취

① 심의위원회는 필요하다고 인정할 때에는 학교폭력이 발생한 해당 학교 소속교원이나 학교폭력 예방 및 대책과 관련된 분야의 전문가 등을 출석하게 하거나 서면 등의 방법으로 의견을 들을 수 있다(시행령 제14조제8항).

② 심의위원회는 소아청소년과 의사, 정신건강의학과 의사, 심리학자, 그 밖의 아동심리와 관련된 전문가를 출석하게 하거나 서면 등의 방법으로 의견을 들을 수 있다(법률 제13조제5항).

※ 이때, 심의위원회는 피해학생 또는 그 보호자의 의사를 확인하여 피해학생 또는 그 보호자의 요청이 있는 경우에는 반드시 의견을 청취해야 함(법률 제13조제5항).

(6) 심의방식

가) 대면 심의를 원칙으로 한다. 즉, 피해 및 가해학생 및 보호자가 심의위원회에 직접 출석하여 진술해야 한다. 다만, 피해 및 가해학생 측의 요구가 있거나 도서지역의 경우 등 특별한 여건을 고려할 필요가 있는 경우, 전화, 화상, 서면 등의 심의방식을 활용할 수 있다. 이 경우, 심의의 공정성이 최대한 확보될 수 있도록 주의가 필요함.

나) 대면 심의를 위해 학생들이 심의위원회에 출석하는 경우, 다음과 같은 사항을 주의

① 심의위원회 출석으로 인해 피해 및 가해학생의 학습권 침해를 최소화하도록 하고 기타 부득이한 사유로 학교장의 허가를 받아 결석하는 경우로 보아 출석으로 인정할 수 있음을 학교에 안내함.

② 심의위원회 개최 장소에서 피해 및 가해학생의 불필요한 접촉을 방지하도록 피해 및 가해학생의 대기실을 분리 운영함.

다) 학교폭력 사안 유형에 따라 관련 분야 전문가 및 관련 학교 교원을 출석시켜 의견을 들을 수 있음. 관련 분야 전문가 및 교원 출석에 대한 내용을 심의위원들에게 사전 공지하여 심의 위원들이 이를 활용할 수 있도록 지원함.

① 심의위원회는 다문화학생과 장애학생이 학교폭력 관련학생인 경우, 관련 분야의 전문가를 참석시켜 의견을 들을 수 있음.

② 심의위원회는 성사안과 사이버 폭력 사안의 경우에도 관련 분야의 전문가를 회의에 참석시켜 의견을 들을 수 있음.

③ 심의위원회는 필요하다고 판단하는 경우, 피해 및 가해학생이 재학 중인 학교의 교원(관리자, 책임교사, 담임교사 등)을 출석하게 하여 의견을 들을 수 있음.

라) 그밖에 심의위원회 운영에 관하여 필요한 사항은 교육장이 정한다(시행령 제14조제9항,제14조의2제5항).

(7) 심의 기간

가) 심의위원회는 학교의 요청이 있는 경우, 21일 이내에 개최하는 것을 원칙으로 하되 상황에 따라 7일 이내에서 연장 가능

① 학교의 요청이 있는 경우라 함은 공문으로 심의위원회 개최 요청서가 접수된 시점을 기준으로 함.

② 시험 등 학사일정, 사안조사 과정에서 새로운 증거 발견, 관련학생 및 보호자 의견진술 기회 부여 등 뚜렷한 이유가 있는 경우에 한해 연기 가능함.

③ 사실관계 확인이 어려운 사안의 경우(경찰 수사 진행 중인 사건, 성폭력 사건 등)에는 기한 내에 심의위원회를 개최한 후, 심의위원회에서 조치 결정을 유보하는 의결이 가능함.

(8) 심의위원회 개최 취소 요청

가) 법률 제13조2제1항 각호의 요건을 모두 충족하였으나 피해학생과 그 보호자가 학교장 자체해결에 동의하지 않아 심의위원회 개최가 요청된 경우에는 피해학생과 그 보호자가 심의위원회 개최 이전까지 심의위원회 개최 취소 의사를 서면으로 표명하면 학교장은 심의위원회 개최 요청을 취소할 수 있음

※ 심의위원회 개최 취소 요청 절차: 피해학생 및 그 보호자가 해당 학교에 서면으로 심의위원회 개최 취소 의사 표명 → 학교는 교육지원청에 '심의위원회 개최 취소 요청서'를 첨부하여 보고 → 교육지원청은 공문 접수 후 심의위원회 개최 취소

(9) 비밀누설금지

가) 학교폭력의 예방 및 대책에 관련된 업무를 수행하거나 수행하였던 자는 그 직무로 알게 된 비밀 또는 피해 및 가해학생 및 제20조에 따른 신고자·고발자와 관련된 자료를 누설하여서는 아니 된다(법률 제21조제1항). 이를 위반한 자는 1년 이하의 징역 또는 1천만 원 이하의 벌금에 처한다(법률 제22조).

나) 비밀의 범위(시행령 제33조)

① 학교폭력 피해 및 가해학생 개인 및 가족의 성명, 주민등록번호 및 주소 등 개인정보에 관한 사항

② 학교폭력 피해 및 가해학생에 대한 심의·의결과 관련된 개인별 발언 내용

③ 그밖에 외부로 누설될 경우 분쟁당사자 간에 논란을 일으킬 우려가 있음이 명백한 사항

2) 심의위원회 절차에 따른 학교의 역할

(1) 심의위원회 개최 요청

가) 학교에서 관할 교육지원청으로 공문 발송

① 학교장 자체해결 사안이 아닌 학교폭력은 심의위원회 개최 요청

② 학교폭력 사안조사 보고서와 관련 서류를 구비하여 교육지원청 및 교육청에 공문으로 발송

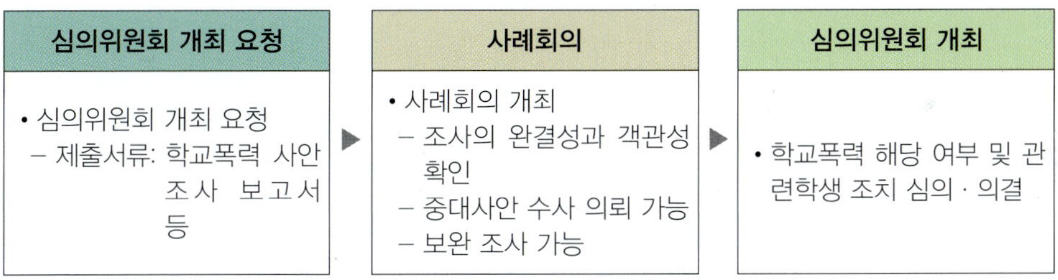

[그림 11-1] 심의위원회 개최 절차

※ 공문 발송 시 보안에 각별히 유의해야 한다.

첨부 서류

- 학교폭력 전담기구 심의결과 보고서
- 학교폭력 사안조사 보고서
- 관련학생 및 목격학생 확인서
- 보호자 확인서
- (피해 및 가해학생) 긴급조치 보고서
- 피해·가해학생 보호자 개인정보
- 학생선수 확인을 위한 관련 서류(학교장 확인서, 선수등록증명서, 학생선수 확인서 중 1가지 이상)
- 기타 심의위원회에 필요한 서류

(2) 사례회의에 따른 보완 조사 협조

학교는 사례회의에서 해당 사건을 수사 의뢰하거나 보완 조사하기로 결정 시 제로센터에 협조할 필요가 있다.

(3) 심의위원회의 요청에 따른 관련 자료 제출 등의 협조

가) 심의위원회는 해당 지역에서 발생한 학교폭력에 대하여 학교장 및 관할 경찰서장에게 관련 자료를 요청할 수 있다(법률 제12조제3항).

나) 심의위원회가 필요하다고 인정할 때에는 학교폭력이 발생한 해당 학교 소속 교원이나 학교폭력 예방 및 대책과 관련된 분야의 전문가 등을 출석하게 하거나 서면 등의 방법으로 의견을 들을 수 있다(시행령 제14조제8항).

(4) 심의위원회의 요청에 따른 관련 교원의 출석

가) 심의위원회는 심의를 위해 필요한 경우, 해당 학교의 관련 교원에게 의견을 들을 수 있으므로 학교는 이에 최대한 협조하여야 한다.

나) 학교의 여건 및 사안의 특성에 따라 출석진술 이외에도 심의위원회의 요청에 따라 서면제출, (영상)통화, 사전면담 등 다양한 방법으로 협조할 수 있다.

3) 조치 결정 이후의 절차

(1) 조치 결정 통보

가) 피해 및 가해 측에게 조치 결정 통보

① 교육장(조치권자)은 심의위원회 조치 결정 후, 피해 및 가해 측에 서면으로 조치 결정을 통보한다.

※ 행정청이 처분을 할 때에는 다른 법령 등에 특별한 규정이 있는 경우를 제외하고는 문서로 하여야 하며, 전자문서로 하는 경우에는 당사자 등의 동의가 있어야 함(행정절차법 제24조제1항).

② 관련학생에게 내려진 조치뿐만 아니라, 조치가 내려진 근거와 이유를 제시해야 한다(행정절차법 제23조제1항).

③ 가해학생이 다수인 경우 가해학생별로 따로 조치 결정을 기재하여 통보한다.

나) 조치 결정이 유보된 경우

사안이 복잡하거나 여러 학교가 관련되어 있어 심의가 어려운 경우, 감염병 전염 및 확산 등으로 관련학생의 진술이 불가능 할 경우 등에는 심의위원회는 조치 결정을 유보하고 추가 조사 등을 한 후 심의위원회를 다시 개최하여 의결할 수 있다. 이때, 조치 결정이 유보된 사실과 유보된 사유를 피해 및 가해 측에게 서면으로 통보한다.

(2) 학교장에 대한 조치 결정 통보

가) 학교장에게 조치 결정 통보

교육장은 조치 결정 후 학교에 공문으로 조치 결정을 통보한다. 이때 학교장은 교육장의 조치 결정에 따른 조치의 이행에 협조하여야 한다(법률 제19조제1항).

나) 학교장의 조치이행 결과 보고

학교장은 가해측이 조치 결정을 통보받은 후 조치이행이 이루어질 수 있도록 한다. 조치를 이행한 후에는 교육(지원)청에 그 결과를 보고한다(법률

제19조제3항). 가해학생이 조치를 통보받은 날로부터 3개월 이내에 미이행할 경우, 학교장은 미이행 학생 명단을 교육장(심의위원회)에게 보고한다(보고 방법은 교육(지원)청 자체 계획에 따름).

2. 피해 및 가해학생 조치

1) 피해학생에 대한 보호조치

(1) 피해학생 보호 조치

피해학생 보호조치의 요청이 있는 때에는 교육장은 피해학생의 보호자의 동의를 받아 7일 이내에 해당 조치를 하여야 한다(법률 제16조제3항).

가) 제1호: 학내외 전문가에 의한 심리상담 및 조언

학교폭력으로 받은 정신적·심리적 충격으로부터 회복할 수 있도록 학교 내·외의 심리상담 전문가로부터 심리상담 및 조언을 받도록 하는 조치이다. 학교 내 상담교사가 없을 시 지역 내 피해학생 전담지원기관, Wee센터, 정신건강복지센터, 청소년상담복지센터, 전문 상담기관 등 외부 기관을 통하여 진행할 수 있다.

나) 제2호: 일시보호

가해학생으로부터 지속적인 폭력이나 보복을 당할 우려가 있는 경우, 일시적으로 보호시설이나 집 또는 학교상담실 등에서 보호를 받을 수 있도록 하는 조치이다.

다) 제3호: 치료 및 치료를 위한 요양

학교폭력으로 인하여 생긴 신체적·정신적 상처의 치유를 위하여 의료기관 등에서 치료를 받도록 하는 조치이다. 피해학생이 보호조치로 집이나 요양

기관에서 신체적·심리적 치료를 받을 때는 치료기간이 명시된 진단서 또는 관련 증빙자료를 첨부하여 학교에 제출하도록 보호자에게 안내할 수 있다. 피해학생 치료비 부담에 대한 구체적인 내용은 아래에 제시하였다.

- 피해학생이 전문단체나 전문가로부터 제1항 제1호부터 제3호까지의 규정에 따른 상담 등에 사용되는 비용은 가해학생의 보호자가 부담하여야 한다. 다만, 피해학생의 신속한 치료를 위하여 학교의 장 또는 피해학생의 보호자가 원하는 경우에는 학교안전공제회 또는 시·도교육청이 부담하고 이에 대한 상환구상권을 행사할 수 있다(법률 제16조제6항).
- 지원 범위(시행령 제18조)

구분		내용	인정기간
1호	학내외 전문가에 의한 심리상담 및 조언	교육감이 정한 전문심리상담기관에서 심리상담 및 조언을 받는 데 드는 비용	2년(보상심사위원회 심의로 1년 범위에서 연장 가능)
2호	일시보호	교육감이 정한 기관에서 일시보호를 받는 데 드는 비용	30일
3호	치료 및 치료를 위한 요양	「의료법」에 따라 개설된 의료기관, 「지역보건법」에 따라 설치된 보건소·보건의료원 및 보건지소, 「농어촌 등 보건의료를 위한 특별조치법」에 따라 설치된 보건진료소, 「약사법」에 따라 등록된 약국 및 같은 법 제91조에 따라 설립된 한국희귀의약품센터에서 치료 및 치료를 위한 요양을 받거나 의약품을 공급받는 데 드는 비용	2년(보상심사위원회 심의로 1년 범위에서 연장 가능)

학교안전사고 예방 및 보상에 관한 법률 시행규칙 제9조의3 (집행 기준 등)

① 법 제53조제2항에 따라 학교폭력 피해학생의 상담 및 치료기간은 2년으로 하고, 일시보호의 기간은 30일로 한다. 다만, 추가적인 치료 등을 위하여 학교폭력 피해학생 및 보호자가 요청하는 경우에는 법 제58조제1항에 따른 학교안전공제보상심사위원회의 심의를 거쳐 1년의 범위에서 상담 및 치료기간을 연장할 수 있다.

② 제1항에 따른 학교폭력 피해학생 및 보호자는 별지 제4호 서식에 따라 치료비 등 청구서를 작성하여 공제회에 제출하여야 한다.
③ 공제회는 학교폭력 피해학생에 대한 치료비 등의 지급을 결정하기 전에 학교장이 별지 제5호 서식에 따라 작성하여 제출한 자료 등을 통하여 사실관계를 확인하여야 하고, 필요한 경우에는 관련 전문가의 자문을 받을 수 있다.
④ 공제회는 학교폭력 피해학생에 대한 치료비 등의 지급을 결정한 때에는 지급하기 전에 학교폭력 가해학생 및 보호자에게 알려야 한다.

라) 제4호: 학급교체

지속적인 학교폭력 상황 및 정신적 상처에서 벗어나도록 하기 위해서 피해학생을 동일 학교 내의 다른 학급으로 소속을 옮겨주는 조치이다. 피해학생 입장에서는 새로운 학급에 적응해야 하는 부담이 있으므로, 조치 결정에 있어 피해학생 및 보호자의 의견을 적극 반영하는 것이 바람직하다.

마) 제5호: 기존 전학권고 조치는 삭제

학교의 장은 학생의 교육환경을 바꾸어 줄 필요가 있다고 인정하는 경우, 다른 학교로 전학을 추천할 수 있다. 단, 초등학교의 경우 보호자 1인의 동의를 얻어야 하며(초·중등교육법 시행령 제21조제6항, 시행령 제73조제6항, 시행령 제89조제5항), 해당 시·도교육청 및 교육지원청별 전·편입학 업무 시행지침에 따른다.

바) 제6호: 그밖에 피해학생의 보호를 위하여 필요한 조치

학교폭력 피해 유형 및 연령 특성 등을 감안하여 필요시 해바라기센터 지정 병원 등 의료기관 연계, 대한법률구조공단과 같은 법률 구조기관, 학교폭력 관련 기관 등에 필요한 협조와 지원 요청 등을 할 수 있다.

(2) 추가적인 보호 지원

가) 출석일 수 산입: 피해학생 보호조치(법률 제16조제1항) 등 보호가 필요한 학생에 대하여 학교의 장이 인정하는 경우 그 조치에 필요한 결석을 출석일 수에 산입할 수 있다(법률 제16조제4항).

※ 학교의 장은 피해학생 보호조치를 위하여 객관적으로 필요하다고 인정되는 범위에서 결석을 출석으로 인정할 수 있음(진단서, 의사 소견서 등 필요).

나) 이외에도 법률 제12조에 따른 심의위원회의 개최 및 동 위원회의 학교폭력 피해학생에 대한 보호조치 요청 이전에, 학교폭력 피해자가 학교폭력으로 인한 피해로 출석하지 못하였음을 학교전담기구의 조사 및 확인을 거쳐 학교의 장이 인정한 경우에는 출석으로 처리한다(「학교생활기록 작성 및 관리지침」)

다) 불이익금지: 보호조치를 받았다는 사실 자체가 성적평가 등에서 불이익으로 작용하지 않도록 해야 하며(법률 제16조제5항), 피해학생이 결석하게 되어 부득이하게 성적평가를 위한 시험에 응하지 못하게 된 경우에도 학교학업성적관리규정에 의거하여 불이익이 없도록 조치해야한다.

라) 피해학생에 대한 보호조치 등으로 인해 피해학생이 결석하게 되는 경우 학교의 장은 학생의 가정학습에 대한 지원 등 교육상 필요한 조치를 마련해 주는 것이 바람직하다.

(3) 전출·진학 시 피해학생 정보 제공

학교폭력 피해학생이 전출·진학 시, 피해학생이 희망하는 경우 당사자의 동의를 얻어 피해학생 보호를 위한 최소한의 정보를 전출교 및 상급학교에 제공한다.

(교육지원청 → 피해학생) 정보 제공 관련 안내	▶	(피해학생 측 → 학교) 정보 제공 동의서 제출 희망	▶	(학교 → 전입교 및 상급학교) 정보 제공 안내
조치 결정통보서 마지막 고정문구로 안내		전출 · 진학 시, 피해학생 또는 보호자가 학교에 직접 요청 – 정보 제공 동의서 〈양식 4–3〉 제출		학교는 피해학생 관련 정보 카드 [양식 4–4]를 작성하여 전입교 및 상급학교에 공문 발송

[그림 11-2] **피해학생 정보 제공 절차**

(4) 장애학생의 보호

가) 누구든지 장애 등을 이유로 장애학생에게 학교폭력을 행사하여서는 아니 된다(법률 제16조의2). 따라서 장애관련 비하발언, 장애로 인한 개인의 정신적·신체적 불편함을 의도적으로 자극하거나 공격하는 행위 등을 하여서는 안 된다. 하지만 장애학생의 경우에도 사안처리 과정은 일반학생과 동일하다.

나) 학교폭력예방법에서는 장애학생에 대하여 "신체적·정신적·지적장애 등으로 「장애인 등에 대한 특수교육법」제15조에서 규정하는 특수교육을 필요로 하는 학생"으로 정하고 있다. 그러나 특수교육을 받지 않는 학생이라 하더라도 이러한 장애가 다소 있는 학생의 경우는 입법 취지를 고려하여 보다 세심한 주의를 기울여야 할 대상이라는 점을 유의한다.

다) 장애학생이 피·가해학생인 경우, 장애로 인한 피해를 방지하기 위하여 전담기구의 사안조사 및 심의위원회 심의 시 특수교육전문가(위원및참고인)를 참여시켜 장애학생의 의견진술 기회 확보 및 진술을 조력할 수 있다.

라) 심의위원회는 학교폭력으로 피해를 입은 장애학생의 보호를 위하여 특수교육 및 장애인전문상담 또는 장애전문 치료기관의 요양 조치를 학교의 장에게 요청할 수 있다.

(5) 다문화·탈북학생의 보호 및 지원

가) 다문화학생(중도입국·외국인학생 등)과 탈북학생의 경우에도 기본적인 사

안처리는 일반학생과 동일하다. 그러나 다문화학생(중도입국·외국인 학생 등)과 탈북학생은 문화적·언어적 차이로 인해 사안처리 과정에서 세심한 주의가 필요한 대상이라는 점을 유의한다.

나) 초기대응, 사안조사 등 사안처리 과정에서 한국어 능력이 부족하여 의사소통에 어려움이 있는 다문화학생(중도입국·외국인 학생 등), 제3국 출생 탈북학생의 경우 명확한 상황 전달과 자기표현을 위해 통역의 활용 또는 관련 담당교사를 참여시켜 충분한 통번역이 이루어지도록 한다.

다) 피해학생 또는 가해학생이 다문화학생(중도입국·외국인 학생 등), 탈북학생인 경우 전담기구 및 심의위원회에 전문가(예비학교담당자, 탈북교육담당자 등)를 참여시켜 다문화학생(중도입국·외국인 학생 등)과 탈북학생의 문화적 특성 등에 대한 의견을 참고하도록 한다.

라) 피해학생이 다문화학생(중도입국·외국인 학생 등) 또는 탈북학생이고, 가해학생이 일반학생인 경우 법률 제17조제1항제5호 및 제3항에 의한 특별교육 이수 조치를 할 때에는 다문화 또는 탈북학생에 대한 이해 및 인식개선이 가능한 내용을 포함한 특별교육 프로그램을 이수하도록 하는 것이 바람직하다.

2) 가해학생에 대한 조치

(1) 가해학생 교육·선도 조치

가) 가해학생 조치 이행 시 특별한 경우(방학기간 중, 자율학습, 졸업예정 등)를 제외하고는 학기 중에 이행할 수 있도록 하는 것이 바람직하다.

① 심의위원회가 제1호, 제2호, 제3호 조치를 결정할 때에는 조치이행 기한을 명시하여야 한다.

※ 조치이행 기간 내 조치를 이행할 수 없는 객관적 사유(병원 입원, 소년원 입소 등)가 있는 경우에는 학교장은 교육장에게 조치이행 기간 변경을 요청할 수 있음.

② 법률 제17조제1항제3호, 제4호, 제5호 조치 및 제17조제3항의 부가조치는 시간 단위로 결정한다.

③ 법률 제17조제1항제3호부터 제5호까지의 규정에 따른 조치를 받은 경우 이와 관련된 결석은 학교의 장이 인정하는 때에는 이를 출석일수에 포함하여 계산할 수 있다(법률 제17조제12항).

나) 학교폭력 사안이 신고된 때부터 법 제17조에 따른 조치 이행이 완료될 때까지 원칙적으로 가해학생의 신청에 의한 학적 변동은 제한함. 다만, 가해학생에게 법 제17조제1항제8호(전학)에 따른 조치와 함께 수 개의 조치가 동시에 부과된 경우 교육장은 위 제8호(전학)의 조치를 우선적으로 시행할 수 있음.

다) 제1호: 피해학생에 대한 서면사과

가해학생이 피해학생에게 서면으로 그동안의 폭력행위에 대하여 사과하는 조치이다.

라) 제2호: 피해학생 및 신고·고발 학생에 대한 접촉, 협박 및 보복행위의 금지

피해학생이나 신고·고발학생에 대한 가해학생의 접근을 막아 더 이상의 폭력이나 보복을 막기 위한 조치이다. 접촉 등 금지의 범위는 아래와 같다.

- 시간적 범위: 심의위원회에서 제2호 '접촉 등 금지' 조치를 결정할 경우 그 기간을 정하는 것이 바람직하다. 만일, 기간을 정하지 않은 경우 해당 학교급의 졸업시점까지 '접촉 등 금지'가 유효하다.
- '접촉'의 범위: 접촉 금지는 조치를 받은 학생이 의도적으로 피해학생에게 접촉하는 것을 금지하는 것으로, 교육활동 및 일상생활 가운데 이루어지는 의도하지 않은 접촉에 대해서 모두 금지하는 것은 아니다. 다만, 무의도성을 이유로 빈번하게 접촉이 이루어지거나, 무의도성을 가장해 피해학생에게 접촉할 경우, 법률 제17조제11항에 따라 다른 조치를 추가할 수 있다.

마) 제3호: 학교에서의 봉사

교내에서 봉사활동을 통해 자신의 행동을 반성하는 기회를 주기 위한 조치이다. 학교에서의 봉사는 다음과 같다.

- 단순한 훈육적 차원이 아니라, 봉사의 진정한 의미를 알고 학생 스스로 잘못을 깨달을 수 있는 봉사 방법을 선정하여 선도적·교육적 차원에서의 봉사활동을 실시한다.
- 가해학생에게 학교 내의 화단 정리, 교실의 교구 정리, 화장실 청소, 장애학생의 등교 도우미 지도 등을 실시할 수 있다.
- 지도교사를 다양하게 구성할 수 있다.
- 학교에서의 봉사 조치를 부과할 경우 봉사 시간을 명확하게 제시하는 것이 필요하다.

바) 제4호: 사회봉사

학교 밖 행정 및 공공기관 등 관련기관에서 사회구성원으로서의 책임감을 느끼고, 봉사를 통해 반성하는 시간을 마련하기 위한 조치이다. 사회봉사는 다음과 같다.

- 사회봉사는 지역 행정기관에서의 봉사(환경미화, 교통안내, 거리질서유지 등), 공공기관에서의 봉사(우편물 분류, 도서관 업무보조 등), 사회복지기관(노인정, 사회복지관 등)에서의 봉사 등의 형태로 진행될 수 있다.
- 학교에서는 사회봉사를 실시하는 기관과 업무 협조를 긴밀히 하고, 각종 확인 자료와 담당자 간의 통신을 통하여 사회봉사가 실질적으로 이루어질 수 있도록 한다.

사) 제5호: 학내외 전문가, 교육감이 정한 기관에 의한 특별교육이수 또는 심리치료

가해학생이 봉사활동 등을 통하여 스스로의 행동을 반성하는 것이 어려워 보이는 경우에 전문가의 도움을 받아 폭력에 대한 인식을 개선하고 스스로의 행동을 반성하게 하는 조치이다. 특별교육이수 또는 심리치료는 다음과 같다.

- 학내외 전문가, 교육감이 정한 기관에서 특별교육을 이수하거나 심리치료를 받아야 하며, 그 기간은 심의위원회에서 정한다.
- 가해학생이 담임교사 및 생활교육 담당교사 등과 나누기 어려운 이야기를 상담 전문가와 나눔으로써 자신의 폭력적인 행동의 원인을 생각해 보고 행동을 개선할 의지가 있는 경우에 교육적 의미를 지닌다.

아) 제6호: 출석정지

가해학생을 수업에 출석하지 못하게 함으로써 일시적으로 피해학생과 격리시켜 피해학생을 보호하고, 가해학생에게는 반성의 기회를 주기 위한 조치이다. 가해학생에 대한 출석정지 기간은 출석 일수에 산입하지 않는다.

※ 학교장은 출석정지 기간 동안 가해학생에게 적절한 지도가 이루어질 수 있도록 필요한 교육 방법을 마련하는 것이 필요함.

※ 법률 제17조제1항제6호에 따른 출석정지는 미인정 결석으로 처리한다(학교생활기록부 기재요령 참고).

자) 제7호: 학급교체

가해학생을 피해학생으로부터 격리하기 위하여 같은 학교 내의 다른 학급으로 옮기는 조치이다.

차) 제8호: 전학

가해학생을 피해학생으로부터 격리시키고 피해학생에 대해 더 이상의 폭력

행위를 하지 못하도록 하기 위하여 다른 학교로 소속을 옮기도록 하는 조치이다. 가해학생이 다른 학교로 전학을 간 이후에는 전학 전의 피해학생 소속 학교로 다시 전학 올 수 없도록 하여야 한다. 전학 처분 시 교육감 또는 교육장은 전학 조치된 가해학생과 피해학생이 상급학교에 진학할 때에는 각각 다른 학교를 배정하여야 한다. 이 경우 피해학생이 입학할 학교를 우선적으로 배정한다(시행령 제20조제4항).

카) 제9호: 퇴학처분

피해학생을 보호하고 가해학생을 선도·교육할 수 없다고 인정될 때 취하는 조치이다. 다만 의무교육과정에 있는 가해학생에 대하여는 적용하지 아니한다. 퇴학 처분 시 학교의 장의 조치사항은 다음과 같다.

- 교육감은 퇴학처분을 받은 학생에 대하여 해당 학생의 선도의 정도, 교육 가능성 등을 종합적으로 고려하여 「초·중등교육법」 제60조의3에 따른 대안학교로의 입학 등 해당 학생의 건전한 성장에 적합한 대책을 마련하여야 한다(시행령 제23조제1항).
- 가해학생에 대한 조치 및 재입학 등에 필요한 세부 사항은 교육감이 정한다(시행령 제23조제2항)

(2) 교육장의 조치 결정에 대한 이행강제

가해학생이 법률 제17조제1항제2호부터 제9호까지의 처분에 따른 조치를 거부하거나 기피하는 경우 심의위원회는 추가로 다른 조치를 할 것을 교육장에게 요청할 수 있다(법률 제17조제15항).

가) 조치시일 및 이수 기간

① 교육장은 심의위원회의 조치 후 14일 이내 가해학생 및 그 보호자에게

해당 조치를 서면으로 통보한다.

② 학교장은 가해학생이 해당 조치를 이행할 수 있도록 협조하여야 한다.

심의위원회 조치 후	➡ 14일 이내	교육장 → 가해학생 및 그 보호자	학교장 → 가해학생
		조치를 서면으로 통보	해당 조치를 이행하도록 독려

나) 조치 미이행

① 가해학생이 조치를 통보받은 날로부터 3개월 내에 미이행 할 경우, 학교장은 미이행 학생 명단을 교육장(심의위원회)에게 보고한다(보고 방법은 교육(지원)청 자체 계획에 따름).

② (제2호 조치 위반의 경우) 학교장은 새로운 학교폭력 사안으로 접수하여 사안 처리

③ (제3호~제9호 조치 미이행의 경우) 교육장(심의위원회)은 학교장의 보고를 받은 21일 이내에 해당 가해학생 및 그 보호자에게 조치를 1개월 이내에 이행할 것과 미이행 시 거부·기피에 따른 추가 조치가 있을 수 있음을 서면으로 안내한다.

(보고) 학교장 → 교육장(심의위원회)	➡ 21일 이내	(안내) 교육장(심의위원회) → 가해학생 및 그 보호자
• 미이행 가해학생 명단 보고		• 1개월 이내 이행 서면 안내

3) 가해학생 및 보호자 특별교육

(1) 가해학생 특별교육

가해학생 특별교육은 '조치로서의 특별교육'(법률 제17조제1항제5호)과 '부가된 특별교육'(법률 제17조제3항) 두 가지로 구분된다. 법률 제17제1항제2호부터 제4호까지 및 제6호부터 제8호까지의 처분을 받은 가해학생은 교육감이 정한 기관(대안교육기관을 포함한다)에서 특별교육을 이수하거나 심리치료를 받아야 하며, 그

기간은 심의위원회에서 정한다(법률 제17조제3항). 이때 심의위원회는 학교폭력 재발여부를 고려하여 그 기간을 늘릴 수 있다.

※ 조치로서의 특별교육은 학교생활기록부 기재 대상이지만, 부가된 특별교육의 경우 기재 대상이 아님.

(2) 가해학생 보호자 특별교육

교육장은 학교폭력대책심의위원회에서 가해학생에게 '조치로서의 특별교육'(법률 제17조제1항제5호) 또는 '부가된 특별교육'(법률 제17조제3항) 내린 경우 가해학생의 보호자에게도 특별교육을 이수하도록 서면으로 통보하여야 한다(법률 제17조제9항). 피해학생이 장애학생일 경우 장애인식개선 교육내용을 포함하여야 한다(법률 제17조제13항). 보호자가 특별교육에 불응한 경우, 교육감은 법률에 의하여 300만 원의 과태료가 부과됨을 안내하고, 특별교육을 이수할 것을 재통보하여야 하며, 이를 불응한 경우 법률에 의거하여 과태료를 부과·징수하여야한다(법률 제23조, 시행령 제35조). 조치시일 및 이수 기간에 대해서 교육장은 심의위원회의 조치 후 14일 이내 해당 보호자에게 특별교육 실시를 서면으로 통보하고 학교장은 보호자가 3개월 이내에 특별교육을 이수할 수 있도록 시간과 장소를 안내한다. 가해학생 보호자 특별교육 안내는 [그림 11-3]과 같다.

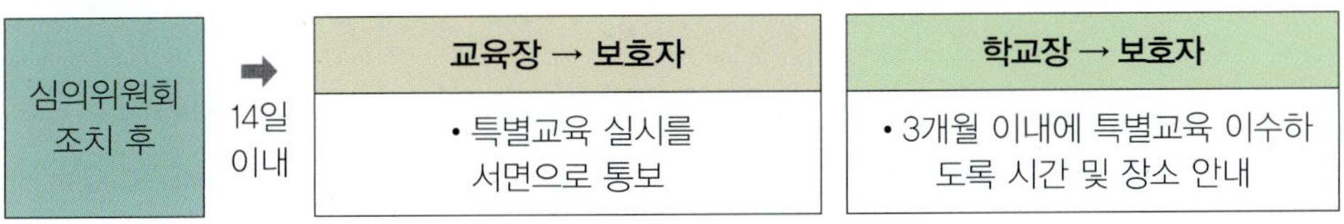

[그림 11-3] 가해학생 보호자 특별교육 안내도

보호자가 통보를 받은 날로부터 3개월이 되는 날까지 특별교육에 불응할 경우, 학교장은 3개월의 다음 날 동 보호자 명단을 시·도교육감에게 통보한다. 시·도교육감은 학교장의 통보를 받은 14일 이내에 동 보호자에게 특별교육을 1개월 이내에 이수할 것과 미이수 시 과태료가 부과됨을 함께 서면으로 안내한다. 가해학생 보호자 특별교육 미이수 시 조치는 [그림 11-4]와 같다.

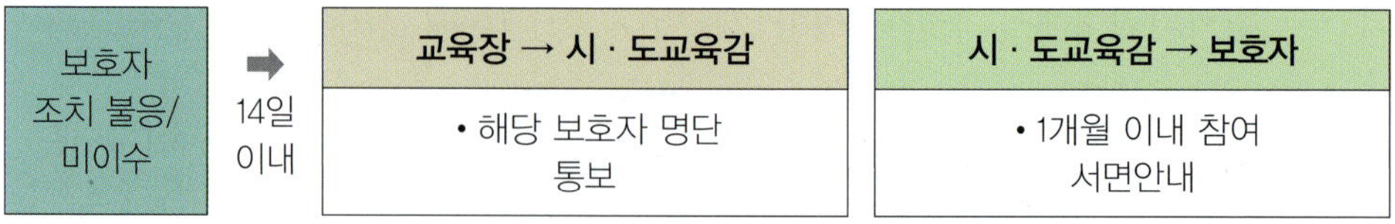

[그림 11-4] 가해학생 보호자 특별교육 미이수 시 조치

참고로 가해학생 보호자 특별교육 미이수 시 과태료 부과에 관한 사항은 아래와 같다.

- 시·도교육감으로부터 특별교육 통보를 받은 보호자가 1개월이 되는 날까지 특별교육에 불응할 경우
  - 시·도교육감은 1개월이 되는 다음날 보호자에게 「학교폭력예방법」 제23조제2항에 따른 과태료 부과 예고 통보
- 보호자는 과태료 부과 예고 통보를 받은 날로부터 14일 이내에 특별교육을 이수하고 이수증을 제출하거나 특별교육에 불응한 타당한 이유를 시·도교육감에게 제출
  - 시·도교육감은 특별교육 이수증을 제출한 보호자에게는 과태료를 부과하지 않음.
  - 의견을 제출한 보호자에 대해서 그 타당성 여부를 검토하여 과태료 부과 여부를 재결정함

  ※ 보호자 과태료 부과 여부와 무관하게 특별교육 이수 의무는 유지됨.
- 보호자가 14일 이내에 이수증 또는 의견을 제출하지 않을 경우 시·도교육감은 과태료부과 및 징수절차 개시
  - 과태료가 부과된 이후에 이의가 있는 보호자는 30일 이내에 교육청에 이의제기 가능
  - 보호자가 이의를 제기한 때에 교육청은 그 사실을 관할 법원에 통보(관할 법원은 「비송사건절차법」에 따라 과태료 재판진행)
  - 보호자가 이의를 제기하지 않고 과태료를 납부하지 아니한 경우에는 「질서위반행위규제법」에 따라 징수

가해학생 보호자(학부모) 특별교육 운영은 다음과 같다.

- 운영 원칙
  - 기관 특성·폭력사안의 유형 등을 고려하여 다양한 교육프로그램 마련을 통해 가해 유형별 사례 관리 및 추수 관리
  ※ Wee센터, Wee클래스에서 원적교와 협력하여 상담의 효과성 제고
  - 보호자들의 특별교육 참가율 제고를 위하여 주말, 야간교육 개설 권장
  ※ 대면교육 연수를 원칙으로 하되 예외적으로 시·도교육청이 인정하는 범위(보호자 타 시·도 거주 등)에서 온라인 원격연수 방식의 보호자 특별교육 이수 가능
  - 자녀의 심리상태 이해 등을 위해 보호자 특별교육의 개인상담시 학생과 함께 또는 별도 실시 가능
  - 개인 상담 실시: 특별교육에 일정 시간 부과 및 필요시 추가 가능
  ※ Wee센터, Wee클래스에서 실시하되, 필요한 경우 위탁 가능
- 교육 내용
  - 학교폭력 전반적 이해를 통한 예방 및 대처 방안
  - 바람직한 학부모상 등 자녀 이해 교육
  - 가해학생의 심리 이해 및 학교·학부모간의 공동 대처 방안 협의
- 가해학생 학부모 특별교육 이수시간 부과 기준

교육 대상 처분	이수시간	교육 운영	비고
보복행위 금지, 학교 봉사	4시간 이내	교육감 지정기관 프로그램 및 개인상담 이수	보호자 · 학생 공동교육 가능
사회봉사, 특별교육, 출석정지, 학급교체, 전학	5시간 이상		

- 특별교육 기관 선정
  - 교육청은 전국 시·도학부모지원센터(교육부·평생교육진흥원), 위(Wee)센터, 청소년꿈키움센터(법무부), 청소년상담복지센터(여가부), 평생교육

센터(지자체) 등 부처 산하기관, 대안교육기관, 학교폭력 관련 기관 및 시민단체(푸른나무재단, 평화여성회 등) 등의 다양한 프로그램을 검토하여 특별교육 이수기관을 선정하고 학부모에게 안내

3. 가해학생에 대한 조치사항 학교생활기록부 기재방법

1) 기재 및 기재유보

(1) 학교생활기록부 학교폭력 조치사항 기재

학교폭력 가해학생에 대한 조치사항의 경우 학교에서 조치 결정 통보 공문을 접수한 즉시 학교생활기록부에 기재하며, 구체적인 작성·관리에 관한 사항은 「학교생활기록 작성 및 관리지침」을 따른다. 가해학생 조치사항에 대한 행정심판 및 소송이 청구된 경우에도 기재된 조치사항을 삭제하지 아니하고, 향후 조치가 변경되거나 취소될 경우 이를 수정하며 조치 결정 일자는 변경하지 않는다.

(2) 학교폭력 조치사항 기록 시 유의 사항

가) 학교폭력 관련 피해학생 조치사항은 입력하지 않는다.

나) 학적변동(전출, 자퇴 등)의 경우 학교폭력 조치사항을 입력한 후 학적 처리한다.

다) 심의위원회가 가해학생 조치를 병과한 경우 병과된 조치사항 모두 학교생활기록부의 해당영역에 입력한다.

라) 학교폭력 가해학생에 대한 학교장의 긴급조치에 대해 학교폭력대책심의위원회가 추인한 경우 심의위원회의 조치가 되므로 학교생활기록부에 조치사항을 입력한다.

※ 제17조제4항의 긴급조치(접촉, 협박 및 보복행위의 금지)는 심의위원회의 추인 사항이 아니므로 학교생활기록부에 조치 사항을 입력하지 않음.

※ 학교생활기록부에 입력하는 긴급조치 범위: 제1호(서면사과), 제3호(학교에서의 봉사), 제5호(학내외전문가, 교육감이 정한 기관에 의한 특별교육 이수 또는 심리치료), 제6호(출석정지), 제7호(학급교체)

마) 법률 제17조제3항에 따라 가해학생이 교육감이 정한 기관에서 특별교육을 이수하거나 심리치료를 받은 사실은 기재하지 않는다.

바) 조치 결정일자는 심의위원회의 조치 요청에 대해 교육장이 조치를 결정한 날(교육지원청내부결재일)을 의미한다.

※ 행정심판·소송이 청구된 경우에는 조치사항을 먼저 입력하고, 향후 조치가 변경될 경우 결정일자는 변경하지 않고 조치사항만 수정함(학업중단자 포함).

사) 기재 유보된 조치와 새롭게 추가된 조치를 받은 학년도가 각각 다른 경우, 모든 조치 사항을 추가 조치된 학년도의 학교생활기록부에 병기하여 기재하되 조치 결정된 일자는 각각 입력한다.

아) 학적이 정지된 자(유예생)가 조치를 받은 경우에는 당해학년도의 경우 학적반영 취소 후 학교폭력 조치사항을 입력하고, 이전학년의 경우 정정대장을 통해 기록한다. 학적이 정지된 자가 복교할 당시 중복기간 동안 해당 학년에 학교폭력 가해학생에 대한 조치사항이 입력되어 있는 경우, 학교폭력 가해조치 사항이 입력된 내용은 유지한다.

※ 기타 세부적인 내용은 교육부에서 발간하는 해당 학년도의 학교생활기록부 기재요령을 참고함.

자) 학교생활기록부 내 3개 항목(행동특성 및 종합의견, 출결상황 특기사항, 인적·학적사항 특기사항)에 조치별로 분산 기재하던 방식을 개선하여 '학교폭력 조치상황 관리'란에 일원화하여 기록한다.

※ 일원화 적용 시기 및 적용 학년
1. 2024년 3월 1일: 초등학교 1학년, 중학교 1학년 및 고등학교 1학년
2. 2025년 3월 1일: 초등학교 1~2학년, 중학교 1~2학년 및 고등학교 1~2학년
3. 2026년 3월 1일: 초등학교 1~3학년, 중학교 및 고등학교 전체 학년
4. 2027년 3월 1일: 초등학교 1~4학년, 중학교 및 고등학교 전체 학년
5. 2028년 3월 1일: 초등학교 1~5학년, 중학교 및 고등학교 전체 학년
6. 2029년 3월 1일: 초등학교, 중학교 및 고등학교 전체 학년
※ 연도별로 적용되지 않는 대상자는 종전의 규정에 따른다.

차) 학교폭력 전담기구에서는 학교폭력 가해학생 조치사항 관리대장을 관리한다. 해당 학생이 학적 변동 시에는 학교폭력 가해학생 조치사항 관리 대장은 전입한 학교에서 관리·보유한다. 이에, 학적 변동 시 전출교에서는 전입교에 학교폭력 가해학생 조치사항 관리대장을 송부하여야 한다.

※ 학교폭력 가해학생 조건부 기재유보 관리대장의 관리·보유도 동일하게 적용함.

(3) 학교폭력 가해학생 조치(제1호·제2호·제3호) 조건부 기재유보

가) 법률 제17조제1항제1호부터 제3호까지에 따른 조치사항에 관한 내용을 적어야 하는 경우는 다음 각 호의 어느 하나에 해당하는 경우로 한정한다.

① 해당 학생이 법률 제17조제1항제1호부터 제3호까지에 따른 조치사항을 이행하지 않은 경우

② 해당 학생이 법률 제17조제1항제1호부터 제3호까지에 따른 조치를 받은 후 동일 학교급에 재학하는 동안(초등학생인 경우에는 그 조치를 받은 날부터 3년 이내의 범위에서 동일 학교급에 재학하는 동안) 다른 학교폭력사건으로 같은 조 제1항의 조치를 받은 경우로, 그 다른 학교폭력사건으로 받은 법률 제17조제1항제1호부터 제3호까지에 따른 조치사항에 관

한 내용도 함께 적어야 한다.

나) 심의위원회가 정한 이행 기한 내에 조치사항을 이행하지 않으면 조치사항을 기재하고 이후 조치사항을 이행하여도 기재내용은 유지된다.

다) 학교폭력 가해학생이 법률 제17조제1항제1호부터 제3호까지의 조치를 받고, 이행 기간 만료 이전에 집행정지(효력정지) 인용결정을 받고 조치를 미이행했을 경우, 집행정지 기간 동안 조치 이행 의무가 정지된 점을 고려하여 학교생활기록부 기재를 보류한다.

※ 다만, 본안에 대한 심리결과 청구가 기각된 경우 법률 제17조제1항제1호부터 제3호 조치를 집행정지(효력정지) 결정 당시 남은 이행 기간 내에 조치를 이행했는지 여부에 따라, 동 조치사항에 대한 학교생활기록부의 기재 여부를 결정한다.

라) 「초·중등교육법 시행규칙」 제21조제2항에 따른 기재유보 사항은 학교폭력 가해학생 조치(제1호, 제2호, 제3호) 조건부 기재유보 관리대장에 기재하고 학적변동 시 소속 학교에서 관리·보유한다. 전출 시 전출교에서는 전입교에 기재유보된 사항을 통보한다.

2) 기재 내용 삭제

(1) 학교생활기록부 학교폭력 조치사항 삭제

가) 제1호~제3호의 조치는 졸업과 동시에, 제4호~제7호의 조치는 졸업하기 직전에 전담기구에서 심의를 거쳐 졸업과 동시에 삭제 가능하며 이때 해당 학생의 반성 정도와 긍정적 행동변화 정도 등을 고려해야 한다. 제8호 조치는 졸업일로부터 4년 후에 삭제한다.

- 2023. 2. 28. 이전 신고된 학교폭력 사안
  - 제6호(출석정지) 조치를 받은 경우, 졸업일로부터 2년 후 삭제. 단, 졸업 직전 학교폭력 전담기구 심의를 거쳐 졸업과 동시 삭제 가능
  - 제7호(학급교체) 조치를 받은 경우, 졸업과 동시 삭제
  - 제8호(전학) 조치를 받은 경우, 졸업일로부터 2년 후 삭제. 단, 졸업 직전 학교폭력 전담기구 심의를 거쳐 졸업과 동시 삭제 가능
- 2023. 3. 1.부터 2024. 2. 29까지 신고된 학교폭력 사안
  - 제6호(출석정지) 조치를 받은 경우, 졸업일로부터 2년 후 삭제. 단, 졸업 직전 학교폭력 전담기구 심의를 거쳐 졸업과 동시 삭제 가능
  - 제7호(학급교체) 조치를 받은 경우 졸업일로부터 2년 후 삭제. 단, 졸업 직전 학교폭력 전담기구 심의를 거쳐 졸업과 동시 삭제 가능
  - 제8호(전학) 조치를 받은 경우, 졸업일로부터 2년 후 삭제
- 2024. 3. 1. 이후 신고된 학교폭력 사안
  - 제6호(출석정지) 조치를 받은 경우, 졸업일로부터 4년 후 삭제. 단, 졸업 직전 학교폭력 전담기구 심의를 거쳐 졸업과 동시 삭제 가능
  - 제7호(학급교체) 조치를 받은 경우 졸업일로부터 4년 후 삭제. 단, 졸업 직전 학교폭력 전담기구 심의를 거쳐 졸업과 동시 삭제 가능
  - 제8호(전학) 조치를 받은 경우, 졸업일로부터 4년 후 삭제

나) 학교폭력대책심의위원회에서 결정된 가해학생 조치사항에 대한 학교생활기록부 기록 및 삭제는 표와 같다. 구체적인 관리방법은 「학교생활기록 작성 및 관리지침」을 따른다.

〈표 11-1〉 학교생활기록 작성 및 관리지침

<table>
<tr><th rowspan="2">학생부
영역</th><th rowspan="2">가해학생
조치사항</th><th colspan="3">삭제 시기(신고일 기준)</th></tr>
<tr><th>2024. 3. 1 이후</th><th>2023. 3. 1
~2024. 4. 29</th><th>2023. 2. 28 이전</th></tr>
<tr><td>행동특성 및
종합의견</td><td>제1·2·3호</td><td>졸업과 동시</td><td>졸업과 동시</td><td>졸업과 동시</td></tr>
<tr><td rowspan="3">출결상황
특기사항</td><td>제4호</td><td rowspan="2">졸업일로부터 2년 후
※ 졸업 직전 심의를 통해 졸업과 동시 삭제 가능</td><td rowspan="3">졸업일로부터 2년 후
※ 졸업 직전 심의를 통해 졸업과 동시 삭제 가능</td><td rowspan="3">졸업일로부터 2년 후
※ 졸업 직전 심의를 통해 졸업과 동시 삭제 가능</td></tr>
<tr><td>제5호</td></tr>
<tr><td>제6호</td><td>졸업일로부터 4년 후
※ 졸업 직전 심의를 통해 졸업과 동시 삭제 가능</td></tr>
<tr><td>행동특성 및
종합의견</td><td>제7호</td><td>졸업일로부터 4년 후
※ 졸업 직전 심의를 통해 졸업과 동시 삭제 가능</td><td>졸업일로부터 2년 후
※ 졸업 직전 심의를 통해 졸업과 동시 삭제 가능</td><td>졸업과 동시</td></tr>
<tr><td rowspan="2">인적 · 학적
사항
특기사항</td><td>제8호</td><td>졸업일로부터 4년 후</td><td>졸업일로부터 4년 후</td><td>졸업일로부터 2년 후
※ 졸업 직전 심의를 통해 졸업과 동시 삭제 가능</td></tr>
<tr><td>제9호</td><td>삭제 대상 아님</td><td>삭제 대상 아님</td><td>삭제 대상 아님</td></tr>
</table>

* 학업중단자는 해당학생이 학적을 유지하였을 경우를 가정하여 삭제시기 결정(신고시기에 따라 삭제하되 전담기구 심의를 통한 삭제 불가능)

(2) 학교생활기록부 학교폭력 조치사항 삭제 시 유의 사항

가) [제1호·제2호·제3호]

학교생활기록부에 기재된 가해학생 조치 제1호·제2호·제3호의 관련 내용은 해당 학생의 졸업과 동시에 삭제한다.

※ 졸업식 이후부터 2월말(교육정보시스템졸업생 학적반영 이전) 사이에 삭제하되, 학교폭력과 관련되어 기재된 '긍정적인 행동변화와 관련된 기재사항'도 같이 삭제함.

나) [제4호·제5호·제6호·제7호]

학교생활기록부에 기재된 가해학생 조치인 제4호·제5호는 해당학생 졸업일로부터 2년 후, 제6호·제7호는 해당학생 졸업일로부터 4년 후에 삭제하는 것을 원칙으로 하되, 심의 대상자 조건을 만족할 경우 해당 학생의 반성 정도와 긍정적 행동변화 정도를 고려하여 졸업 직전 전담기구 심의를 거쳐 졸업과 동시에 삭제 가능하다. 심의요건대상자는 다음과 같다.

- 다른 사안으로 가해학생 조치(제1호·제2호·제3호 포함)를 받은 사실이 없을 것
- 학교폭력 조치 결정일로부터 졸업학년도 2월 말일까지 6개월이 경과된 경우

학교폭력 전담기구 심의에서 삭제가 확정된 대상자 명단을 학업성적관리위원회에 통보한다.

다) [제8호]

학교생활기록부에 기재된 가해학생 조치인 제8호는 해당학생 졸업일로부터 4년 후에 삭제한다.

4. 조치에 대한 불복절차

1) 행정심판의 개념

(1) 행정심판의 개념

행정심판이란 행정청의 위법·부당한 처분이나 부작위로 권리 또는 이익을 침해받은 국민이 이를 회복하기 위하여 행정기관에 제기하는 권리구제제도이다.

(2) 행정심판의 대상

피해학생 또는 그 보호자, 가해학생 또는 그 보호자는 교육장의 조치(법률 제16조제1항 각호 및 제17조제1항 각호)에 대하여 행정심판을 제기할 수 있다. 가해

학생 또는 그 보호자는 교육장의 조치(법률 제17조제1항 각호)에 대하여 행정심판을 청구할 수 있다. 행정청인 교육장의 처분에 대한 불복절차이므로 학교의 설립형태(국·공립 및 사립)에 관계없이 행정심판을 청구할 수 있다.

(3) 행정심판 청구기간

교육장의 조치에 대하여는 처분이 있음을 알게 된 날부터 90일 이내, 처분이 있었던 날부터 180일 이내에 행정심판을 청구할 수 있다. 이 두 기간 중 어느 하나라도 초과하면 행정심판청구를 할 수 없다. 무효 확인심판은 청구기간이 없으나 무효는 처분의 위법성이 중대하고 명백한 경우에만 인정된다.

'처분이 있음을 알게 된 날'이란 교육장의 조치가 있음을 '현실적으로 안 날'을 의미한다. 교육장 명의의 조치 결정 통보서가 송달되기 전에는 학생 또는 보호자가 그 내용을 어떠한 경로를 통하여 미리 알게 되어도 청구기간이 진행되지 않는다. 학생 또는 보호자가 합리적인 이유 없이 조치 결정 통보서의 수령을 거절하거나 일단 수령하였다가 반환한 경우에는 그때부터 청구기간이 진행된다.

'처분이 있었던 날'이란 교육장 명의의 조치 결정 통보서가 '당사자에게 도달하여 해당 조치가 성립 한 날'을 의미한다.

(4) 행정심판 기관

행정심판은 해당 교육청 행정심판위원회에 청구한다.

(5) 행정심판의 절차

행정심판 절차는 심판청구서, 집행정지 신청서 등을 청구인 또는 대리인이 온라인으로 제출하거나 위원회에 직접 제출하면 된다. 온라인 행정심판은 처분청의 업무환경이 뒷받침되는 사건에 대하여 시행하고 있으며, 범위를 지속적으로 확대할 계획으로 있다. 온라인으로 행정심판을 청구하기 위해서는 허브포털 웹사이트에 회원으로 가입하여야 된다.

행정심판청구서는 중앙행정심판위원회(http://www.simpan.go.kr)사이트의 행정심판 관련서식란에서 다운받아 작성하거나 처분청이나 위원회의 민원실에서 교부받아 작성하면 된다. 작성된 행정심판청구서는 1부를 복사하여 처분청이나 위원회로 방문 또는 우편으로 제출하면 된다.

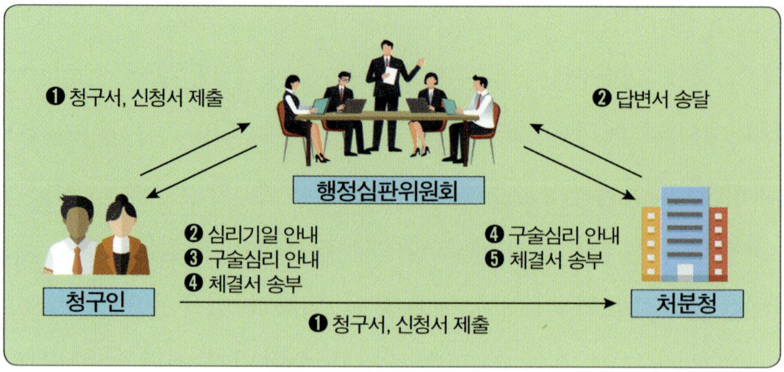

[그림 11-5] **행정심판 절차**

(6) 집행정지

가) 행정심판의 청구는 처분의 효력이나 그 집행 또는 절차의 속행에 영향을 주지 아니하므로, 처분의 효력, 처분의 집행 또는 절차의 속행을 정지하려면 행정심판위원회의 집행정지 결정이 있어야 한다.

나) 행정심판위원회 및 법원이 제17조제1항에 따른 조치에 대하여 「행정심판법」 제30조 또는 「행정소송법」 제23조에 따른 집행정지 결정을 하려는 경우에는 피해학생 또는 그 보호자의 의견을 청취하여야 한다. 다만, 피해학생 또는 그 보호자가 의견진술의 기회를 포기한다는 뜻을 명백히 표시한 경우 등에는 의견청취를 아니할 수 있다.

다) 행정심판위원회는 피해학생 또는 그 보호자의 의견을 청취하려는 경우에는 피해의 정도 및 결과, 가해학생에 대한 조치에 관한 의견, 그밖에 해당 사건에 관한 의견을 진술할 기회를 주어야 한다(시행령 제24조제2항).

라) 행정심판위원회는 피해학생 또는 그 보호자가 가해학생 또는 그 보호자를 대면하여 진술할 경우 충분히 진술할 수 없다고 인정하는 경우에는 가해학

생 또는 그 보호자를 퇴장하게 한 후 진술하게 하거나 피해학생 또는 그 보호자에게 서면으로 의견을 제출하게 할 수 있다.(시행령 제24조제3항)

※ 피해학생 또는 그 보호자가 서면으로 의견을 제출한 경우, 행정심판위원회는 가해학생 측의 방어권을 보장하기 위하여 피해학생 측 의견서가 제출되었다는 취지를 서면, 전화, 휴대전화, 문자전송 등의 방법으로 통지할 수 있음(행정소송규칙 제10조의2제7항 참고)

마) 교육감 또는 교육장은 행정심판위원회 또는 법원으로부터 집행정지 신청 사실 및 그 결과를 통보받은 경우 피해학생 또는 그 보호자 및 피·가해학생의 소속 학교에 그 사실 및 결과를 통지하여야 한다.

바) 제17조제1항에 따른 조치에 대한 집행정지 신청이 인용된 경우, 피해학생 및 그 보호자는 학교의 장에게 가해학생과의 분리를 요청할 수 있고, 학교의 장은 전담기구 심의를 거쳐 가해학생과 피해학생을 분리하여야 한다.

사) 가해학생 조치에 대한 집행정지 신청이 인용된 경우, 피해학생 및 그 보호자는 학교장에게 가해학생과의 분리를 요청할 수 있고, 학교장은 전담기구 심의를 거쳐 가해학생과 피해학생을 분리하여야 함(법률 제17조의4제3항).

〈표 11-2〉 분리절차

집행정지 신청 인용		전담기구 심의		가해학생 분리
• 피해학생 및 그 보호자의 분리 요청〈양식 4-5〉	▶	• 분리방법 결정 – 집행정지 신청이 인용된 점을 고려하여, 피해학생 보호뿐만 아니라 가해학생 학습권이 침해되지 않도록 함 – 예시: 소속학급 내 자리 배치 변경, 피 · 가해학생 동선 분리 및 생활지도 계획 수립 등	▶	• 피 · 가해학생 및 그 보호자에게 통보(유선통화 등)

2) 행정소송

(1) 행정소송의 개념

행정소송이란 행정청의 위법한 처분 그밖에 공권력의 행사·불행사등으로 인한 국민의 권리 또는 이익의 침해를 구제하고, 공법상의 권리관계 또는 법적용에 관한 다툼을 적정하게 해결하기 위하여 법원이 행하는 재판절차이다. 교육장의 조치에 대하여 이의가 있는 당사자는 행정심판을 거치지 않고 바로 행정소송을 제기할 수 있다(행정소송법제18조제1항).

제소기간(행정소송법 제20조) 중 취소소송은 처분이 있음을 안 날부터 90일 이내에 제기하여야 하며, 처분이 있은 날로부터 1년을 경과하면 제기할 수 없다. 행정심판을 거쳐 행정소송을 제기한 경우에는 '행정심판 재결서의 정본을 송달받은 날'부터 기간을 계산한다.

이때 처분의 취소 또는 무효를 구하는 학생이 원고가 되고(미성년자인 경우에는 법정대리인이 대리하여야 함)교육장이 피고가 된다.

취소소송의 제기는 처분 등의 효력이나 그 집행 또는 절차의 속행에 영향을 주지 아니하므로 처분의 절차 또는 효력을 정지하기 위해서는 집행정지 결정이 있어야 한다(행정소송법제23조).

(2) 집행정지

가) 행정소송의 청구는 처분의 효력이나 그 집행 또는 절차의 속행에 영향을 주지 아니하므로, 처분의 효력, 처분의 집행 또는 절차의 속행을 정지하려면 법원의 집행정지 결정이 있어야 한다.

나) 행정심판위원회 및 법원이 제17조제1항에 따른 조치에 대하여 「행정심판법」 제30조 또는 「행정소송법」 제23조에 따른 집행정지 결정을 하려는 경우에는 피해학생 또는 그 보호자의 의견을 청취하여야 한다. 다만, 피해학생 또는 그 보호자가 의견진술의 기회를 포기한다는 뜻을 명백히 표시한 경우 등에는 의견 청취를 아니 할 수 있다.

다) 법원이 집행정지 결정을 하기 위하여 피해학생 또는 그 보호자의 의견을 청취하여야 하는 경우에는 심문기일을 지정하여 피해학생등의 의견을 청취하는 방법으로 하되, 특별한 사정이 있는 경우에는 기한을 정하여 피해학생등에게 의견의 진술을 갈음하는 의견서를 제출하게 하는 방법으로 할 수 있다(행정소송규칙 제10조의2제1항).

라) 심문기일을 통지받은 피해학생등은 해당 사건에 대한 의견 등을 기재한 서면을 법원에 제출할 수 있다(행정소송규칙 제10조의2제6항).

마) 피해학생 등이 행정소송규칙 제10조의2제1항에 따른 의견서 또는 같은 조 제6항의 서면을 제출한 경우 법원은 가해학생에게 피해학생 등의 의견서 또는 서면이 제출되었다는 취지를 서면, 전화, 휴대전화 문자전송, 전자우편, 팩시밀리 또는 그 밖에 적당하다고 인정되는 방법으로 통지하여야 한다(행정소송규칙 제10조의2제7항).

바) 교육감 또는 교육장은 행정심판위원회 또는 법원으로부터 집행정지 신청 사실 및 그 결과를 통보받은 경우피해학생 또는 그 보호자 및 피·가해학생의 소속 학교에 그 사실 및 결과를 통지하여야 한다.

사) 제17조제1항에 따른 조치에 대한 집행정지 신청이 인용된 경우, 피해학생 및 그 보호자는 학교의 장에게 가해학생과의 분리를 요청할 수 있고, 학교의 장은 전담기구 심의를 거쳐 가해학생과 피해학생을 분리하여야 한다.

03

PART

교사를 위한 학교폭력과 인성교육

12장 학교폭력과 인성교육

13장 교사와 인성교육

12장 학교폭력과 인성교육

이 장에서는 학교폭력 문제의 극복을 위한 인성교육 강화의 필요성과 2015 개정교육과정에서 추구하는 인간상을 육성하기 위해 2015년 7월 21일부터 시행된 「인성교육진흥법」, 그리고 학교인성교육의 방향을 살펴보기로 한다.

1. 학교폭력과 인성교육

오늘날 학교폭력이 심각한 사회문제로 대두되면서 정부나 민간 차원에서 다양한 학교폭력 대책들이 마련되고 수많은 학교폭력 관련 연구들이 수행되는 등 다양한 부분에서 노력이 이루어지고 있다. 이와 같은 학교폭력 문제의 극복과 같은 시대적 요구에 부응하기 위해 학교교육에서 인성교육이 강화되어야 한다는 요구가 더욱 높아지고 있고, 정부는 이를 국가 차원의 인성교육 관련 정책수립 및 시행에 반영해 왔다. 정부 교육정책 차원에서 볼 때, '학교폭력 근절 종합대책'(2012.2.6.)을 통해 교육 전반에 걸친 인성교육이 강조된 후, 「인성교육 비전 수립 및 실천방안 연구」(천세영 외, 2012)를 통한 인성교육 추진의 기본방향 및 프레임이 구축되었다.

학교폭력 발생의 원인에 대한 인식 현황 조사에 따르면 교사, 보호자, 학생 모두 '인성 및 사회성 부족'을 가장 우선으로 지적했으며 학교폭력 근절을 위한 의견으로 '인성교육 강화'를 상위 순위로 응답하였다(교육부, 2014). 이처럼 위기에 처한 현실의 해결책으로 인성교육이 절실히 요구되고 있다.

인성이란 사람이 다양한 환경에 대하여 제각기 나름으로 반응하는 일괄적인 역동의 특성을 의미한다(조남두, 2014). 즉, 가치지향적인 의미로 인간을 인간답게 만드는 바람직한 성향을 의미한다고 할 수 있다. 영어로는 'personality' 또는 'character'로 표현되며 이는 인간됨의 기본 성향을 일컫는데, 인성의 의미는 학자마다 다양하게 제시되고 있어 한마디로 정의내리기 어렵다. 인성에 대한 학자들의 정의를 종합하면 〈표 12-1〉과 같다.

〈표 12-1〉 **인성에 대한 학자들의 정의**

학자	정의
로크(Locke)	어떤 사람이 자신의 욕구와 기분을 억제하고 이성의 명령에 따르는 것(이성의 명령)
리코나(Lickona)	도덕적으로 선을 인식하고 또한 선을 바라며 행하는 것(선)
아들러(Adler)	인간이 주변 환경에 적응하고 주변 환경에 자신의 행동을 적용해 나가는 심리적이고 신체적인 조직(대응)
길포드(Guilford)	인간의 모든 개인적 특성(개인적 특성)
맹자	본래 가지고 있는 인간의 내면적 가치에 주목할 것을 강조하며 호연지기를 기르라고 주장(성선설)
순자	악한 본성을 가진 인간을 후천적인 노력에 의해 선한 자질을 가진 인간으로 변화시킬 것을 강조(성악설)
공자	인간이 하늘에서 부여받은 인성은 누구나 다 유사한 것인데 그 성장 환경, 즉 습성에 의하여 선악의 차이가 생김(습관)

출처: 윤정진 외(2017).

인성교육(人城敎育) 역시 매우 포괄적이고 추상적이므로 한마디로 정의내리기 어려운 개념이다. 인성교육이라 함은 현대적인 휴머니즘의 핵심적인 요인들을 기초로 하여 인격을 깨우쳐 주는 교육이거나 또는 현대사회의 비인간화 현상을 극복하고자 하는 교육의 목표, 내용, 방법의 총칭으로 정의하기도 한다(조남두, 2014). 인성교육을 강화해야 하는 필요성을 정리하면 다음과 같다(김윤환, 1997).

① 발달심리적 측면

인성은 어떤 경험을 하느냐에 따라 크게 변화되고, 그 사람의 삶의 방향과 도덕적 행위의 질적 수준도 이에 따라 결정된다.

② 개인적인 측면

다른 사람을 존중하고 다른 사람에게 폐가 되지 않도록 예절과 질서를 지키고, 서로 도우며 더불어 행복을 찾도록 하는 인성교육은 개인에게 행복을 가져다주는 기본이 된다.

③ 사회적 측면

전통적인 가치의 상실, 이기주의, 황금만능주의, 공동체 의식의 상실, 도덕성의 상실 등이 심해지고 있으며, 이는 우리 사회를 병들게 하는 원인이 되고 있기도 하다. 풍요롭고 사랑이 넘치는 사회를 만들기 위하여 인성교육은 강화되어야 한다.

④ 시대적 측면

각종 정보의 폭발적인 증가로 인한 급격한 변화와 발전의 시대를 맞이하게 됨에 따라 이러한 환경에 적응하면서 개인과 국가의 발전을 위해 노력할 수 있는 사람, 즉 바른 인성과 뛰어난 창의력과 튼튼한 신체를 가진 사람을 기르기 위한 것이다.

⑤ 민족·국가적 측면

우리의 전통문화를 계승·발전시키고 공동체 의식 및 민족의 동질성을 높여 국가 발전의 원동력이 되는 교육이 바로 인성교육이다.

교육철학자 나돌프는 "사람이 사람됨의 교육을 받지 않으면 사람이 아니다."라고 말한 것에서 바른 인간으로서 자리매김 하는 데 인성교육은 필수적 요인임을 알 수 있다(정옥경, 2008). 이에 학교폭력과 같은 문제를 극복하기 위한 인성교육이 추구하는 목적을 제시하면 다음과 같다(한국교육학회, 2001).

첫째, 무엇보다도 자기 자신을 바르고 정확하게 이해하도록 하는 일이다. 자기 자신을 올바르게 이해하는 사람은 가장 합리적이고 현실적인 행동을 선택하고 실행할 수 있기 때문이다.

둘째, 자기 자신을 존중하고 수용하게 하는 일이다. 이는 이기적인 품성과는 전혀 다른 성질의 것이다. 자기 존중이 없으면 자기를 비하하거나 학대하게 되고 반사회적인 행동을 나타내기도 한다.

셋째, 자기 자신의 일시적인 감정이나 행동을 통제하고 조절할 수 있는 능력을 함양시키는 일이다. 바람직한 인성의 소유자는 자신의 본능적인 행동이나 감정을 생산적이고 창조적인 방식으로 승화시켜 표현할 줄 안다.

넷째, 올바른 현실감각을 길러주는 일이다. 이상이나 기대를 지나치게 앞세운 나머지 현실을 무시하고 행동하는 것은 타인과의 원만한 인간관계를 방해하나, 자신의 환경을 정확히 이해하는 현실에 기초하는 사고는 건전한 인성의 필수적인 요소가 된다.

다섯째, 자기 자신뿐만 아니라 타인에 대한 공감적 이해와 존중의 자세를 함양하는 일이다. 공감이란 타인의 감정을 공유하는 것으로, 상대방의 입장을 이해하면서도 결코 자신을 잃지 않는 것을 말한다.

인성교육에서 추구하는 예(禮), 효(孝), 정직, 책임, 존중, 배려, 소통, 협동 등의 마음가짐이나 사람됨과 관련되는 핵심적인 가치 또는 덕목을 우리 학교현장에서 지속적으로 교육한다면 학교폭력과 관련한 병리적 현상에 대처해 나갈 수 있을 것이며, 학생들이 졸업 후 사회에 진입하여 경제인구로 활동할 때 사회적 자본의 확충에 기여할 수 있을 것이다.

2. 인성교육의 법적 근거

2015 개정교육과정에서 추구하는 인간상은 "공동체 의식을 가지고 세계와 소통하는 민주시민으로서 배려와 나눔을 실천하는 더불어 사는 사람" 등으로 정립되었고, 이러한 인간상을 교육으로 육성하기 위해 「인성교육진흥법」이 2014년 12월 29일 국회에서 통과되어 2015년 7월 21일부터 시행되었다. 「인성교육진흥법」은 유치원에서부터 초·중·고등학교에 이르기까지 학교에서 인성교육을 진흥하자는 법안으로, 이는 '인간으로서의 존엄과 가치를 보장'하며, '올바른 국민 육성'을 통한 '국가사회의 발전'을 목적으로 인성을 함양한 학습자들을 길러내겠다는 취지이다.

「인성교육진흥법」 제2조에 따르면, 인성교육은 자신의 내면을 올바르고 건전하게 가꾸어 타인, 공동체, 자연과 더불어 살아가는 데 필요한 인간다운 성품과 역량을 기르는 것을 목적으로 하는 교육이라고 정의하고 있다. 그리고 핵심가치 덕목은 예(禮), 효(孝), 정직, 책임, 존중, 배려, 소통, 협동 등의 마음가짐이나 사람됨과 관련된 핵심적인 가치 또는 덕목이며, 핵심역량은 핵심가치·덕목을 적극적이고 능동적으로 실천 또는 실행하는 데 필요한 지식과 공감·소통하는 의사소통 능력이나 갈등 해결 능력 등이 통합된 능력으로 정의하고 있다.

「인성교육진흥법」에 의한 인성교육의 핵심가치 덕목 여덟 가지를 기준으로 인성교육의 주제와 의미를 구체화시키면 다음 〈표 12-2〉와 같다.

〈표 12-2〉「인성교육진흥법」에서의 여덟 가지 핵심 덕목

핵심가치 덕목	의미	하위 특질	동양적 의미	교육적 기대효과	
				자기 · 타인	사회 · 자연
예(禮)	예의에 관한 절차나 질서를 준수하려는 마음가짐과 태도	친절, 겸손	경(敬) 예(禮) 치(恥)	공손, 친절한 삶 추구	공중도덕 · 에티켓 준수
효(孝)	부모님을 정신적으로 편안하게 해드리고 양지(養志), 봉양하는 것(養口體)	우애, 경애	효(孝) 제(悌) 경(敬)	효도하고 우애 있는 삶 추구	어른을 공경하는 풍토 조성
정직	자기 자신과 타인에게 진실을 말하고 실천하는 것	성실, 신의, 근면	성(誠) 신(信)	진실하고 성찰하는 삶 추구	청렴세상 조성
책임	맡아서 해야 할 역할과 의무에 대한 의식과 헌신	역할책임, 행위책임	성(誠)	개인과 타인의 책임 중시	집단행위에 대한 공동책임 중시
존중	사람이나 사물이 가치 있음을 인식하고 그 가치를 소중히 여기는 것	생명 존중	인(仁) 경(敬) 예(禮)	자신과 타인을 존중하는 삶 추구	타 문화 존중, 생명 존중
배려	필요를 헤아리고 요구에 반응하는 덕	공감, 연민, 관용	인(仁) 자(慈) 충서(忠恕)	자기와 타인을 배려하고 봉사하는 삶 추구	인류애, 자연애
소통	자신의 의사를 타인과 적극적으로 교류하고 의미를 공유함	경청	경(敬) 화(和)	진실된 의미 전달	소통문화 창달
협동	공동의 목표를 성취하기 위해 구성원들의 힘과 능력을 집약시키는 것	공동체 의식, 연대성, 조화성	예(禮) 충(忠)	상호 신뢰 형성	공동선 증진 노력

출처: 교육부(2014).

이상에서 제시한 인성 덕목과 가치를 실현하기 위하여, 학교에서는 학생의 발달단계 및 학교의 상황에 적합한 인성교육 프로그램 마련이 필요하며, 학교-가정-지역사회의 협력적인 교육환경 조성을 통한 지속적이고 체계적인 노력을 해나가야 한다.

인성교육진흥법

[시행 2020. 9. 12.] [법률 제17472호, 2020. 8. 11., 타법개정]

제1조(목적) 이 법은 「대한민국헌법」에 따른 인간으로서의 존엄과 가치를 보장하고 「교육기본법」에 따른 교육이념을 바탕으로 건전하고 올바른 인성(人性)을 갖춘 국민을 육성하여 국가사회의 발전에 이바지함을 목적으로 한다.

제2조(정의) 이 법에서 사용하는 용어의 뜻은 다음과 같다. 〈개정 2017. 12. 19.〉

1. "인성교육"이란 자신의 내면을 바르고 건전하게 가꾸고 타인·공동체·자연과 더불어 살아가는 데 필요한 인간다운 성품과 역량을 기르는 것을 목적으로 하는 교육을 말한다.
2. "핵심 가치·덕목"이란 인성교육의 목표가 되는 것으로 예(禮), 효(孝), 정직, 책임, 존중, 배려, 소통, 협동 등의 마음가짐이나 사람됨과 관련되는 핵심적인 가치 또는 덕목을 말한다.
3. "핵심 역량"이란 핵심 가치·덕목을 적극적이고 능동적으로 실천 또는 실행하는 데 필요한 지식과 공감·소통하는 의사소통능력이나 갈등해결능력 등이 통합된 능력을 말한다.
4. "학교"란 다음 각 목의 어느 하나에 해당하는 기관을 말한다.
   가. 「유아교육법」 제2조제2호에 따른 유치원
   나. 「초·중등교육법」 제2조에 따른 학교
   다. 「재외국민의 교육지원 등에 관한 법률」 제2조제3호에 따른 한국학교

제3조(다른 법률과의 관계) 인성교육에 관하여 다른 법률에 특별한 규정이 있는 경우를 제외하고는 이 법에서 정하는 바에 따른다.

제4조(국가 등의 책무) ① 국가와 지방자치단체는 인성을 갖춘 국민을 육성하기 위하여 인성교육에 관한 장기적이고 체계적인 정책을 수립하여 시행하여야 한다.

② 국가와 지방자치단체는 학생의 발달 단계 및 단위 학교의 상황과 여건에 적합한 인성교육 진흥에 필요한 시책을 마련하여야 한다.

③ 국가와 지방자치단체는 학교를 중심으로 인성교육 활동을 전개하고, 인성 친화적인 교육환경을 조성할 수 있도록 가정과 지역사회의 유기적인 연계망을 구축하도록 노력하여야 한다.

④ 국가와 지방자치단체는 학교 인성교육의 진흥을 위하여 범국민적 참여의 필요성을 홍보하도록 노력하여야 한다.

⑤ 국민은 국가 및 지방자치단체가 추진하는 인성교육에 관한 정책에 적극적으로 협력하여야 한다.

제5조(인성교육의 기본방향) ① 인성교육은 가정 및 학교와 사회에서 모두 장려되어야 한다.

② 인성교육은 인간의 전인적 발달을 고려하면서 장기적 차원에서 계획되고 실시되어야 한다.

③ 인성교육은 학교와 가정, 지역사회의 참여와 연대 하에 다양한 사회적 기반을 활용하여 전국적으로 실시되어야 한다.

제6조(인성교육종합계획의 수립 등) ① 교육부장관은 인성교육의 효율적인 추진을 위하여 대통령령으로 정하는 관계 중앙행정기관의 장과의 협의와 제9조에 따른 인성교육진흥위원회의 심의를 거쳐 인성교육종합계획(이하 "종합계획"이라 한다)을 5년마다 수립하여야 한다.

② 종합계획에는 다음 각 호의 사항이 포함되어야 한다.

1. 인성교육의 추진 목표 및 계획
2. 인성교육의 홍보
3. 인성교육을 위한 재원조달 및 관리방안
4. 인성교육 핵심 가치·덕목 및 핵심 역량 선정에 관한 사항
5. 그 밖에 인성교육에 관하여 필요한 사항으로 대통령령으로 정하는 사항

③ 교육부장관은 종합계획의 중요사항을 변경하는 경우 제1항에 따른 관계 중앙행정기관의 장과의 협의와 제9조에 따른 인성교육진흥위원회의 심의를 거쳐야 한다. 다만, 법령의 개정이나 관계 중앙행정기관의 관련 사업계획 변경 등 경미한 사항을 변경하는 경우에는 그러하지 아니하다.

④ 교육부장관은 제1항 또는 제3항에 따라 종합계획을 수립하거나 변경하였을 때에는 지체 없이 이를 관계 중앙행정기관의 장에게 통보하여야 한다.

⑤ 교육부장관은 종합계획을 수립하기 위하여 인성교육의 진흥에 관한 실태조사를 5년마다 실시할 수 있다. 〈신설 2018. 12. 18.〉

⑥ 교육부장관은 제5항에 따른 실태조사를 위하여 관계 중앙행정기관의 장 및 지방자치단체의 장 등 관련 기관·단체의 장에게 필요한 자료 제출을 요청할 수 있다. 이 경우 요청을 받은 자는 특별한 사유가 없으면 이에 협조하여야 한다. 〈신설 2018. 12. 18.〉

⑦ 특별시·광역시·특별자치시·도 및 특별자치도 교육감(이하 "교육감"이라 한다)은 종합계획에 따라 해당 지방자치단체의 연도별 인성교육시행계획(이하 "시행계획"이라 한다)을 수립·시행하여야 한다. 〈개정 2018. 12. 18.〉

⑧ 교육감은 제7항에 따라 시행계획을 수립하거나 변경하였을 때에는 이를 지체 없이 교육부장관에게 통보하여야 한다. 〈개정 2018. 12. 18.〉

⑨ 종합계획 및 시행계획의 수립·시행과 실태조사의 방법 등에 필요한 사항은 대통령령으로 정한다. 〈개정 2018. 12. 18.〉

제7조(계획수립 등의 협조) ① 교육부장관과 교육감은 종합계획 또는 시행계획의 수립·시행 및 평가를 위하여 필요한 경우 관계 중앙행정기관의 장, 지방자치단체의 장 및 교육감 등에게 협조를 요청할 수 있다.

② 제1항에 따른 협조를 요청받은 자는 특별한 사유가 없으면 이에 따라야 한다.

제8조(공청회등의 실시) ① 교육부장관과 교육감은 종합계획 및 시행계획을 수립하려는 때에는 공청회, 설명회, 세미나, 설문조사 등 다양한 방식(이하 이 조에서 "공청회등"이라 한다)으로 국민 및 관계 전문가 등으로부터 의견을 청취하여야 하며, 공청회등에서 제시된 의견이 타당하다고 인정되는 때에는 이를 종합계획 및 시행계획 수립에 반영하여야 한다. 〈개정 2019. 12. 10.〉

② 공청회등의 실시에 필요한 사항은 대통령령으로 정한다. 〈개정 2019. 12. 10.〉

제9조(인성교육진흥위원회) ① 인성교육에 관한 다음 각 호의 사항을 심의하기 위하여 교육부장관 소속으로 인성교육진흥위원회(이하 "위원회"라 한다)를 둔다.

1. 인성교육정책의 목표와 추진방향에 관한 사항
2. 종합계획 수립에 관한 사항
3. 인성교육 추진실적 점검 및 평가에 관한 사항
4. 인성교육 지원의 협력 및 조정에 관한 사항
5. 그 밖에 인성교육 지원을 위하여 대통령령으로 정하는 사항

② 위원회는 위원장을 포함한 20명 이내의 위원으로 구성한다.

③ 위원회의 위원장은 위원 중에서 호선하되, 공무원이 아닌 사람으로 한다.

④ 위원회의 위원은 다음 각 호의 어느 하나에 해당하는 사람 중에서 대통령령으로 정하는 바에 따라 교육부장관이 임명 또는 위촉한다. 이 경우 위원은 공무원이 아닌 사람이 과반수가 되도록 한다. 〈개정 2020. 8. 11.〉

1. 교육부차관, 문화체육관광부차관(문화체육관광부장관이 지명하는 차관), 보건복지부차관(보건복지부장관이 지명하는 차관) 및 여성가족부차관
2. 국회의장이 추천하는 사람 3명
3. 인성교육에 관한 학식과 경험이 풍부한 사람 중에서 대통령령으로 정하는 사람

⑤ 위원회가 심의한 사항을 집행하기 위하여 인성교육 진흥과 관련된 조직·인력·업무 등에 필요한 사항은 교육부령으로 정한다.

⑥ 그 밖에 위원회의 구성·운영에 필요한 사항은 대통령령으로 정한다.

제10조(학교의 인성교육 기준과 운영) ① 교육부장관은 대통령령으로 정하는 바에 따라 학교에 대한 인성교육 목표와 성취 기준을 정한다.

② 학교의 장은 제1항에 따른 인성교육의 목표 및 성취 기준과 교육대상의 연령 등을 고려하여 대통령령으로 정하는 바에 따라 매년 인성에 관한 교육계획을 수립하여 교육을 실시하여야 한다.

③ 학교의 장은 인성교육의 핵심 가치·덕목을 중심으로 학생의 인성 핵심 역량을 함양하는 학교 교육과정을 편성·운영하여야 한다.

④ 학교의 장은 인성교육 진흥을 위하여 학교·가정·지역사회와의 연계 방

안을 강구하여야 한다.

제11조(인성교육 지원 등) ① 국가 및 지방자치단체는 가정, 학교 및 지역사회에서의 인성교육을 지원하기 위한 교육 프로그램(이하 "인성교육프로그램"이라 한다)을 개발하여 보급하여야 한다.

② 국가와 지방자치단체는 인성교육프로그램의 구성 및 운용 등을 전문단체 또는 전문가에게 위탁할 수 있다.

③ 교육부장관과 교육감은 인성교육프로그램의 구성 및 운용 계획을 해당 학교 인터넷 홈페이지에 게시하는 등의 방법으로 학부모에게 알릴 수 있도록 하여야 한다. 〈개정 2017. 12. 19.〉

④ 학부모는 국가, 지방자치단체 및 학교의 인성교육 진흥 시책에 협조하여야 하고, 인성교육을 위하여 필요한 사항을 해당 기관의 장에게 건의할 수 있다.

⑤ 그 밖에 가정, 학교 및 지역사회에서의 인성교육 진흥 등에 필요한 사항은 대통령령으로 정한다.

제12조(인성교육프로그램의 인증) ① 교육부장관은 인성교육 진흥을 위하여 인성교육프로그램을 개발·보급하거나 인성교육과정을 개설(開設)·운영하려는 자(이하 "인성교육프로그램개발자등"이라 한다)에 대하여 인성교육프로그램과 인성교육과정의 인증(이하 "인증"이라 한다)을 할 수 있다.

② 인증을 받고자 하는 인성교육프로그램개발자등은 교육부장관에게 신청하여야 한다.

③ 교육부장관은 제2항에 따라 인증을 신청한 인성교육프로그램 또는 인성교육과정이 교육내용·교육시간·교육과목·교육시설 등 교육부령으로 정하는 인증기준에 적합한 경우에는 이를 인증할 수 있다.

④ 제3항에 따른 인증을 받은 자는 해당 인성교육프로그램 또는 인성교육과정에 대하여 교육부령으로 정하는 바에 따라 인증표시를 할 수 있다.

⑤ 제3항에 따른 인증을 받지 아니한 인성교육프로그램 또는 인성교육과정에 대하여 제4항의 인증표시를 하거나 이와 유사한 표시를 하여서는 아니 된다.

⑥ 제1항부터 제3항까지에 따른 인증의 절차 및 방법 등에 필요한 사항은

교육부령으로 정한다.

⑦ 교육부장관은 제1항부터 제3항까지에 따른 인증 업무를 교육부령으로 정하는 바에 따라 전문기관 또는 단체 등에 위탁할 수 있다.

제13조(인증의 유효기간) ① 제12조제3항에 따른 인증의 유효기간은 인증을 받은 날부터 3년으로 한다.

② 제1항에 따른 유효기간은 1회에 한하여 2년 이내에서 연장할 수 있다.

③ 제2항에 따른 인증의 연장신청, 그 밖에 필요한 사항은 교육부령으로 정한다.

제14조(인증의 취소) 교육부장관은 제12조제3항에 따라 인증한 인성교육프로그램 또는 인성교육과정이 다음 각 호의 어느 하나에 해당하는 경우에는 그 인증을 취소할 수 있다. 다만, 제1호에 해당하는 경우에는 취소하여야 한다.

1. 거짓, 그 밖의 부정한 방법으로 인증받은 경우

2. 제12조제3항에 따른 인증기준에 적합하지 아니하게 된 경우

제15조(인성교육 예산 지원) 국가 및 지방자치단체는 인성교육 지원, 인성교육프로그램 개발·보급 등 인성교육 진흥에 필요한 비용을 예산의 범위에서 지원하여야 한다.

제16조(인성교육의 추진성과 및 활동 평가) ① 교육부장관 및 교육감은 종합계획 및 시행계획에 따른 인성교육의 추진성과 및 활동에 관한 평가를 1년마다 실시하여야 한다.

② 교육부장관과 교육감은 제1항에 따른 평가 결과를 종합계획 및 시행계획에 반영할 수 있다. 〈개정 2016. 12. 20.〉

③ 그 밖에 인성교육의 추진성과 및 활동 평가에 필요한 사항은 대통령령으로 정한다.

[제목개정 2016. 12. 20.]

제17조(교원의 연수 등) ① 교육부장관과 교육감은 학교의 교원(이하 "교원"이라 한다)이 대통령령으로 정하는 바에 따라 일정시간 이상 인성교육 관련 연수를 이수하도록 하여야 한다. 〈개정 2017. 12. 19.〉

② 「고등교육법」 제41조에 따른 교육대학·사범대학(교육과 및 교직과정을 포함한다) 등 이에 준하는 기관으로서 교육부령으로 정하는 교원 양성기관은 예비교원의 인성교육 지도 역량을 강화하기 위하여 관련 과목을 필수로 개설하여 운영하여야 한다.

제18조(학교의 인성교육 참여 장려) 학교의 장은 학생의 제11조제1항에 따른 지역사회 등의 인성교육 참여를 권장하고 지도·관리하기 위하여 노력하여야 한다.

제19조(언론의 인성교육 지원) 국가 및 지방자치단체는 범국민적 차원에서 인성교육의 중요성에 대한 인식을 공유하고 이들의 참여의지를 촉진시키기 위하여 필요한 경우 언론(「언론중재 및 피해구제 등에 관한 법률」 제2조에 따른 방송, 신문, 잡지 등 정기간행물, 뉴스통신 및 인터넷신문 등을 포함한다)을 이용하여 캠페인 활동을 전개하도록 노력하여야 한다.

제20조(전문인력의 양성) ① 국가 및 지방자치단체는 인성교육의 확대를 위하여 필요한 분야의 전문인력을 양성하여야 한다.

② 교육부장관 및 교육감은 제1항에 따른 전문인력을 양성하기 위하여 교육 관련 기관 또는 단체 등을 인성교육 전문인력 양성기관으로 지정하고, 해당 전문인력 양성기관에 대하여 필요한 경비의 전부 또는 일부를 지원할 수 있다.

③ 제2항에 따른 인성교육 전문인력 양성기관의 지정기준은 대통령령으로 정한다.

제21조(권한의 위임) 교육부장관은 이 법에 따른 권한의 일부를 대통령령으로 정하는 바에 따라 교육감에게 위임할 수 있다.

제22조(과태료) ① 다음 각 호의 어느 하나에 해당하는 자에게는 500만원 이하의 과태료를 부과한다.

1. 거짓이나 그 밖의 부정한 방법으로 제12조에 따른 인증을 받은 자
2. 제12조제5항을 위반하여 인증표시를 한 자

② 제1항에 따른 과태료는 대통령령으로 정하는 바에 따라 교육부장관이 부과·징수한다.

부칙 부 칙 〈법률 제13004호, 2015. 1. 20.〉

이 법은 공포 후 6개월이 경과한 날부터 시행한다.

부칙 부 칙 〈법률 제14396호, 2016. 12. 20.〉

이 법은 공포한 날부터 시행한다.

부칙 부 칙 〈법률 제15233호, 2017. 12. 19.〉

이 법은 공포 후 6개월이 경과한 날부터 시행한다.

부칙 부 칙 〈법률 제15958호, 2018. 12. 18.〉

이 법은 공포 후 6개월이 경과한 날부터 시행한다.

부칙 부 칙 〈법률 제16745호, 2019. 12. 10.〉

이 법은 공포한 날부터 시행한다.

부 칙 〈법률 제17472호, 2020. 8. 11.〉 (정부조직법) 부칙보기

제1조(시행일) 이 법은 공포 후 1개월이 경과한 날부터 시행한다. 다만, …〈생략〉…, 부칙 제4조에 따라 개정되는 법률 중 이 법 시행 전에 공포되었으나 시행일이 도래하지 아니한 법률을 개정한 부분은 각각 해당 법률의 시행일부터 시행한다.

제2조 및 제3조 생략

제4조(다른 법률의 개정) ① 인성교육진흥법 일부를 다음과 같이 개정한다.

제9조제4항제1호 중 "보건복지부차관"을 "보건복지부차관(보건복지부장관이 지명하는 차관)"으로 한다.

②부터 ㉝까지 생략

제5조 생략

3. 인성교육의 방향

오늘날 학교에서 인성교육이 실패하였다면, 그것은 모든 지식을 입으로만 개념적으로 가르쳤다는 데서 찾을 수 있다. 전인교육은 근본적으로 전인적인 교수행위가 전제되어야 성취할 수 있는 것이다. 최근 교육부는 학교폭력 근절 종합대책의 일환으로 인성교육을 강조한 3~5세 누리과정 제정뿐 아니라 초·중·고의 배움이 실천으로 연결되는 프로젝트형 인성교육 실시 등의 다양한 인성교육정책을 추진해오고 있다. 교육부가 제시하는 인성교육의 기본방향은 성품 및 인성 역량 중심 교육으로 구체적인 전략은 다음과 같다(교육부, 2016).

첫째, 인성 가치·덕목을 학생들에게 주입식으로 지도하기보다는 미래사회를 성공적으로 살아가기 위해 필요한 바람직한 성품 및 역량들을 중심으로 참여형 인성교육을 설계하고, "앎을 삶 속에서 실천"하도록 교육활동을 체계적으로 조직 및 운영하는 것이다.

둘째, 개인–대인관계–공동체 차원의 연결선상에서 자기관리 역량, 심미적·감성적 역량, 의사소통 역량, 갈등관리 역량, 공동체 역량을 균형 있게 학습하여 가정·학교·사회에서 행동으로 실천하도록 통합적 접근을 하는 것이다.

셋째, 학교인성교육은 교과 교육과정 및 범교과학습 주제 등 교과 외 교육활동 전반을 통해 체계적·통합적으로 실행되도록 하는 것이다.

인성교육의 기본방향과 더불어 교육부(2016)가 제시하고 있는 유치원, 초등학교, 중학교, 고등학교의 인성교육의 목표를 제시하면 〈표 12–3〉과 같다.

〈표 12-3〉 **학교인성교육의 목표**

학교급	인성교육 목표
유치원	자신을 존중하고 다른 사람과 더불어 생활하는 능력과 태도를 기른다.
초등학교	학생의 일상생활과 학습에 필요한 기본 습관 및 기초 능력을 기르고 바른 인성을 함양하는 데에 중점을 둔다.
중학교	학생의 일상생활과 학습에 필요한 기본 능력을 기르고 바른 인성 및 민주시민의 자질을 함양하는 데에 중점을 둔다.
고등학교	학생의 적성과 소질에 맞게 진로를 개척하며 세계와 소통하는 민주시민으로서의 자질을 함양하는 데에 중점을 둔다.

출처: 교육부(2016).

학교인성교육에 대한 정책들이 인성교육을 행하는 데 있어 한 인간 전체를 다루면서 장기적인 계획을 세우는 것이 아니라 단시간 내에 가시적인 효과를 낳는 데 집중하였으며, 인성교육의 방법에 있어서도 교화의 관점으로 이해하여 외부의 규칙이나 규범을 수동적으로 받아들이는 것으로 이해하는 문제점을 가지고 있었다. 또한 인성교육 프로그램 내용이 체계적·조직적으로 이루어지지 못하고 있어 특정 덕목만을 강조하는 경향이 있었으며, 인성교육을 교육 전체의 책임으로 보는 것이 아니라 도덕과 교육의 문제로 취급하였으며(강선보 외, 2015), 인성교육을 담당하는 교사들의 인성 함양을 위한 계속교육이 제대로 이루어지고 있다고 보기도 어렵다(신재흡, 2017). 이러한 측면에서 제1차 인성교육 종합계획(2016~2020)에서의 정책 추진 방향은 다음과 같다(교육부, 2016).

첫째, 공교육 전반을 통한 인성교육의 구현이다. 개인적 차원 역량-사회적 차원 역량의 조화 및 균형을 통한 전인적 교육을 실시하고, 학교교육활동 전반에 인성 역량 요소를 반영하여 실천적 인성을 함양하며, 인성교육으로 인한 별도의 사교육 유발 요소를 사전에 차단한다.

둘째, 교육현장의 부담 최소화이다. 인성교육진흥법 시행에 따른 교육현장의 부담 최소화 및 학교 자율권을 부여하고, 현행 인성교육 관련 제도의 보완과 강화를 통한 안정적 인성교육을 추진하며, 인성을 대입전형에 계량화된 평가나 별도의 전형요소로 설정하는 방식은 명확히 제한한다.

셋째, 가정·학교·사회 등 교육주체 간 지원체제 구축이다. 가정·학교·지역사회의 소통 및 연계 체제 구축으로 공동체에서 더불어 사는 삶을 실천하고, 학교와 학교 밖, 가정과 지역사회 등 다양한 구성원들의 이해와 요구에 맞는 계획을 수립하고, 가정·지역사회·국가의 참여와 협력을 촉진하기 위한 인성교육정책의 지원·조정 기능을 강화한다.

한편, 제1차 인성교육 종합계획의 성과와 한계에 대한 분석에 따라, 제2차 인성교육 종합계획(2021~2025)의 정책방향은 첫째, 인성교육의 개념 및 관련정책과의 관계를 재정립하여 인성교육의 필요성 및 의미 등 정책 인식 제고, 둘째, 명확한 추진체계·역할 분담을 통해 불필요한 업무를 최소화하고 교과 교육과 인성교육의 연계에 집중함으로써 교육 효과성 제고, 셋째, 추진 성과에 대한 평가의 신뢰도, 현장적합성 등을 전반적으로 개선하고, 평가결과의 환류를 통해 발전하는 인성교육 구현으로 수립되었다. 제2차 인성교육이 추구하는 바를 잘 실현하기 위한 정책의 추진체계는 다음 [그림 12-1]과 같다.

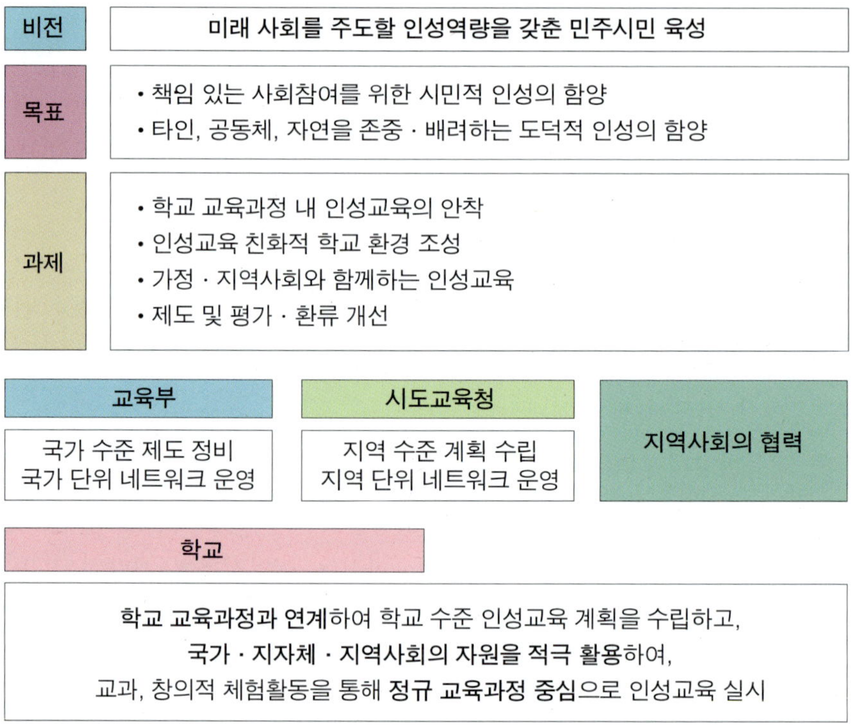

출처: 교육부(2020).

[그림 12-1] 제2차 인성교육 종합계획 추진체계

13장 교사와 인성교육

학생들을 위한 인성교육이 긍정적인 결과를 가져오기 위해서는 교사의 바람직한 인성이 요구되기 때문에 이 장에서는 교사의 인성적 자질과 예비교원을 위한 인성교육 방안을 살펴보고, 예(禮) · 효(孝) · 정직 · 책임·존중 · 배려 · 소통 · 협동을 통한 인성교육의 실제를 제시한다.

1. 교사의 인성과 인성교육

유아교육법, 인성교육진흥법 등에서 교육의 궁극적인 목적은 새로운 지식과 경험의 습득과 함께 바람직한 인성을 형성시키기 위한 것으로 정의되듯이, 인간을 대상으로 인간의 성장을 돕는 활동으로서 교직을 감안할 때 교사의 인성은 매우 중요하다고 할 수 있다. 현장에서 교사는 학생들에게 지식 전달을 위한 교수-학습의 활동뿐만 아니라 학생들의 인성발달과 전인적인 성장을 도와주는 역할을 해야 하고 그 책임 또한 크다고 할 수 있다. 인성교육의 학습 결과는 인성교육자의 자질을 능가하지 못하므로, 학생들을 위한 인성교육이 긍정적인 결과를 가져오기 위해서는 교사의 바람직한 인성이 요구된다. 즉, 똑같은 인성교육 프로그램을 실시한다 하더라도 인성교육자의 인성적 자질과 전문적 능력에 의해 그 학습효과는 판이하게 달라질 수 있다(김종연, 2006). 리코나(Lickona, 1993)는 인성교육을 지도하는 교사가 갖추어야 할 태도를 다음과 같이 제시하였다.

첫째, 교사는 학생들을 잘 배려하고 훌륭한 멘토로서 행동하고, 학습토론과 일대일 지도를 통해 긍정적인 행동을 하는 모델이 되어야 한다.

둘째, 학생들이 타인을 알고, 존경하고, 서로를 배려하고, 자신들이 존중받는 존재로 느낄 수 있는 도덕적 공동체를 만든다.

셋째, 타인을 존중하는 규칙을 만들고, 만들어진 규칙들이 자발적으로 잘 실천될 수 있도록 지도한다.

넷째, 학생들 스스로 결정을 내리도록 하고 공포 없는 학습 분위기를 만든다.

다섯째, 자신이 가르치는 교육내용을 통해 인성 덕목을 가르친다.

여섯째, 타인에게 감사하고 공동목적을 위해 함께 일하는 능력을 개발하기 위해 협동학습법을 사용한다.

일곱째, 토론, 독서를 통해 깊은 반성적 사고를 하게 한다.

여덟째, 교사의 개입 없이 스스로 문제를 푸는 방법을 배우도록 하기 위해 갈등해결 방법을 가르친다.

교사를 대상으로 한 인성교육은 정책적으로도 중요시되고 있다. 현행 교육부는 교원양성기관의 학생 선발·양성 및 자격 부여 단계에서 '인·적성 요소'를 강화하고 있으며, 재학 기간 중에 2회 이상의 '인·적성검사' 실시를 의무화하여 그 결과를 교사자격증 취득을 위한 무시험검증에 반영하도록 하고 있다. 또한 「인성교육진흥법」에 의해 교원 양성기관의 장은 교직과목, 교양 및 전공과목 중 한 분야에 인성 관련 과목을 필수로 개설·운영해야 한다. 또한 교육실습을 통한 교사 인성교육의 기회를 갖도록 하는데, 특히 '교육봉사활동'이라는 과목을 두어 교사로서의 실습을 봉사활동이라는 차원과 연결지을 수 있도록 하고 있다.

한편, 교사자격 취득만으로 교사로서의 인성과 자질을 갖추었다고 보기에는 무리가 있기 때문에 예비교사 양성교육의 단계에서부터 인성교육을 강화해야 할 필요성이 있다. 즉, 교사의 철학이나 가치관, 신념, 태도 등은 예비교사로서 양성교육을 받는 과정을 통해 형성되므로 교사양성기관에서는 교사로서의 바람직한 인성 형성을 위한 교육과정을 모색할 필요가 있다. 교원양성단계에서의 인성교육 방안을 제시하면 다음과 같다(권동택 외, 2012).

1) 교원양성대학의 본래적 기능 강화

교원양성대학에서의 인성교육은 교원양성대학의 본래적 기능의 강화에서부터 시작되어야 한다. 교원양성대학의 교육과정은 교사로서 필요한 인성뿐 아니라 전문적인 능력과 자질을 배양시키기 위한 나름의 가치로운 목적을 가지고 있다. 교원양성대학에서의 일차적인 목적은 우수한 신입생을 선발하여 소정의 교육과정을 이수한 자에게 교원자격증을 교육부 장관의 위임 하에 부여하는 것이다. 따라서 교원임용의 과정으로 인해 교원양성대학의 본래적 기능의 교육이 위축되어서는 안 되며, 본래적 기능을 이행하는 과정에서 예비교사에 대한 인성교육의 효과를 얻을 수 있게 해야 한다. 따라서 예비교원양성 단계에서의 인성교육은 일차적으로 교원양성대학의 본래적 기능의 강화에서 이루어져야 한다.

2) 언어순화를 통한 인성지도 역량 강화

인성지도를 위한 교원의 역량과 관련하여 볼 때 교사들은 대학에서 학생들의 인성지도를 하기 위해 요구되는 역량들을 충분히 학습할 필요가 있다. 특히 학생의 발달 전반에 대한 이해, 학생상담을 위한 이론과 실제, 효율적 교수법과 의사소통능력, 학교현장에서 관련법에 대한 이해 등의 충분한 지식과 방법을 알 수 있도록 인성지도 관련 역량을 강화해야 한다. 또한 학교현장에서 속어·욕설을 사용하지 않도록 교사가 갖추어야 할 바른 언어사용능력을 제고하고, 교직 윤리적 측면에서의 행동 규범을 체득할 수 있도록 교직 윤리 의식을 고양하고 자율적 정화운동을 하도록 유도한다.

3) 교직 전담 및 교양 강좌

교원양성대학을 포함하여 대학의 교양 강좌는 일반적으로 고등교육을 받은 자의 일반교양을 갖추게 하는 것을 목적으로 하고 있으며, 각 대학이 추구하는 인재상을 반영한 강좌로 운영되고 있다. 그러나 교사를 양성하는 교원양성대학의 교양 강좌는 고등교육의 교양인 양성과 함께 바람직한 교사상을 실현할 수 있는 교직 소양에 중점을 둘 필요가 있다. 따라서 교대 및 사대에 교직과 교양 강좌를 전담 운영케 하여, 교직 소양 관련 강좌를 담당하고 강의지원 및 다양한 교육봉사활동을 주관하도록 하여 예비교사들의 인·적성을 강화해야 한다.

4) 교직 인·적성 관련 강좌의 경우 상대평가 대신 절대평가 실시

인성은 타인과의 관계 속에서 형성되며, 상호 경쟁구조가 아닌 상호 협력구조 속에서 긍정적인 다양한 경험을 통해 형성된다. 따라서 교직 인·적성 강좌의 경우 동료 및 교수자와의 관계 형성이 무엇보다도 우선적으로 전제되어야 하며, 토론과 협동적인 수업 분위기에서 형성될 필요가 있다. 따라서 교직 인·적성 강좌의 절대평가제 실시를 통해 상호 협력적인 관계 속에서 교직 인·적성 역량을 높일 수 있는 수업 분위기와 수업 방법의 개선이 촉구된다.

5) 학생전담지도 강화

학생 입학에서부터 졸업 시까지 학생 1인에게 지도교수 1인이 밀착 집중상담 지도하고 학생과의 긴밀한 상호관계를 통하여 예비교사로 갖추어야 할 학생의 인·적성 발달을 모니터링은 물론 교사로서의 자질을 발굴하여 교직 인·적성 향상에 도움을 주도록 한다. 특히 교직에 부적합한 학생의 경우, 진로 및 취업 지도를 통해 교직 이외의 적성을 탐색하도록 지도, 조언하는 역할을 수행해야 한다.

6) 다양한 사제동행의 경험을 통한 소통문화 강화

학교현장에서의 학생들과의 의사소통 활성화와 학교문화의 조성 능력을 제고하기 위하여, 대학에서의 사제 간 상호 신뢰의 기초를 마련하여 사제 간 상호 존중의 교육을 강화한다. 이를 위해 사제동행의 다양한 활동을 실시하고, 특기 및 적성교육을 통해 일선 학교현장에서 학생들과 함께 가르치고 체험할 수 있는 능력을 갖추게 한다.

7) 인성교육 실천 중심의 교육실습 강화와 우수 사례 제공

교육실습은 기본적으로 실습생으로 하여금 구체적이며 현실적인 수업 상황과 직면할 수 있는 기회를 갖게 하며, 실습생이 실제 수업 상황과 똑같은 여건에서 수업을 실연해 볼 수 있는 기회를 제공한다. 그러나 지금까지의 교원양성대학에서의 교육실습은 주로 수업 능력을 높이고 교직 실무 능력을 갖추게 하는 데 중점을 두었다. 따라서 수업 및 실무 능력의 제고와 함께 인성교육 실천의 기회를 부여할 수 있는 교육실습의 강화가 필요하다. 또한 인성교육 실천 우수 사례에 대한 다양한 자료를 통하여 예비교사들이 보다 효과적인 인성교육의 방법을 체득할 수 있도록 각 시·도교육청과 연계하여 우수 사례의 자료를 함께 공유하고 교원양성대학에서 수업 및 연구자료로 활용할 수 있도록 해야 한다.

현장에서 학생들의 바람직한 인성 형성은 건강한 민주시민으로 성장하게 하는 기초가 되기 때문에 예비교사 양성과정에서 바른 인성 함양을 위한 교사 인성교육이 절대적으로 요구된다. 무엇보다 이 시기 학생들의 인성 형성에 영향을 미치는 교사 스스로가 언행의 모범을 보여야 하며, 이러한 측면에서 자신의 책무에 대해 엄격한 기준을 가져야 할 것이다.

2. 인성교육의 실제

인성교육은 문학, 미술, 음악, 영상, 동작, 놀이 등의 다양한 접근으로 운영할 수 있다. 여기서는 리터러시 매체를 기반으로 하여 8대 인성 덕목 함양을 위한 인성교육의 실제를 제시하고자 한다(강유정·박진희·정동희, 2017).

1) 예(禮)

리터러시 매체 유형	아동도서
인성덕목	예(禮)
매체제목	세상에서 가장 맛있는 밥

밥을 먹을 때 지켜야 하는 예절은 무엇일까?

『세상에서 가장 맛있는 밥』은 썰렁한 보리네 가족의 아침을 확 바꾼 밥상머리의 작은 기적에 대해 이야기하는 작품이다.

활동명: 우리집 밥상머리

활동 목표

- 식사시간 지켜야 할 예절에 대해 알아본다.
- 식사시간 지켜야 할 예절표를 만들고 식사예절을 실천할 수 있다.
- 올바르지 않은 식사예절을 인식하고 식사예절을 지키려는 자세를 가진다.

매체감상

- 아동도서 『세상에서 가장 맛있는 밥』을 읽고 이야기를 나눈다.
  - 아동도서 『세상에서 가장 맛있는 밥』에서 나타난 식사예절과 상황의 문제점에 대해 이야기해 보자.
  - 아동도서 『세상에서 가장 맛있는 밥』을 읽고 난 후 느낀 점에 대해 이야기한다.

활동방법

- 아동도서 『세상에서 가장 맛있는 밥』에서 다루어진 상황과 비슷한 경험을 이야기해 본다.
  - 자신이 잘 지키지 못했던 식사예절을 이야기해 보자.

- 함께 식사하는 상대가 식사예절을 지키지 않아 불편했던 경험을 이야기해 보자.
- 식사예절의 중요성에 대하여 토의한다.

• 우리 가족이 지켜야 할 식사예절을 생각해 보고, 우리집 밥상머리 예절표를 만들어본다.
  - 우리 가족이 잘 지키지 못한 식사예절을 생각해 본다.
  - 우리 가족이 지켜 주었으면 하는 식사예절이나 식사시간 약속들을 이야기해 본다.
  - 우리 가족이 지켜야 할 식사예절을 정하여 '우리집 밥상머리 예절표'를 만들어 보자.

• 자신이 만든 '우리집 밥상머리 예절표'를 소개한다.
  - 우리 가족이 지켜야 할 예절 목록을 소개한다.
  - 이 활동을 통하여 알게 된 점과 느낀 점에 대해 이야기 나눈다.

실천방안

• 가족과의 식사나 다른 사람과의 식사에서 지켜야 할 식사예절을 실천하기 위해서는 스스로 어떠한 노력을 기울여야 하는지 실천방안에 대해 이야기 나눈다.

식사시간 지켜야 할 예절을 실천하기 위해
스스로 지켜야 할 약속을 5가지 만들어 보세요.

1.

2.

3.

4.

5.

리터러시 매체 유형	아동도서
인성덕목	예(禮)
매체제목	세상에서 가장 맛있는 밥

◎ 우리 가족이 지켜야 할 예절을 생각해 보고 '우리집 밥상머리 예절표'를 그림이나 글, 표 등으로 창의적으로 만들어 보세요.

'우리집 밥상머리 예절표' 만들기

2) 효(孝)

리터러시 매체 유형	영화
인성덕목	효(孝)
매체제목	맨발의 기봉이

8살 지능을 가진 노총각 기봉이는 어려서 앓은 열병으로 지능을 잃고 팔순 노모를 모시는 마을에서 소문난 효자이다. 기봉이가 가장 사랑하는 것은 엄마, 세상에서 제일 좋아하는 것은 달리기. 기봉이는 노환으로 이가 빠져서 틀니를 끼워야 하는 엄마를 위해 마라톤에 참가하게 된다. 심장의 문제로 인해 1등은 못 했지만, 엄마 생각에 끝끝내 완주를 하는 데는 성공하였고, 마을 사람들이 사준 틀니를 낀 엄마와 함께 행복하게 사는 것으로 끝난다.

[출처] 영화 맨발의기봉이 줄거리 결말 연기력 끝장|작성자 무비나이트

활동명: 나의 부모님

활동 목표

- 부모님과 가족애를 떠올리며 부모님의 소중함을 안다.
- 부모님과 가족의 사랑에 대한 경험과 이야기를 글로 적어 본다.
- 가족애에 대한 기억을 소중히 여기는 마음을 갖는다.

매체감상

- 영화 ≪맨발의 기봉이≫의 한 장면을 감상하고 이야기 나눈다.
  - 영화 ≪맨발의 기봉이≫를 보고 난 후 느낀 점에 대해 이야기해 보자.
  - 영화 ≪맨발의 기봉이≫에서 인상에 남는 장면에 대해 이야기해 보자.

활동방법

- 영화 ≪맨발의 기봉이≫가 이야기하고자 하는 내용이 무엇인지 생각해 보자.

- 영화 《맨발의 기봉이》의 제작일지를 보며 어떤 과정으로 영화가 제작되어졌는지 알아보자.
- 영화 《맨발의 기봉이》 감독이 어떤 이야기를 하고 싶어 했을지 자신의 생각을 이야기해 보자.

• 우리 가족과 부모님에 대한 경험을 글로 적어 본다.
  - 영화 《맨발의 기봉이》와 같이 일상 속에서 부모님과의 가족애를 느낄 수 있었던 일들을 떠올려 보자.
  - 부모님과 가졌던 특별한 시간 또는 함께하지 못하여 아쉬웠던 기억에 대해 생각해 보고 글로 적어 본다.

• 자신이 적은 글을 소개한다.
  - 자신이 적은 글의 일부를 소개한다.
  - 이 활동을 통하여 느낀 점에 대해 이야기 나눈다.

실천방안

• 부모님과 함께하지 못하여 아쉬웠던 순간을 떠올려 보고 일상 속에서 부모님과 함께할 수 있는 시간을 위한 계획을 적고 실천해 보자.

부모님과 함께할 수 있는 일들을 계획해 보세요.

1.

2.

3.

4.

5.

리터러시 매체 유형	영화
인성덕목	효(孝)
매체제목	맨발의 기봉이

◎ 부모님과 함께하며 느꼈던 가족애나 함께하지 못하여 느꼈던 아쉬움의 마음을 글로 적어 보세요.

'나의 부모님' 에세이 적기

3) 정직

리터러시 매체 유형	인터넷 기사
인성덕목	정직
매체제목	잃어버린 1,300만 원 찾아주니 5000만 원 기부한 사업가

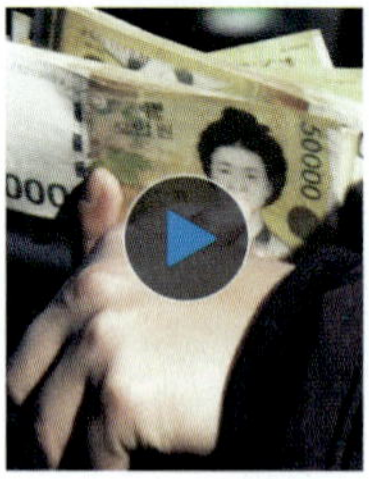

한 사업가가 거리에서 잃어버린 거액의 현금이 주인에게 돌아갔다. 밤이 늦어 주운 돈을 집으로 들고 간 30대가 이튿날 아침 곧바로 신고를 한 것이다. 돈 주인은 되돌아온 돈에 거액을 보태 어려운 이웃을 위한 기부에 나섰고, 돈을 찾아준 청년도 사례금으로 기부 행렬에 동참했다.

https://www.ytn.co.kr/_ln/0115_201612020622215037

활동명: 정직의 순간

활동 목표

- 정직한 결정을 한 사람들의 사례를 알아본다.
- 자신이 가장 정직했던 순간을 그림으로 그려 본다.
- 정직한 결정이 사회에 미치는 영향을 생각해 본다.

매체감상

- 인터넷 기사 〈잃어버린 1,300만 원 찾아주니 5,000만 원 기부한 사업가〉를 읽고 이야기 나눈다.
  - 인터넷 기사 〈잃어버린 1,300만 원 찾아주니 5,000만 원 기부한 사업가〉와 비슷한 내용의 인터넷 뉴스를 더 찾아보고 각 사례들의 공통점을 생각해 본다.
  - 인터넷 기사 〈잃어버린 1,300만 원 찾아주니 5,000만 원 기부한 사업가〉를 읽고 난 후 느낀 점에 대해 이야기해 보자.

활동방법

- 인터넷 기사 〈잃어버린 1,300만 원 찾아주니 5,000만 원 기부한 사업가〉를 읽고 어떤 점이 기삿거리가 되었는지 생각해 본다.
  - 돈이나 물건을 잃어버린 경험 또는 분실물을 습득한 경험을 이야기해 보자.
  - 돈을 찾아준 사람들의 입장이나 갈등할 수 있는 요소를 추측하여 이야기해 보자.
  - 위의 기사와 반대의 상황에 대한 기사도 찾아보고 다른 사람들에게 어떤 영향을 주는지 이야기해 보자.
- 자신이 가장 정직했던 순간을 그림으로 그려 본다.
  - 자신이 가장 정직했다고 생각하는 순간을 떠올려 보자.
  - 그 순간 어떤 갈등이 있었고 왜 정직한 선택을 하게 되었는지 이유를 생각해 보자.
  - 자신이 정직했던 순간을 그림으로 그려 보고 그 순간의 생각들이나 감정들을 적어 보자.
- 자신이 그린 그림 내용을 소개한다.
  - 그림 속 상황과 당시 자신의 갈등과 생각을 소개한다.
  - 이 활동을 통하여 알게 된 점과 느낀 점에 대해 이야기 나눈다.

실천방안

- 사회생활 속에서 정직해야 하는 이유와 실천방안에 대해 이야기 나눈다.

사회생활 속에서 정직한 결정을 해야 하는 이유와
정직한 결정을 위한 방법들을 적어 보세요.

1.

2.

3.

4.

5.

리터러시 매체 유형	인터넷 기사
인성덕목	정직
매체제목	잃어버린 1,300만 원 찾아주니 5000만 원 기부한 사업가

◎ 자신이 가장 정직했던 순간의 경험을 그림으로 그려 보고 당시의 갈등과 생각을 적어 보세요.

'정직의 순간' 그리기

＊정직한 행동 순간을 그림으로 표현해 보세요.

* 정직한 행동을 하기 전 어떤 생각과 갈등을 했는지 글로 표현해 보세요.

4) 책임

리터러시 매체 유형	영화
인성덕목	책임
매체제목	미라클 워커

헬렌 켈러는 태어나면서부터 원인불명의 질병으로 인한 장애와 불구를 비관해서 괴팍하고 통제불능의 아이로 변해 간다. 부모님과 주변인들은 안쓰러운 마음에 참아주고 방관하기만 한다. 헬렌 켈러의 교육을 위해 부모님은 설리반 선생님을 모셔오지만 상황은 점점 어려워져 간다.

활동명: 책임 있는 교사

활동 목표

- 책임 있는 교사의 역할에 대해 알아본다.
- 책임 있는 교사에 대한 자신의 생각을 에세이로 적어 본다.
- 성인과 교사로서의 책임감을 가진다.

매체감상

- 영화 《미라클 워커》의 한 장면을 감상하고 이야기 나눈다.
  - 영화 《미라클 워커》에서 헬렌 켈러는 어떤 아이였는지, 설리반 선생님은 헬렌 켈러에게 어떻게 하였는지 이야기해 보자.
  - 영화 《미라클 워커》를 보고 난 후 느낀 점에 대해 이야기해 보자.

활동방법

- 영화 《미라클 워커》에서 설리반 선생님이 보여준 교사로서의 책임에 대해 이야기 나눈다.

- 영화 ≪미라클 워커≫에서 설리반 선생님은 헬렌 켈러를 어떤 마음으로 가르쳤을지 이야기해 보자.
- 헬렌 켈러에게 설리반 선생님은 어떤 존재였을지 이야기해 보자.

• 영화 ≪미라클 워커≫를 본 후 자신이 생각한 '책임 있는 교사'를 주제로 에세이를 적어 본다.
- 설리반 선생님이 생각한 교사로서의 책임은 무엇이었을지 이야기해 보자.
- 자신이 생각하는 '책임 있는 교사'에 대한 에세이를 적어 보자.

• 자신이 적은 에세이를 소개한다.
- 자신이 적은 에세이를 요약하여 소개한다.
- 이 활동을 통하여 느낀 점에 대해 이야기 나눈다.

실천방안

• 책임 있는 교사가 되기 위한 방법에 대해 이야기 나눈다.

책임 있는 교사가 되기 위한 방법을 이야기해 보세요.

1.

2.

3.

4.

5.

리터러시 매체 유형	영화
인성덕목	책임
매체제목	미라클 워커

◎ '책임 있는 교사'를 주제로 에세이를 적어 보세요.

'책임 있는 교사' 에세이 적기

책임 있는 교사

5) 존중

리터러시 매체 유형	광고
인성덕목	존중
매체제목	사랑에는 차별이 없습니다.

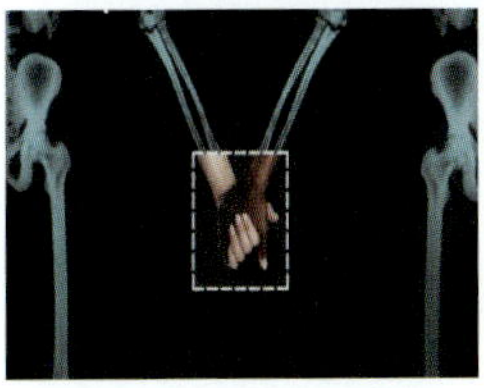

〈사랑에는 차별이 없습니다.〉

모든 사람은 인종, 피부색, 성, 언어, 종교, 민족적 또는 사회적 출신 등에 따른 어떠한 종류의 차별 없이 사랑을 누릴 자격이 있다.

–미국 공익광고협의회

–https://search.naver.com/search.naver?sm=top_hty&fbm=1&ie=utf8&query=%EC%82%AC%EB%9E%91%EC%97%90%EB%8A%94+%EC%B0%A8%EB%B3%84%EC%9D%B4+%EC%97%86%EC%8A%B5%EB%8B%88%EB%8B%A4.

활동명: 사랑에는 차별이 없습니다.

활동 목표

- 인권 존중의 개념과 필요성에 대해 알아본다.
- 인권에 대한 토론을 하고 인권 존중 캠페인 패널을 만든다.
- 인권 존중에 대한 보편적 가치를 실천하려는 마음을 갖는다.

매체감상

- 광고 〈사랑에는 차별이 없습니다〉를 보고 이야기 나눈다.
  - 광고 〈사랑에는 차별이 없습니다〉에는 어떤 사람들이 나오고 있는지, 어떤 내용이 있었는지 이야기해 보자.
  - 광고 〈사랑에는 차별이 없습니다〉를 보고 난 후 느낀 점에 대해 이야기해 보자.

활동방법

- 광고 〈사랑에는 차별이 없습니다〉의 광고 주제와 같은 사회적 이슈는 무엇이

있는지 알아본다.

- 광고 〈사랑에는 차별이 없습니다〉가 전달하고자 하는 내용은 무엇인지 생각해 보고 이야기해 보자.
- 광고 〈사랑에는 차별이 없습니다〉가 제작되어진 배경을 생각해 보고 관련된 사회적 이슈를 찾아 보자.
- 인권과 관련한 사회적 이슈에 대하여 토의해 보고 공통된 의견을 찾아본다.

• 인권의 중요성을 홍보하는 캠페인 패널을 제작해 본다.
  - 캠페인을 통해 전달하고 싶은 메시지를 이야기해 보자
  - 광고 〈사랑에는 차별이 없습니다〉처럼 패널 위에 전달하고 싶은 메시지를 적는다.

• 자신이 만든 캠페인 패널을 소개한다.
  - 자신의 캠페인 패널 내용을 소개한다.
  - 이 활동을 통하여 알게 된 점과 느낀 점에 대해 이야기 나눈다.

실천방안

• 인권 존중을 실천하기 위해서는 스스로 어떠한 노력을 기울여야 하는지 실천방안에 대해 이야기 나눈다.

인권 존중을 위해 스스로 지켜야 할 약속을 5가지 만들어 보세요.

1.

2.

3.

4.

5.

리터러시 매체 유형	광고
인성덕목	존중
매체제목	사랑에는 차별이 없습니다.

◎ 광고 〈사랑에는 차별이 없습니다〉의 내용을 참고하여 캠페인 패널을 제작해 보세요.

'인권 존중' 캠페인 패널 만들기

6) 배려

리터러시 매체 유형	인터넷 기사
인성덕목	배려
매체제목	"마스크는 타인 배려하는 것" 외면하고 폭력 휘두르다 '철창행'

정부는 신종 코로나바이러스 감염증(코로나19) 확산 방지를 위해 대중교통 내 마스크 착용을 의무화했다. 서울 광진구의 한 마을버스에서 마스크 착용 의무화를 지키지 않은 50대 승객 A씨와 이를 문제 삼은 승객 간에 시비가 붙었다. A씨는 두 사람 간 다툼을 말리던 승객의 뺨을 때리고 급기야 침을 뱉고 도주했다. A씨는 따라오던 버스기사의 목을 물어 버스기사는 중상을 입은 것으로 전해졌다. 경찰은 A씨를 현행범으로 체포한 뒤 그에게 상해 혐의를 적용해 구속영장을 신청했다.

https://www.news1.kr/articles/?3971481

활동명: 무슨 일이 있었을까?

활동 목표

- 승객 간 마스크 미착용으로 인한 갈등을 줄일 수 있는 배려방법을 찾아본다.
- 타인과의 갈등을 줄이기 위해 배려가 필요함을 인식한다.

매체감상

- 인터넷 기사 〈"마스크는 타인 배려하는 것"… 외면하고 폭력 휘두르다 '철창행'〉을 읽고 이야기를 나눈다.
  - 인터넷 기사 〈"마스크는 타인 배려하는 것"… 외면하고 폭력 휘두르다 '철창행'〉에서 사람들이 왜 서로 다투게 되었는지 이야기해 보자.
  - 인터넷 기사 〈"마스크는 타인 배려하는 것"… 외면하고 폭력 휘두르다 '철창행'〉을 읽고 난 후 느낀 점에 대해 이야기해 보자.

활동방법

– 인터넷 기사 〈"마스크는 타인 배려하는 것"… 외면하고 폭력 휘두르다 '철창행'〉 기사와 비슷한 내용의 인터넷 기사를 찾아보고 사람들이 왜 다투게 되었는지 생각해 보자.

– 마스크 미착용으로 인한 갈등에 대처하는 방법에 대해 토의한다.

- 마스크 미착용으로 갈등을 겪는 사람들의 모습을 만화로 표현해 보자.
  - 마스크 미착용으로 일어나는 다양한 상황을 생각해 보자.
  - 마스크 미착용으로 인한 어려움과 갈등을 만화로 표현해 보자.
- 자신이 만든 만화를 소개한다.
  - 자신이 그린 만화의 상황을 소개한다.
  - 이 활동을 통하여 알게 된 점과 느낀 점에 대해 이야기 나눈다.

실천방안

- 상대방을 배려하기 위한 마스크 착용 의무화의 실천을 위한 다양한 방법들을 생각해 보자.

상대방을 배려하는 마스크 착용 의무화를 모두가 실천할 수 있는 다양한 아이디어들을 찾아 보세요.

1.

2.

3.

4.

5.

리터러시 매체 유형	인터넷 기사
인성덕목	배려
매체제목	"마스크는 타인 배려하는 것" 외면하고 폭력 휘두르다 '철창행'

◎ 마스크 미착용으로 인해 갈등을 겪는 상황을 만화로 그려 보세요.

'무슨 일이 있었을까?' 만화 그리기

7) 소통

리터러시 매체 유형	아동도서
인성덕목	소통
매체제목	먹통가족의 소통캠프

소라는 자신을 괴롭히는 동생과 잔소리만 하는 엄마, 가족에게 무신경해 보이는 아빠 때문에 가슴이 답답하다. 도무지 말이 안 통하는 먹통가족 같다. 그날도 소라는 답답한 마음에 잠시 집을 뛰쳐나갔다가 들어와 보니, 집안 분위기가 심상치 않다는 것을 알아챈 아빠가 가족 캠프를 제안했다. 소라네는 캠핑장에서 서로의 마음 속 이야기를 털어놓는 '끝장 토론'을 하지만 대화를 몇 마디 이어나가지도 못한 채 토론은 싸움이 되고, 서로 기분만 상한다. 이 책은 먹통가족이었던 소라네가 소통가족이 되는 과정을 이야기한다.

활동명: 효과적인 피드백

활동 목표

- 효과적인 의사소통 방법을 알아본다.
- 부적절한 의사소통의 사례를 찾아 효과적인 방법으로 대화를 해본다.
- 효과적인 의사소통 기술의 필요성을 느낀다.

매체감상

- 아동도서 『먹통가족의 소통캠프』의 한 부분을 읽고 이야기 나눈다.
  - 아동도서 『먹통가족의 소통캠프』에서 소라는 가족에 대해 어떤 불만이 있는지 생각해 보자.
  - 아동도서 『먹통가족의 소통캠프』를 읽고 난 후 느낀 점에 대해 이야기해 보자.

활동방법

- 아동도서 『먹통가족의 소통캠프』에서 작가가 말하고자 하는 가족 간의 의사

소통 기술에 대해 이야기 나눈다.

- 아동도서 『먹통가족의 소통캠프』의 소라네 가족과 같은 대화를 해본 경험을 생각해 보고 대화를 할 때의 느낌을 이야기해 보자.
- 가족 간 적절한 의사소통의 방법에 대해 이야기해 본다.

- 아동도서 『먹통가족의 소통캠프』에서 찾아본 의사소통 기술에 대해 알아보고 대화에 적용해 본다.
  - 아동도서 『먹통가족의 소통캠프』를 읽고 가족 간의 대화에 적용한 경험을 이야기해 보자.
  - 이 활동을 통하여 알게 된 점과 느낀 점에 대해 이야기 나눈다.

실천방안

- 가족 간 효과적인 의사소통 기술에 대해 알아보고 실천방안에 대해 이야기 나눈다.

가족 간 효과적인 의사소통을 위한 기술들을 적어 보세요.

1.

2.

3.

4.

5.

리터러시 매체 유형	아동도서
인성덕목	소통
매체제목	먹통가족의 소통캠프

◎ 부적절한 가족 간 대화의 사례를 찾아보고 효과적인 의사소통의 방법으로 수정해 보세요.

부적절한 피드백	효과적인 피드백

8) 협동

리터러시 매체 유형	창작그림책
인성덕목	협동
매체제목	길 아저씨 손 아저씨

눈이 먼 손 아저씨와 다리가 불편한 길 아저씨가 서로의 눈이 되고, 다리가 되어 더불어 살아간다는 이야기이다.

활동명: 함께하는 시간

활동 목표	
	• 협동하여 어려운 일을 해결할 수 있음을 알 수 있다. • 협동하여 할 수 있는 활동을 통해 협동하는 경험을 해본다. • 협동의 필요성을 인식한다.

매체감상

- 창작그림책 『길 아저씨 손 아저씨』를 읽고 이야기 나눈다.
  - 창작그림책 『길 아저씨 손 아저씨』를 읽고 협동의 의미에 대해 생각해 보고 이야기 나눈다.
  - 창작그림책 『길 아저씨 손 아저씨』를 읽고 난 후 느낀 점에 대해 이야기해 보자.

활동방법

- 창작그림책 『길 아저씨 손 아저씨』를 읽고, 같이 힘을 모아서 어려움을 이겨낸 사회적 이슈는 무엇이 있었는지 알아본다.
  - 여러 사람이 합심하여 어려운 상황을 이겨낸 사례를 찾아보고 이야기 나눈다.
  - 사람들이 어려울 때 서로 협동할 수 있는 동기에 대해 생각해 보고 이야기해 보자.

– 협동의 중요성에 대하여 토의한다.

- 사진찍기 활동을 협동하여 해본다.
  –10~15명 정도의 소그룹을 만든다.
  –소그룹의 모든 인원이 동시에 점프를 하고 있는 사진을 핸드폰에 담아 본다.
  –이때 구성원의 발은 땅에서 모두 떨어져야만 하는 규칙을 정한다.
  –어느 팀이 가장 빨리 사진을 찍는지 게임을 해 본다.
  –팀원들과 협동하여 활동한 후 소감을 이야기해 보자.
- 협동하여 활동한 느낌을 이야기해 보자.
  – 자신의 팀이 사용한 협력방법을 소개한다.
  – 이 활동을 통하여 느낀 점에 대해 이야기 나눈다.

실천방안

- 생활에서 협동을 하면 더 쉽게 할 수 있는 일들에 대해 이야기해 보고 협동을 위한 실천방안에 대해 이야기 나눈다.

협동을 통해 할 수 있는 일들에 대해 이야기해 보세요.

1.

2.

3.

4.

5.

리터러시 매체 유형	창작그림책
인성덕목	협동
매체제목	길 아저씨 손 아저씨

◎ 친구들과 함께 점프를 하고 있는 사진을 붙이고 활동 소감을 적어 주세요.

함께하는 시간

사진붙이는 곳

활동 후 소감

첨부자료

학교폭력예방 및 대책에 관한 법률 (약칭: 학교폭력예방법)

[시행 2024. 3. 1.] [법률 제19942호, 2024. 1. 9., 일부개정]

교육부(학교폭력대책과) 044-203-6978

제1조(목적) 이 법은 학교폭력의 예방과 대책에 필요한 사항을 규정함으로써 피해학생의 보호, 가해학생의 선도·교육 및 피해학생과 가해학생 간의 분쟁조정을 통하여 학생의 인권을 보호하고 학생을 건전한 사회구성원으로 육성함을 목적으로 한다.

제2조(정의) 이 법에서 사용하는 용어의 정의는 다음 각 호와 같다. 〈개정 2009. 5. 8., 2012. 1. 26., 2012. 3. 21., 2021. 3. 23., 2023. 10. 24.〉

1. "학교폭력"이란 학교 내외에서 학생을 대상으로 발생한 상해, 폭행, 감금, 협박, 약취·유인, 명예훼손·모욕, 공갈, 강요·강제적인 심부름 및 성폭력, 따돌림, 사이버폭력 등에 의하여 신체·정신 또는 재산상의 피해를 수반하는 행위를 말한다.

1의2. "따돌림"이란 학교 내외에서 2명 이상의 학생들이 특정인이나 특정집단의 학생들을 대상으로 지속적이거나 반복적으로 신체적 또는 심리적 공격을 가하여 상대방이 고통을 느끼도록 하는 모든 행위를 말한다.

1의3. "사이버폭력"이란 정보통신망(「정보통신망 이용촉진 및 정보보호 등에 관한 법률」 제2조제1항제1호의 정보통신망을 말한다)을 이용하여 학생을 대상으로 발생한 따돌림과 그 밖에 신체·정신 또는 재산상의 피해를 수반하는 행위를 말한다.

2. "학교"란 「초·중등교육법」 제2조에 따른 초등학교·중학교·고등학교·특수학교 및 각종학교와 같은 법 제61조에 따라 운영하는 학교를 말한다.

3. "가해학생"이란 가해자 중에서 학교폭력을 행사하거나 그 행위에 가담한 학생을 말한다.

4. "피해학생"이란 학교폭력으로 인하여 피해를 입은 학생을 말한다.
5. "장애학생"이란 신체적·정신적·지적 장애 등으로 「장애인 등에 대한 특수교육법」 제15조에서 규정하는 특수교육이 필요한 학생을 말한다.

제3조(해석·적용의 주의의무) 이 법을 해석·적용하는 경우 국민의 권리가 부당하게 침해되지 아니하도록 주의하여야 한다. 〈개정 2021. 3. 23.〉

제4조(국가 및 지방자치단체의 책무) ① 국가 및 지방자치단체는 학교폭력을 예방하고 근절하기 위하여 조사·연구·교육·계도 등 필요한 법적·제도적 장치를 마련하여야 한다.

② 국가 및 지방자치단체는 청소년 관련 단체 등 민간의 자율적인 학교폭력 예방활동과 피해학생의 보호 및 가해학생의 선도·교육활동을 장려하여야 한다.

③ 국가 및 지방자치단체는 제2항에 따른 청소년 관련 단체 등 민간이 건의한 사항에 대하여는 관련 시책에 반영하도록 노력하여야 한다.

④ 국가 및 지방자치단체는 제1항부터 제3항까지의 규정에 따른 책무를 다하기 위하여 필요한 행정적·재정적 지원을 하여야 한다. 〈개정 2012. 3. 21.〉

제5조(다른 법률과의 관계) ① 학교폭력의 규제, 피해학생의 보호 및 가해학생에 대한 조치에 관하여 다른 법률에 특별한 규정이 있는 경우를 제외하고는 이 법을 적용한다. 〈개정 2021. 3. 23.〉

② 제2조제1호 중 성폭력은 다른 법률에 규정이 있는 경우에는 이 법을 적용하지 아니한다.

제6조(기본계획의 수립 등) ① 교육부장관은 이 법의 목적을 효율적으로 달성하기 위하여 학교폭력의 예방 및 대책에 관한 정책 목표·방향을 설정하고, 이에 따른 학교폭력의 예방 및 대책에 관한 기본계획(이하 "기본계획"이라 한다)을 제7조에 따른 학교폭력대책위원회의 심의를 거쳐 수립·시행하여야 한다. 〈개정 2012. 3. 21., 2013. 3. 23.〉

② 기본계획은 다음 각 호의 사항을 포함하여 5년마다 수립하여야 한다. 이 경우 교육부장관은 관계 중앙행정기관 등의 의견을 수렴하여야 한다. 〈개정 2012. 3. 21., 2013. 3. 23.〉

1. 학교폭력의 근절을 위한 조사·연구·교육 및 계도

2. 피해학생에 대한 치료·재활 등의 지원

3. 학교폭력 관련 행정기관 및 교육기관 상호 간의 협조·지원

4. 제14조제1항에 따른 전문상담교사의 배치 및 이에 대한 행정적·재정적 지원

5. 학교폭력의 예방과 피해학생 및 가해학생의 치료·교육을 수행하는 청소년 관련 단체(이하 "전문단체"라 한다) 또는 전문가에 대한 행정적·재정적 지원

6. 그 밖에 학교폭력의 예방 및 대책을 위하여 필요한 사항

③ 교육부장관은 학교에서 학교폭력에 효과적으로 대응할 수 있도록 학교폭력 사안처리 및 예방교육 등에 관한 안내서를 개발·보급하여야 한다. 〈신설 2023. 10. 24.〉

④ 교육부장관은 대통령령으로 정하는 바에 따라 특별시·광역시·특별자치시·도 및 특별자치도(이하 "시·도"라 한다) 교육청의 학교폭력 예방 및 대책과 그에 대한 성과를 평가하고, 이를 공표하여야 한다. 〈신설 2012. 1. 26., 2013. 3. 23., 2023. 10. 24.〉

제6조의2(학교폭력 대응 전문교육기관 및 센터 운영 등) ① 국가는 학생 치유·회복을 위한 보호시설 운영, 연구 및 교육 등을 수행하는 전문교육기관을 설치·운영할 수 있다.

② 국가는 학교폭력의 효과적인 예방 및 대응을 위한 센터(이하 "학교폭력예방센터"라 한다)를 지정·운영할 수 있다.

③ 제1항에 따른 전문교육기관의 설치·운영과 제2항에 따른 학교폭력 예방센터의 지정·운영에 관한 사항은 대통령령으로 정한다.

[본조신설 2023. 10. 24.]

제7조(학교폭력대책위원회의 설치·기능) 학교폭력의 예방 및 대책에 관한 다음 각 호의 사항을 심의하기 위하여 국무총리 소속으로 학교폭력대책위원회(이하 "대책위원회"라 한다)를 둔다. 〈개정 2012. 3. 21., 2019. 8. 20.〉

1. 학교폭력의 예방 및 대책에 관한 기본계획의 수립 및 시행에 대한 평가

2. 학교폭력과 관련하여 관계 중앙행정기관 및 지방자치단체의 장이 요청하는 사항

3. 학교폭력과 관련하여 교육청, 제9조에 따른 학교폭력대책지역위원회, 제10조의2에 따른 학교폭력대책지역협의회, 제12조에 따른 학교폭력대책심의위원회, 전문단체 및 전문가가 요청하는 사항

[제목개정 2012. 3. 21.]

제8조(대책위원회의 구성) ① 대책위원회는 위원장 2명을 포함하여 20명 이내의 위원으로 구성한다.

② 위원장은 국무총리와 학교폭력 대책에 관한 전문지식과 경험이 풍부한 전문가 중에서 대통령이 위촉하는 사람이 공동으로 되고, 위원장 모두가 부득이한 사유로 직무를 수행할 수 없을 때에는 국무총리가 지명한 위원이 그 직무를 대행한다.

③ 위원은 다음 각 호의 사람 중에서 대통령이 위촉하는 사람으로 한다. 다만, 제1호의 경우에는 당연직 위원으로 한다. 〈개정 2013. 3. 23., 2014. 11. 19., 2017. 7. 26.〉

1. 기획재정부장관, 교육부장관, 과학기술정보통신부장관, 법무부장관, 행정안전부장관, 문화체육관광부장관, 보건복지부장관, 여성가족부장관, 방송통신위원회 위원장, 경찰청장
2. 학교폭력 대책에 관한 전문지식과 경험이 풍부한 전문가 중에서 제1호의 위원이 각각 1명씩 추천하는 사람
3. 관계 중앙행정기관에 소속된 3급 공무원 또는 고위공무원단에 속하는 공무원으로서 청소년 또는 의료 관련 업무를 담당하는 사람
4. 대학이나 공인된 연구기관에서 조교수 이상 또는 이에 상당한 직에 있거나 있었던 사람으로서 학교폭력 문제 및 이에 따른 상담 또는 심리에 관하여 전문지식이 있는 사람
5. 판사·검사·변호사
6. 전문단체에서 청소년보호활동을 5년 이상 전문적으로 담당한 사람
7. 의사의 자격이 있는 사람
8. 학교운영위원회 활동 및 청소년보호활동 경험이 풍부한 학부모

④ 위원장을 포함한 위원의 임기는 2년으로 하되, 한 차례에 한정하여 연임할 수 있다. 〈개정 2021. 3. 23.〉

⑤ 위원회의 효율적 운영 및 지원을 위하여 간사 1명을 두되, 간사는 교육부장관이 된다. 〈개정 2013. 3. 23.〉

⑥ 위원회에 상정할 안건을 미리 검토하는 등 안건 심의를 지원하고, 위원회가 위임한 안건을 심의하기 위하여 대책위원회에 학교폭력대책실무위원회(이하 "실무위원회"라 한다)를 둔다.

⑦ 그 밖에 대책위원회의 운영과 실무위원회의 구성·운영에 필요한 사항은 대통령령으로 정한다.

[전문개정 2012. 3. 21.]

제9조(학교폭력대책지역위원회의 설치) ① 지역의 학교폭력 문제를 해결하기 위하여 시·도에 학교폭력대책지역위원회(이하 "지역위원회"라 한다)를 둔다. 〈개정 2012. 1. 26.〉

② 특별시장·광역시장·특별자치시장·도지사 및 특별자치도지사는 지역위원회의 운영 및 활동에 관하여 시·도의 교육감(이하 "교육감"이라 한다)과 협의하여야 하며, 그 효율적인 운영을 위하여 실무위원회를 둘 수 있다. 〈개정 2012. 1. 26.〉

③ 지역위원회는 위원장 1인을 포함한 11인 이내의 위원으로 구성한다.

④ 지역위원회 및 제2항에 따른 실무위원회의 구성·운영에 필요한 사항은 대통령령으로 정한다.

제10조(학교폭력대책지역위원회의 기능 등) ① 지역위원회는 기본계획에 따라 지역의 학교폭력 예방대책을 매년 수립한다.

② 지역위원회는 해당 지역에서 발생한 학교폭력에 대하여 교육감 및 시·도경찰청장에게 관련 자료를 요청할 수 있다. 〈개정 2020. 12. 22.〉

③ 교육감은 지역위원회의 의견을 들어 제16조제1항제1호부터 제3호까지나 제17조제1항제5호에 따른 상담·치료 및 교육을 담당할 상담·치료·교육 기관을 지정하여야 한다. 〈개정 2012. 1. 26.〉

④ 교육감은 제3항에 따른 상담·치료·교육 기관을 지정한 때에는 해당 기관의 명칭, 소재지, 업무를 인터넷 홈페이지에 게시하고, 그 밖에 다양한 방법으로 학부모에게 알릴 수 있도록 노력하여야 한다. 〈신설 2012. 1. 26.〉

[제목개정 2012. 1. 26.]

제10조의2(학교폭력대책지역협의회의 설치·운영) ① 학교폭력예방 대책을 수립하고 기관별 추진계획 및 상호 협력·지원 방안 등을 협의하기 위하여 시·군·구에 학교폭력대책지역협의회(이하 "지역협의회"라 한다)를 둔다.

② 지역협의회는 위원장 1명을 포함한 20명 내외의 위원으로 구성한다.

③ 그 밖에 지역협의회의 구성·운영에 필요한 사항은 대통령령으로 정한다.

[본조신설 2012. 3. 21.]

제11조(교육감의 임무) ① 교육감은 시·도교육청에 학교폭력의 예방·대책 및 법률지원을 포함한 통합지원을 담당하는 전담부서를 설치·운영하여야 한다. 〈개정 2023. 10. 24.〉

② 교육감은 관할 구역 안에서 학교폭력이 발생한 때에는 해당 학교의 장 및 관련 학교의 장에게 그 경과 및 결과의 보고를 요구할 수 있다.

③ 교육감은 관할 구역 안의 학교폭력이 관할 구역 외의 학교폭력과 관련이 있는 때에는 그 관할 교육감과 협의하여 적절한 조치를 취하여야 한다.

④ 교육감은 학교의 장으로 하여금 학교폭력의 예방 및 대책에 관한 실시계획을 수립·시행하도록 하여야 한다.

⑤ 교육감은 제12조에 따른 심의위원회가 처리한 학교의 학교폭력빈도를 학교의 장에 대한 업무수행 평가에 부정적 자료로 사용하여서는 아니 된다. 〈개정 2019. 8. 20.〉

⑥ 교육감은 제17조제1항제8호에 따른 전학의 경우 그 실현을 위하여 필요한 조치를 취하여야 하며, 제17조제1항제9호에 따른 퇴학처분의 경우 해당 학생의 건전한 성장을 위하여 다른 학교 재입학 등의 적절한 대책을 강구하여야 한다. 〈개정 2012. 1. 26., 2012. 3. 21.〉

⑦ 교육감은 대책위원회 및 지역위원회에 관할 구역 안의 학교폭력의 실태 및 대책에 관한 사항을 보고하고 공표하여야 한다. 관할 구역 밖의 학교폭력 관련 사항 중 관할 구역 안의 학교와 관련된 경우에도 또한 같다. 〈개정 2012. 1. 26., 2012. 3. 21.〉

⑧ 교육감은 학교폭력의 실태를 파악하고 학교폭력에 대한 효율적인 예방대책을 수립하기 위하여 학교폭력 실태조사를 연 2회 이상 실시하고 그 결과를 공표하여야 한다. 〈신설 2012. 3. 21., 2015. 12. 22.〉

⑨ 교육감은 학교폭력 등에 관한 조사, 상담, 치유프로그램 운영, 학생 치유·회복을 위한 보호시설 운영, 법률지원을 포함한 통합지원 등을 위한 전문기관을 설치·운영하여야 한다. 〈신설 2012. 3. 21., 2023. 10. 24.〉

⑩ 교육감은 제14조제3항에 따른 전담기구 구성원의 학교폭력 관련 전문성 향상을 위한 교육 등을 실시할 수 있다. 〈신설 2023. 10. 24.〉

⑪ 교육감은 관할 구역에서 학교폭력이 발생한 때에 해당 학교의 장 또는 소속 교원이 그 경과 및 결과를 보고하면서 축소 및 은폐를 시도한 경우에는 「교육공무원법」 제50조 및 「사립학교법」 제62조에 따른 징계위원회에 징계의결을 요구하여야 한다. 〈신설 2012. 3. 21., 2021. 3. 23., 2023. 10. 24.〉

⑫ 교육감은 관할 구역에서 학교폭력의 예방 및 대책 마련에 기여한 바가 큰 학교 또는 소속 교원에게 상훈을 수여하거나 소속 교원의 근무성적 평정에 가산점을 부여할 수 있다. 〈신설 2012. 3. 21., 2023. 10. 24.〉

⑬ 교육감은 학교의 장 및 교감을 대상으로 학교폭력 예방 및 대책 등에 관한 교육을 매년 1회 이상 실시하여야 한다. 〈신설 2023. 10. 24.〉

⑭ 제1항에 따라 설치되는 전담부서의 구성과 제8항에 따라 실시하는 학교폭력 실태조사, 제9항에 따른 전문기관의 설치 및 제13항에 따른 교육의 실시에 필요한 사항은 대통령령으로 정한다. 〈개정 2012. 3. 21., 2023. 10. 24.〉

제11조의2(학교폭력 조사·상담 등) ① 교육감은 학교폭력 예방과 사후조치 등을 위하여 다음 각 호의 조사·상담 등을 수행할 수 있다. 〈개정 2021. 3. 23.〉

1. 학교폭력 피해학생 상담 및 가해학생 조사
2. 필요한 경우 가해학생 학부모 조사
3. 학교폭력 예방 및 대책에 관한 계획의 이행 지도
4. 관할 구역 학교폭력서클 단속
5. 학교폭력 예방을 위하여 민간 기관 및 업소 출입·검사
6. 그 밖에 학교폭력 등과 관련하여 필요한 사항

② 교육감은 제1항의 조사·상담 등의 업무를 대통령령으로 정하는 기관 또는 단체에 위탁할 수 있다.

③ 교육감 및 제2항에 따른 위탁 기관 또는 단체의 장은 제1항에 따른 조사·상담 등의 업무 수행에 필요한 경우 관계 기관의 장에게 협조를 요청할

수 있다. 〈개정 2021. 3. 23.〉

④ 제1항에 따라 조사·상담 등을 하는 관계 직원은 그 권한을 표시하는 증표를 지니고 이를 관계인에게 보여주어야 한다.

⑤ 제1항제1호 및 제4호의 조사 등의 결과는 학교의 장 및 보호자에게 통보하여야 한다.

[본조신설 2012. 3. 21.]

제11조의3(관계 기관과의 협조 등) ① 교육부장관, 교육감, 지역 교육장, 학교의 장은 학교폭력과 관련한 개인정보 등을 경찰청장, 시·도경찰청장, 관할 경찰서장 및 관계 기관의 장에게 요청할 수 있다. 〈개정 2013. 3. 23., 2020. 12. 22.〉

② 제1항에 따라 정보제공을 요청받은 경찰청장, 시·도경찰청장, 관할 경찰서장 및 관계 기관의 장은 특별한 사정이 없으면 그 요청을 따라야 한다. 〈개정 2020. 12. 22., 2021. 3. 23.〉

③ 제1항 및 제2항에 따른 관계 기관과의 협조 사항 및 절차 등에 필요한 사항은 대통령령으로 정한다.

[본조신설 2012. 3. 21.]

제11조의4(학교폭력 업무 담당자에 대한 지원 및 면책) ① 학교의 장은 제14조제3항에 따른 책임교사의 활동을 지원하기 위하여 수업시간을 조정하는 등 필요한 조치를 하여야 한다.

② 교육부장관 및 교육감은 학교폭력 예방 및 대응 업무를 수행하는 교원의 활동을 지원하기 위하여 「교원의 지위 향상 및 교육활동 보호를 위한 특별법」 제14조의2에 따른 법률지원단을 통하여 학교폭력과 관련된 상담 및 민사소송이나 형사 고소·고발 등을 당한 경우 이에 대한 상담 등 필요한 법률서비스를 제공할 수 있다.

③ 학교의 장 및 교원이 학교폭력 예방 및 대응을 위하여 「초·중등교육법」 등 관계 법령에 따라 학생생활지도를 실시하는 경우 해당 학생생활지도가 관계 법령 및 학칙을 준수하여 이루어진 정당한 학교폭력사건 처리 또는 학생생활지도에 해당하는 때에는 학교의 장 및 교원은 그로 인한 민사상·형사상 책임을 지지 아니한다.

[본조신설 2023. 10. 24.]

제12조(학교폭력대책심의위원회의 설치·기능) ① 학교폭력의 예방 및 대책에 관련된 사항을 심의하기 위하여 「지방교육자치에 관한 법률」 제34조 및 「제주특별자치도 설치 및 국제자유도시 조성을 위한 특별법」 제80조에 따른 교육지원청(교육지원청이 없는 경우 해당 시·도 조례로 정하는 기관으로 한다. 이하 같다)에 학교폭력대책심의위원회(이하 "심의위원회"라 한다)를 둔다. 다만, 심의위원회 구성에 있어 대통령령으로 정하는 사유가 있는 경우에는 교육감 보고를 거쳐 둘 이상의 교육지원청이 공동으로 심의위원회를 구성할 수 있다. 〈개정 2012. 1. 26., 2019. 8. 20.〉

② 심의위원회는 학교폭력의 예방 및 대책 등을 위하여 다음 각 호의 사항을 심의한다. 〈개정 2012. 1. 26., 2019. 8. 20.〉

1. 학교폭력의 예방 및 대책
2. 피해학생의 보호
3. 가해학생에 대한 교육, 선도 및 징계
4. 피해학생과 가해학생 간의 분쟁조정
5. 그 밖에 대통령령으로 정하는 사항

③ 심의위원회는 해당 지역에서 발생한 학교폭력에 대하여 조사할 수 있고 학교장 및 관할 경찰서장에게 관련 자료를 요청할 수 있다. 〈신설 2012. 3. 21., 2019. 8. 20.〉

④ 심의위원회의 설치·기능 등에 필요한 사항은 지역 및 교육지원청의 규모 등을 고려하여 대통령령으로 정한다. 〈개정 2012. 3. 21., 2019. 8. 20.〉

[제목개정 2019. 8. 20.]

제13조(심의위원회의 구성·운영) ① 심의위원회는 10명 이상 50명 이내의 위원으로 구성하되, 전체위원의 3분의 1 이상을 해당 교육지원청 관할 구역 내 학교(고등학교를 포함한다)에 소속된 학생의 학부모로 위촉하여야 한다. 〈개정 2019. 8. 20.〉

② 심의위원회의 위원장은 다음 각 호의 어느 하나에 해당하는 경우에 회의를 소집하여야 한다. 〈신설 2011. 5. 19., 2012. 1. 26., 2012. 3. 21., 2019. 8. 20.〉

1. 심의위원회 재적위원 4분의 1 이상이 요청하는 경우
2. 학교의 장이 요청하는 경우
3. 피해학생 또는 그 보호자가 요청하는 경우
4. 학교폭력이 발생한 사실을 신고받거나 보고받은 경우
5. 가해학생이 협박 또는 보복한 사실을 신고받거나 보고받은 경우
6. 그 밖에 위원장이 필요하다고 인정하는 경우

③ 심의위원회는 회의의 일시, 장소, 출석위원, 토의내용 및 의결사항 등이 기록된 회의록을 작성·보존하여야 한다. 〈신설 2011. 5. 19., 2019. 8. 20.〉

④ 제2항에 따라 회의가 소집되는 경우 교육장(교육지원청이 없는 경우 해당 시·도 조례로 정하는 기관의 장)은 가해학생·피해학생 및 그 보호자에게 다음 각 호의 사항을 통지하여야 한다. 〈신설 2024. 1. 9.〉

1. 회의 일시·장소와 안건
2. 조치 요청사항 등 회의 결과

⑤ 심의위원회는 심의 과정에서 소아청소년과 의사, 정신건강의학과 의사, 심리학자, 그 밖의 아동심리와 관련된 전문가를 출석하게 하거나 서면 등의 방법으로 의견을 청취할 수 있고, 피해학생이 상담·치료 등을 받은 경우 해당 전문가 또는 전문의 등으로부터 의견을 청취할 수 있다. 다만, 심의위원회는 피해학생 또는 그 보호자의 의사를 확인하여 피해학생 또는 그 보호자의 요청이 있는 경우에는 반드시 의견을 청취하여야 한다. 〈신설 2020. 12. 22., 2024. 1. 9.〉

⑥ 그 밖에 심의위원회의 구성·운영에 필요한 사항은 대통령령으로 정한다. 〈개정 2011. 5. 19., 2019. 8. 20., 2020. 12. 22., 2024. 1. 9.〉

[제목개정 2011. 5. 19., 2019. 8. 20.]

제13조의2(학교의 장의 자체해결) ① 제13조제2항제4호 및 제5호에도 불구하고 다음 각 호에 모두 해당하는 경미한 학교폭력에 대하여 피해학생 및 그 보호자가 심의위원회의 개최를 원하지 아니하는 경우 학교의 장은 학교폭력사건을 자체적으로 해결할 수 있다. 이 경우 학교의 장은 지체 없이 이를 심의위원회에 보고하여야 한다. 〈개정 2021. 3. 23., 2023. 10. 24.〉

1. 2주 이상의 신체적·정신적 치료가 필요한 진단서를 발급받지 않은 경우

2. 재산상 피해가 없는 경우 또는 재산상 피해가 즉각 복구되거나 복구 약속이 있는 경우
3. 학교폭력이 지속적이지 않은 경우
4. 학교폭력에 대한 신고, 진술, 자료제공 등에 대한 보복행위(정보통신망을 이용한 행위를 포함한다)가 아닌 경우

② 학교의 장은 제1항에 따라 사건을 해결하려는 경우 다음 각 호에 해당하는 절차를 모두 거쳐야 한다.

1. 피해학생과 그 보호자의 심의위원회 개최 요구 의사의 서면 확인
2. 학교폭력의 경중에 대한 제14조제3항에 따른 전담기구의 서면 확인 및 심의

③ 학교의 장은 제1항에 따른 경미한 학교폭력에 대하여 피해학생 및 그 보호자가 심의위원회의 개최를 원하는 경우 피해학생과 가해학생 사이의 관계회복을 위한 프로그램(이하 "관계회복 프로그램"이라 한다)을 권유할 수 있다. 〈신설 2023. 10. 24.〉

④ 국가 및 지방자치단체는 관계회복 프로그램의 개발·보급 및 운영을 위하여 필요한 경우 행정적·재정적 지원을 할 수 있다. 〈신설 2023. 10. 24.〉

⑤ 그 밖에 학교의 장이 학교폭력을 자체적으로 해결하는 데에 필요한 사항은 대통령령으로 정한다. 〈개정 2023. 10. 24.〉

[본조신설 2019. 8. 20.]

제14조(전문상담교사 배치 및 전담기구 구성) ① 학교의 장은 학교에 대통령령으로 정하는 바에 따라 상담실을 설치하고, 「초·중등교육법」 제19조의2에 따라 전문상담교사를 둔다.

② 전문상담교사는 학교의 장 및 심의위원회의 요구가 있는 때에는 학교폭력에 관련된 피해학생 및 가해학생과의 상담결과를 보고하여야 한다. 〈개정 2019. 8. 20.〉

③ 학교의 장은 교감, 전문상담교사, 보건교사 및 책임교사(학교폭력문제를 담당하는 교사를 말한다), 학부모 등으로 학교폭력문제를 담당하는 전담기구(이하 "전담기구"라 한다)를 구성한다. 이 경우 학부모는 전담기구 구성원의 3분의 1 이상이어야 한다. 〈개정 2012. 3. 21., 2019. 8. 20.〉

④ 학교의 장은 학교폭력 사태를 인지한 경우 지체 없이 전담기구 또는 소속 교원으로 하여금 가해 및 피해 사실 여부를 확인하도록 하고, 전담기구로 하여금 제13조의2에 따른 학교의 장의 자체해결 부의 여부를 심의하도록 한다. 〈신설 2019. 8. 20.〉

⑤ 전담기구는 학교폭력에 대한 실태조사(이하 "실태조사"라 한다)와 학교폭력 예방 프로그램을 구성·실시하며, 학교의 장 및 심의위원회의 요구가 있는 때에는 학교폭력에 관련된 조사결과 등 활동결과를 보고하여야 한다. 〈개정 2012. 3. 21., 2019. 8. 20.〉

⑥ 피해학생 또는 피해학생의 보호자는 피해사실 확인을 위하여 전담기구에 실태조사를 요구할 수 있다. 〈신설 2009. 5. 8., 2012. 3. 21., 2019. 8. 20.〉

⑦ 국가 및 지방자치단체는 실태조사에 관한 예산을 지원하고, 관계 행정기관은 실태조사에 협조하여야 하며, 학교의 장은 전담기구에 행정적·재정적 지원을 할 수 있다. 〈개정 2009. 5. 8., 2012. 3. 21., 2019. 8. 20.〉

⑧ 전담기구는 성폭력 등 특수한 학교폭력사건에 대한 실태조사의 전문성을 확보하기 위하여 필요한 경우 전문기관에 그 실태조사를 의뢰할 수 있다. 이 경우 그 의뢰는 심의위원회 위원장의 심의를 거쳐 학교의 장 명의로 하여야 한다. 〈신설 2012. 1. 26., 2012. 3. 21., 2019. 8. 20.〉

⑨ 그 밖에 전담기구 운영 등에 필요한 사항은 대통령령으로 정한다. 〈신설 2012. 3. 21., 2019. 8. 20.〉

제15조(학교폭력 예방교육 등) ① 학교의 장은 학생의 육체적·정신적 보호와 학교폭력의 예방을 위한 학생들에 대한 교육(학교폭력의 개념·실태 및 대처방안 등을 포함하여야 한다)을 학기별로 1회 이상 실시하여야 한다. 〈개정 2012. 1. 26.〉

② 학교의 장은 학교폭력의 예방 및 대책 등을 위한 교직원 및 학부모에 대한 교육을 학기별로 1회 이상 실시하여야 한다. 〈개정 2012. 3. 21.〉

③ 학교의 장은 학교폭력을 예방하기 위하여 교사·학생·학부모 등 학교구성원이 학교폭력에 대한 책임을 인식하고 실천할 수 있도록 필요한 사항을 정하여 운영할 수 있다. 〈신설 2023. 10. 24.〉

④ 학교의 장은 제1항에 따른 학교폭력 예방교육 프로그램의 구성 및 그

운용 등을 전담기구와 협의하여 전문단체 또는 전문가에게 위탁할 수 있다. 〈개정 2023. 10. 24.〉

⑤ 교육장은 제1항, 제2항 및 제4항에 따른 학교폭력 예방교육 프로그램의 구성과 운용계획을 학부모가 쉽게 확인할 수 있도록 휴대전화를 이용한 문자메시지 전송, 인터넷 홈페이지 게시 및 그 밖에 다양한 방법으로 학부모에게 홍보하여 참여가 활성화될 수 있도록 노력하여야 한다. 〈개정 2012. 1. 26., 2023. 10. 24.〉

⑥ 교육부장관은 학교폭력 예방 및 대책 등에 관한 홍보영상을 제작하여 「방송법」 제2조제3호에 따른 방송사업자에게 배포하고 송출을 요청할 수 있다. 〈신설 2023. 10. 24.〉

⑦ 그 밖에 학교폭력 예방교육의 실시와 관련한 사항은 대통령령으로 정한다. 〈개정 2011. 5. 19., 2023. 10. 24.〉

[제목개정 2011. 5. 19.]

제16조(피해학생의 보호) ① 심의위원회는 피해학생의 보호를 위하여 필요하다고 인정하는 때에는 피해학생에 대하여 다음 각 호의 어느 하나에 해당하는 조치(수 개의 조치를 동시에 부과하는 경우를 포함한다)를 할 것을 교육장(교육장이 없는 경우 제12조제1항에 따라 조례로 정한 기관의 장으로 한다. 이하 같다)에게 요청할 수 있다. 다만, 학교의 장은 학교폭력사건을 인지한 경우 피해학생의 반대의사 등 대통령령으로 정하는 특별한 사정이 없으면 지체 없이 가해자(교사를 포함한다)와 피해학생을 분리하여야 하며, 피해학생이 긴급보호를 요청하는 경우에는 제1호부터 제3호까지 및 제6호의 조치를 할 수 있다. 이 경우 학교의 장은 심의위원회에 즉시 보고하여야 한다. 〈개정 2012. 3. 21., 2017. 4. 18., 2019. 8. 20., 2020. 12. 22., 2021. 3. 23., 2023. 10. 24.〉

1. 학내외 전문가에 의한 심리상담 및 조언
2. 일시보호
3. 치료 및 치료를 위한 요양
4. 학급교체
5. 삭제 〈2012. 3. 21.〉

6. 그 밖에 피해학생의 보호를 위하여 필요한 조치

② 심의위원회는 제1항에 따른 조치를 요청하기 전에 피해학생 및 그 보호자에게 의견진술의 기회를 부여하는 등 적정한 절차를 거쳐야 한다. 〈신설 2012. 3. 21., 2019. 8. 20.〉

③ 제1항에 따른 요청이 있는 때에는 교육장은 피해학생의 보호자의 동의를 받아 7일 이내에 해당 조치를 하여야 한다. 〈개정 2012. 3. 21., 2019. 8. 20.〉

④ 제1항의 조치 등 보호가 필요한 학생에 대하여 학교의 장이 인정하는 경우 그 조치에 필요한 결석을 출석일수에 포함하여 계산할 수 있다. 〈개정 2012. 3. 21., 2021. 3. 23.〉

⑤ 학교의 장은 성적 등을 평가하는 경우 제3항에 따른 조치로 인하여 학생에게 불이익을 주지 아니하도록 노력하여야 한다. 〈개정 2012. 3. 21., 2021. 3. 23.〉

⑥ 피해학생이 전문단체나 전문가로부터 제1항제1호부터 제3호까지의 규정에 따른 상담 등을 받는 데에 사용되는 비용은 가해학생의 보호자가 부담하여야 한다. 다만, 피해학생의 신속한 치료를 위하여 학교의 장 또는 피해학생의 보호자가 원하는 경우에는 「학교안전사고 예방 및 보상에 관한 법률」제15조에 따른 학교안전공제회 또는 시·도교육청이 부담하고 이에 대한 상환청구권을 행사할 수 있다. 〈개정 2012. 1. 26., 2012. 3. 21., 2021. 3. 23.〉

1. 삭제 〈2012. 3. 21.〉

2. 삭제 〈2012. 3. 21.〉

⑦ 학교의 장 또는 피해학생의 보호자는 필요한 경우 「학교안전사고 예방 및 보상에 관한 법률」 제34조의 공제급여를 학교안전공제회에 직접 청구할 수 있다. 〈신설 2012. 1. 26., 2012. 3. 21.〉

⑧ 피해학생의 보호 및 제6항에 따른 지원범위, 상환청구범위, 지급절차 등에 필요한 사항은 대통령령으로 정한다. 〈신설 2012. 3. 21., 2021. 3. 23.〉

제16조의2(장애학생의 보호) ① 누구든지 장애 등을 이유로 장애학생에게 학교폭력을 행사하여서는 아니 된다.

② 심의위원회는 피해학생 또는 가해학생이 장애학생인 경우 심의과정에 「장애인 등에 대한 특수교육법」 제2조제4호에 따른 특수교육교원 등 특수

교육 전문가 또는 장애인 전문가를 출석하게 하거나 서면 등의 방법으로 의견을 청취할 수 있다. 〈신설 2020. 12. 22.〉

③ 심의위원회는 학교폭력으로 피해를 입은 장애학생의 보호를 위하여 장애인전문 상담가의 상담 또는 장애인전문 치료기관의 요양 조치를 학교의 장에게 요청할 수 있다. 〈개정 2019. 8. 20., 2020. 12. 22.〉

④ 제3항에 따른 요청이 있는 때에는 학교의 장은 해당 조치를 하여야 한다. 이 경우 제16조제6항을 준용한다. 〈개정 2012. 3. 21., 2020. 12. 22.〉

[본조신설 2009. 5. 8.]

제16조의3(피해학생 지원 조력인) ① 교육감 또는 교육장은 피해학생 지원을 위하여 피해학생이 필요로 하는 법률, 상담, 보호 등을 위한 서비스 및 지원기관을 연계하는 조력인(이하 "피해학생 지원 조력인"이라 한다)을 지정할 수 있다.

② 교육감 또는 교육장은 피해학생 지원 조력인의 운영을 위한 행정적·재정적 지원을 하여야 한다.

③ 피해학생 지원 조력인의 지정 및 운영에 관한 사항은 대통령령으로 정한다.

[본조신설 2023. 10. 24.]

제16조의4(사이버폭력의 피해자 지원) ① 국가는 사이버폭력에 해당하는 촬영물, 음성물, 복제물, 편집물, 개인정보, 허위사실 등(이하 이 조에서 "촬영물등"이라 한다)이 정보통신망에 유포되어 피해(촬영물등의 대상자가 되어 입은 피해를 말한다)를 입은 학생에 대하여 촬영물등의 삭제를 위한 지원을 할 수 있다.

② 제1항에 따른 피해학생, 그 보호자 또는 피해학생이나 보호자가 지정하는 대리인은 국가에 촬영물등의 삭제를 위한 지원을 요청할 수 있다. 이 경우 피해학생이나 그 보호자가 지정하는 대리인은 대통령령으로 정하는 요건을 갖추어 삭제지원을 요청하여야 한다.

③ 제1항에 따른 촬영물등 삭제지원에 소요되는 비용은 사이버폭력의 가해학생 또는 그 보호자가 부담한다.

④ 국가가 제1항에 따라 촬영물등 삭제지원에 소요되는 비용을 지출한 경

우 사이버폭력의 가해학생 또는 그 보호자에게 상환청구권을 행사할 수 있다.

⑤ 제1항 및 제2항에 따른 촬영물등 삭제지원의 내용·방법, 제4항에 따른 상환청구권 행사의 절차·방법 등에 필요한 사항은 대통령령으로 정한다.

[본조신설 2023. 10. 24.]

제17조(가해학생에 대한 조치) ① 심의위원회는 피해학생의 보호와 가해학생의 선도·교육을 위하여 가해학생에 대하여 다음 각 호의 어느 하나에 해당하는 조치(수 개의 조치를 동시에 부과하는 경우를 포함한다)를 할 것을 교육장에게 요청하여야 하며, 각 조치별 적용 기준은 대통령령으로 정한다. 다만, 퇴학처분은 의무교육과정에 있는 가해학생에 대하여는 적용하지 아니한다. 〈개정 2009. 5. 8., 2012. 1. 26., 2012. 3. 21., 2019. 8. 20., 2021. 3. 23., 2023. 10. 24.〉

1. 피해학생에 대한 서면사과
2. 피해학생 및 신고·고발 학생에 대한 접촉, 협박 및 보복행위(정보통신망을 이용한 행위를 포함한다)의 금지
3. 학교에서의 봉사
4. 사회봉사
5. 학내외 전문가, 교육감이 정한 기관에 의한 특별 교육이수 또는 심리치료
6. 출석정지
7. 학급교체
8. 전학
9. 퇴학처분

② 제1항에 따라 심의위원회가 교육장에게 가해학생에 대한 조치를 요청할 때 그 이유가 피해학생이나 신고·고발 학생에 대한 협박 또는 보복행위(정보통신망을 이용한 행위를 포함한다)일 경우에는 같은 항 제6호부터 제9호까지의 조치를 동시에 부과하거나 조치 내용을 가중할 수 있다. 〈신설 2012. 3. 21., 2019. 8. 20., 2021. 3. 23., 2023. 10. 24.〉

③ 제1항제2호부터 제4호까지 및 제6호부터 제8호까지의 처분을 받은 가해학생은 교육감이 정한 기관(대안교육기관을 포함한다)에서 특별교육을 이수하거나 심리치료를 받아야 하며, 그 기간은 심의위원회에서 정한다. 〈개

정 2012. 1. 26., 2012. 3. 21., 2019. 8. 20., 2023. 10. 24.〉

④ 학교의 장은 학교폭력을 인지한 경우 지체 없이 제1항제2호의 조치를 하여야 한다. 〈신설 2023. 10. 24.〉

⑤ 학교의 장은 피해학생의 보호와 가해학생의 선도·교육이 긴급하다고 인정할 경우 우선 제1항제1호, 제3호, 제5호부터 제7호까지의 조치를 각각 또는 동시에 부과할 수 있다. 이 경우 심의위원회에 즉시 보고하여 추인을 받아야 한다. 〈개정 2012. 1. 26., 2012. 3. 21., 2019. 8. 20., 2021. 3. 23., 2023. 10. 24.〉

⑥ 학교의 장은 피해학생 및 그 보호자가 요청할 경우 전담기구 심의를 거쳐 제1항제6호 또는 제7호의 조치를 할 수 있다. 이 경우 심의위원회에 즉시 보고하여 추인을 받아야 한다. 〈신설 2023. 10. 24.〉

⑦ 제5항 및 제6항에 따라 학교의 장이 부과하는 제1항제6호 조치의 기간은 심의위원회 조치 결정시까지로 정할 수 있다. 〈신설 2023. 10. 24.〉

⑧ 심의위원회는 제1항 또는 제2항에 따른 조치를 요청하기 전에 가해학생 및 보호자에게 의견진술의 기회를 부여하는 등 적정한 절차를 거쳐야 한다. 〈개정 2012. 3. 21., 2019. 8. 20., 2023. 10. 24.〉

⑨ 제1항에 따른 요청이 있는 때에는 교육장은 14일 이내에 해당 조치를 하여야 한다. 〈개정 2012. 1. 26., 2012. 3. 21., 2019. 8. 20., 2023. 10. 24.〉

⑩ 학교의 장이 제4항부터 제6항까지에 따른 조치를 한 때에는 가해학생과 그 보호자에게 이를 통지하여야 하며, 가해학생이 이를 거부하거나 회피하는 때에는 학교의 장은 「초·중등교육법」 제18조에 따라 징계하여야 한다. 〈개정 2012. 3. 21., 2019. 8. 20., 2023. 10. 24.〉

⑪ 제1항제2호의 처분을 받은 가해학생의 보호자는 가해학생이 해당 조치를 적절히 이행할 수 있도록 노력하여야 한다. 〈신설 2023. 10. 24.〉

⑫ 가해학생이 제1항제3호부터 제5호까지의 규정에 따른 조치를 받은 경우 이와 관련된 결석은 학교의 장이 인정하는 때에는 이를 출석일수에 포함하여 계산할 수 있다. 〈개정 2012. 1. 26., 2012. 3. 21., 2021. 3. 23., 2023. 10. 24.〉

⑬ 심의위원회는 가해학생이 특별교육을 이수할 경우 해당 학생의 보호자

도 함께 교육을 받게 하여야 하며, 피해학생이 장애학생일 경우 장애인식 개선 교육내용을 포함하여야 한다. 〈개정 2012. 3. 21., 2019. 8. 20., 2023. 10. 24.〉

⑭ 가해학생이 다른 학교로 전학을 간 이후에는 전학 전의 피해학생 소속 학교로 다시 전학올 수 없도록 하여야 한다. 〈신설 2012. 1. 26., 2012. 3. 21., 2023. 10. 24.〉

⑮ 제1항제2호부터 제9호까지의 처분을 받은 학생이 해당 조치를 거부하거나 기피하는 경우 심의위원회는 제7항에도 불구하고 대통령령으로 정하는 바에 따라 추가로 다른 조치를 할 것을 교육장에게 요청할 수 있다. 〈신설 2012. 3. 21., 2019. 8. 20., 2023. 10. 24.〉

⑯ 피해학생 및 그 보호자는 제9항, 제10항 및 제15항에 따른 조치 또는 징계가 지연되거나 이행되지 아니할 경우 교육감에게 신고할 수 있으며, 신고하는 경우 교육감은 지체 없이 사실 여부를 확인하기 위하여 대통령령으로 정하는 바에 따라 교육장 또는 학교의 장을 조사하여야 한다. 〈신설 2024. 1. 9.〉

⑰ 가해학생에 대한 조치 및 제11조제6항에 따른 재입학 등에 관하여 필요한 사항은 대통령령으로 정한다. 〈신설 2012. 3. 21., 2023. 10. 24., 2024. 1. 9.〉

제17조의2(행정심판) ① 교육장이 제16조제1항 및 제17조제1항에 따라 내린 조치에 대하여 이의가 있는 피해학생 또는 그 보호자는 「행정심판법」에 따른 행정심판을 청구할 수 있다. 〈신설 2012. 3. 21., 2017. 11. 28., 2019. 8. 20.〉

② 교육장이 제17조제1항에 따라 내린 조치에 대하여 이의가 있는 가해학생 또는 그 보호자는 「행정심판법」에 따른 행정심판을 청구할 수 있다. 〈개정 2012. 3. 21., 2017. 11. 28., 2019. 8. 20.〉

③ 행정심판위원회는 피해학생 또는 그 보호자 및 피·가해학생의 소속 학교에 제2항에 따른 행정심판의 청구 사실을 통지하고 「행정심판법」 제20조에 따른 심판참가에 관한 사항을 문서로 안내하여야 한다. 〈신설 2023. 10. 24.〉

④ 제1항 및 제2항에 따른 행정심판청구에 필요한 사항은 「행정심판법」을 준용한다. 〈개정 2019. 8. 20., 2023. 10. 24.〉

⑤ 삭제 〈2019. 8. 20.〉

⑥ 삭제 〈2019. 8. 20.〉

[본조신설 2012. 1. 26.]

[제목개정 2019. 8. 20.]

제17조의3(행정소송) ① 교육장이 제16조제1항 및 제17조제1항에 따라 내린 조치에 대하여 이의가 있는 피해학생 또는 그 보호자는 「행정소송법」에 따른 행정소송을 제기할 수 있다.

② 교육장이 제17조제1항에 따라 내린 조치에 대하여 이의가 있는 가해학생 또는 그 보호자는 「행정소송법」에 따른 행정소송을 제기할 수 있다.

③ 교육장은 피·가해학생 또는 그 보호자 및 피·가해학생의 소속 학교에 제1항 및 제2항에 따른 행정소송의 제기 사실을 통지하고 「행정소송법」 제16조에 따른 소송참가에 관한 사항을 문서로 안내하여야 한다.

④ 제1항 및 제2항에 따른 행정소송 제기에 필요한 사항은 「행정소송법」을 준용한다.

[본조신설 2023. 10. 24.]

제17조의4(집행정지) ① 행정심판위원회 및 법원이 제17조제1항에 따른 조치에 대하여 「행정심판법」 제30조 또는 「행정소송법」 제23조에 따른 집행정지 결정을 하려는 경우에는 피해학생 또는 그 보호자의 의견을 청취하여야 한다. 다만, 피해학생 또는 그 보호자가 의견진술의 기회를 포기한다는 뜻을 명백히 표시한 경우 등에는 의견청취를 아니할 수 있다.

② 교육감 또는 교육장은 행정심판위원회 또는 법원으로부터 집행정지 신청 사실 및 그 결과를 통보받은 경우 피해학생 또는 그 보호자 및 피·가해학생의 소속 학교에 그 사실 및 결과를 통지하여야 한다.

③ 제17조제1항에 따른 조치에 대한 집행정지 신청이 인용된 경우, 피해학생 및 그 보호자는 학교의 장에게 가해학생과의 분리를 요청할 수 있고, 학교의 장은 전담기구 심의를 거쳐 가해학생과 피해학생을 분리하여야 한다.

④ 제1항에 따른 의견청취의 절차, 방법, 예외 등에 필요한 사항은 「행정심판법」 제30조에 따른 집행정지의 경우에는 대통령령으로 정하고, 「행정소송법」 제23조에 따른 집행정지의 경우에는 대법원규칙으로 정한다.

[본조신설 2023. 10. 24.]

제17조의5(재판기간에 관한 규정) 교육장이 제17조제1항에 따라 내린 조치에 대하여 이의가 있는 가해학생 또는 그 보호자가 「행정소송법」에 따른 행정소송을 제기한 경우 그 행정소송 사건의 재판은 다른 재판에 우선하여 신속히 하여야 하며, 그 판결의 선고는 제1심에서는 소가 제기된 날부터 90일 이내에, 제2심 및 제3심에서는 전심의 판결의 선고가 있은 날부터 각각 60일 이내에 하여야 한다.

[본조신설 2023. 10. 24.]

제18조(분쟁조정) ① 심의위원회는 학교폭력과 관련하여 분쟁이 있는 경우에는 그 분쟁을 조정할 수 있다. 〈개정 2019. 8. 20.〉

② 제1항에 따른 분쟁의 조정기간은 1개월을 넘지 못한다.

③ 학교폭력과 관련한 분쟁조정에는 다음 각 호의 사항을 포함한다. 〈개정 2019. 8. 20.〉

1. 피해학생과 가해학생간 또는 그 보호자 간의 손해배상에 관련된 합의조정
2. 그 밖에 심의위원회가 필요하다고 인정하는 사항

④ 심의위원회는 분쟁조정을 위하여 필요하다고 인정하는 때에는 관계 기관의 협조를 얻어 학교폭력과 관련한 사항을 조사할 수 있다. 〈개정 2019. 8. 20.〉

⑤ 심의위원회가 분쟁조정을 하고자 할 때에는 이를 피해학생·가해학생 및 그 보호자에게 통보하여야 한다. 〈개정 2019. 8. 20.〉

⑥ 시·도교육청 관할 구역 안의 소속 교육지원청이 다른 학생 간에 분쟁이 있는 경우에는 교육감이 직접 분쟁을 조정한다. 이 경우 제2항부터 제5항까지의 규정을 준용한다. 〈개정 2019. 8. 20.〉

⑦ 관할 구역을 달리하는 시·도교육청 소속 학교의 학생 간에 분쟁이 있는 경우에는 피해학생을 감독하는 교육감이 가해학생을 감독하는 교육감과의 협의를 거쳐 직접 분쟁을 조정한다. 이 경우 제2항부터 제5항까지의 규정을 준용한다. 〈개정 2019. 8. 20.〉

제19조(학교의 장의 의무) ① 학교의 장은 제16조, 제16조의2, 제17조에 따른 조치의 이행에 협조하여야 한다.

② 학교의 장은 학교폭력을 축소 또는 은폐해서는 아니 된다.

③ 학교의 장은 교육감에게 학교폭력이 발생한 사실과 제13조의2에 따라 학교의 장의 자체해결로 처리된 사건, 제16조, 제16조의2, 제17조 및 제18조에 따른 조치 및 그 결과를 보고하고, 관계 기관과 협력하여 교내 학교폭력 단체의 결성예방 및 해체에 노력하여야 한다.

④ 학교의 장은 학교폭력 예방을 위하여 필요한 경우 해당 학교의 학교폭력 현황을 조사하는 등 학교폭력 조기 발견 및 대처를 위하여 노력하여야 한다. 〈신설 2023. 10. 24.〉

[전문개정 2019. 8. 20.]

제20조(학교폭력의 신고의무) ① 학교폭력 현장을 보거나 그 사실을 알게 된 자는 학교 등 관계 기관에 이를 즉시 신고하여야 한다.

② 제1항에 따라 신고를 받은 기관은 이를 가해학생 및 피해학생의 보호자와 소속 학교의 장에게 통보하여야 한다. 〈개정 2009. 5. 8.〉

③ 제2항에 따라 통보받은 소속 학교의 장은 이를 심의위원회에 지체 없이 통보하여야 한다. 〈신설 2009. 5. 8., 2019. 8. 20.〉

④ 누구라도 학교폭력의 예비·음모 등을 알게 된 자는 이를 학교의 장 또는 심의위원회에 고발할 수 있다. 다만, 교원이 이를 알게 되었을 경우에는 학교의 장에게 보고하고 해당 학부모에게 알려야 한다. 〈개정 2009. 5. 8., 2012. 1. 26., 2019. 8. 20.〉

⑤ 누구든지 제1항부터 제4항까지에 따라 학교폭력을 신고한 사람에게 그 신고행위를 이유로 불이익을 주어서는 아니 된다. 〈신설 2012. 3. 21.〉

제20조의2(긴급전화의 설치 등) ① 국가 및 지방자치단체는 학교폭력을 수시로 신고받고 이에 대한 상담에 응할 수 있도록 긴급전화를 설치하여야 한다.

② 국가와 지방자치단체는 제1항에 따른 긴급전화의 설치·운영을 대통령령으로 정하는 기관 또는 단체에 위탁할 수 있다. 〈신설 2012. 1. 26.〉

③ 제1항과 제2항에 따른 긴급전화의 설치·운영·위탁에 필요한 사항은 대통령령으로 정한다. 〈개정 2012. 1. 26.〉

[본조신설 2009. 5. 8.]

제20조의3 삭제 〈2023. 10. 24.〉

제20조의4(정보통신망의 이용 등) ① 국가·지방자치단체 또는 교육감은 학교폭력 예방 업무 등을 효과적으로 수행하기 위하여 필요한 경우 정보통신망을 이용할 수 있다.

② 국가·지방자치단체 또는 교육감은 제1항에 따라 정보통신망을 이용하여 학교 또는 학생(학부모를 포함한다)이 학교폭력 예방 업무 등을 수행하는 경우 다음 각 호의 어느 하나에 해당하는 비용의 전부 또는 일부를 지원할 수 있다.

1. 학교 또는 학생(학부모를 포함한다)이 전기통신설비를 구입하거나 이용하는 데 소요되는 비용
2. 학교 또는 학생(학부모를 포함한다)에게 부과되는 전기통신역무 요금

③ 그 밖에 정보통신망의 이용 등에 관하여 필요한 사항은 대통령령으로 정한다.

[본조신설 2012. 3. 21.]

제20조의5(학생보호인력의 배치 등) ① 국가·지방자치단체 또는 학교의 장은 학교폭력을 예방하기 위하여 학교 내에 학생보호인력을 배치하여 활용할 수 있다.

② 다음 각 호의 어느 하나에 해당하는 사람은 학생보호인력이 될 수 없다. 〈신설 2013. 7. 30., 2021. 3. 23.〉

1. 「국가공무원법」 제33조 각 호의 어느 하나에 해당하는 사람
2. 「아동·청소년의 성보호에 관한 법률」에 따른 아동·청소년대상 성범죄 또는 「성폭력범죄의 처벌 등에 관한 특례법」에 따른 성폭력범죄를 저질러 벌금형을 선고받고 그 형이 확정된 날부터 10년이 지나지 아니하였거나, 금고 이상의 형이나 치료감호를 선고받고 그 집행이 끝나거나 집행이 유예·면제된 날부터 10년이 지나지 아니한 사람
3. 「청소년 보호법」 제2조제5호가목3) 및 같은 목 7)부터 9)까지의 청소년 출입·고용금지업소의 업주나 종사자

③ 국가·지방자치단체 또는 학교의 장은 제1항에 따른 학생보호인력의 배치 및 활용 업무를 관련 전문기관 또는 단체에 위탁할 수 있다. 〈개정 2013. 7. 30.〉

④ 제3항에 따라 학생보호인력의 배치 및 활용 업무를 위탁받은 전문기관 또는 단체는 그 업무를 수행하는 경우 학교의 장과 충분히 협의하여야 한다. 〈개정 2013. 7. 30., 2021. 3. 23.〉

⑤ 국가·지방자치단체 또는 학교의 장은 학생보호인력으로 배치하고자 하는 사람의 동의를 받아 경찰청장에게 그 사람의 범죄경력을 조회할 수 있다. 〈신설 2013. 7. 30.〉

⑥ 제3항에 따라 학생보호인력의 배치 및 활용 업무를 위탁받은 전문기관 또는 단체는 해당 업무를 위탁한 국가·지방자치단체 또는 학교의 장에게 학생보호인력으로 배치하고자 하는 사람의 범죄경력을 조회할 것을 신청할 수 있다. 〈신설 2013. 7. 30.〉

⑦ 학생보호인력이 되려는 사람은 국가·지방자치단체 또는 학교의 장에게 제2항 각 호의 어느 하나에 해당하지 아니한다는 확인서를 제출하여야 한다. 〈신설 2013. 7. 30.〉

[본조신설 2012. 3. 21.]

제20조의6(학교전담경찰관) ① 국가는 학교폭력 예방 및 근절을 위하여 학교폭력 업무 등을 전담하는 경찰관을 둘 수 있다.

② 제1항에 따른 학교전담경찰관의 운영에 필요한 사항은 대통령령으로 정한다.

[본조신설 2017. 11. 28.]

[종전 제20조의6은 제20조의7로 이동 〈2017. 11. 28.〉]

제20조의7(영상정보처리기기의 통합 관제) ① 국가 및 지방자치단체는 학교폭력 예방 업무를 효과적으로 수행하기 위하여 교육감과 협의하여 학교 내외에 설치된 영상정보처리기기(「개인정보 보호법」 제2조제7호에 따른 고정형 영상정보처리기기를 말한다. 이하 이 조에서 같다)를 통합하여 관제할 수 있다. 이 경우 국가 및 지방자치단체는 통합 관제 목적에 필요한 범위에서 최소한의 개인정보만을 처리하여야 하며, 그 목적 외의 용도로 활용하여서는 아니 된다. 〈개정 2023. 3. 14.〉

② 제1항에 따라 영상정보처리기기를 통합 관제하려는 국가 및 지방자치단체는 공청회·설명회의 개최 등 대통령령으로 정하는 절차를 거쳐 관계 전

문가 및 이해관계인의 의견을 수렴하여야 한다.

③ 제1항에 따라 학교 내외에 설치된 영상정보처리기기가 통합 관제되는 경우 해당 학교의 영상정보처리기기운영자는 「개인정보 보호법」 제25조제4항에 따른 조치를 통하여 그 사실을 정보주체에게 알려야 한다.

④ 통합 관제에 관하여 이 법에서 규정한 것을 제외하고는 「개인정보 보호법」을 적용한다.

⑤ 그 밖에 영상정보처리기기의 통합 관제에 필요한 사항은 대통령령으로 정한다.

[본조신설 2012. 3. 21.]

[제20조의6에서 이동 〈2017. 11. 28.〉]

제21조(비밀누설금지 등) ① 이 법에 따라 학교폭력의 예방 및 대책과 관련된 업무를 수행하거나 수행하였던 사람은 그 직무로 인하여 알게 된 비밀 또는 가해학생·피해학생 및 제20조에 따른 신고자·고발자와 관련된 자료를 누설하여서는 아니 된다. 〈개정 2012. 1. 26., 2021. 3. 23.〉

② 제1항에 따른 비밀의 구체적인 범위는 대통령령으로 정한다.

③ 제16조, 제16조의2, 제17조, 제17조의2, 제18조에 따른 심의위원회의 회의는 공개하지 아니한다. 다만, 피해학생·가해학생 또는 그 보호자가 회의록의 열람·복사 등 회의록 공개를 신청한 때에는 학생과 그 가족의 성명, 주민등록번호 및 주소, 위원의 성명 등 개인정보에 관한 사항을 제외하고 공개하여야 한다. 〈개정 2011. 5. 19., 2012. 3. 21., 2019. 8. 20.〉

제21조의2(「지방교육자치에 관한 법률」에 관한 특례) 교육장은 「지방교육자치에 관한 법률」 제35조에도 불구하고 이 법에 따른 고등학교에서의 학교폭력 피해학생 보호, 가해학생 선도·교육 및 피해학생과 가해학생 간의 분쟁조정 등에 관한 사무를 위임받아 수행할 수 있다.

[본조신설 2019. 8. 20.]

제22조(벌칙) 제21조제1항을 위반한 자는 1년 이하의 징역 또는 1천만원 이하의 벌금에 처한다.

[전문개정 2017. 11. 28.]

제23조(과태료) ① 제17조제13항에 따른 심의위원회의 교육 이수 조치를 따르지

아니한 보호자에게는 300만원 이하의 과태료를 부과한다. 〈개정 2019. 8. 20., 2023. 10. 24.〉

② 제1항에 따른 과태료는 대통령령으로 정하는 바에 따라 교육감이 부과·징수한다.

[본조신설 2017. 11. 28.]

부칙 〈제19942호, 2024. 1. 9.〉

이 법은 2024년 3월 1일부터 시행한다.

학교폭력 가해학생 조치별 적용 세부 기준

<table>
<tr><th colspan="5" rowspan="2"></th><th colspan="5">기본 판단 요소</th><th colspan="2">부가적 판단 요소</th></tr>
<tr><th>학교 폭력의 심각성</th><th>학교 폭력의 지속성</th><th>학교 폭력의 고의성</th><th>가해 학생의 반성 정도</th><th>화해 정도</th><th>해당 조치로 인한 가해학생의 선도 가능성</th><th>피해학생이 장애학생인지 여부</th></tr>
<tr><td colspan="3" rowspan="5">판정점수</td><td colspan="2">4점</td><td>매우 높음</td><td>매우 높음</td><td>매우 높음</td><td>없음</td><td>없음</td><td rowspan="14">해당점수에 따른 조치에도 불구하고 가해학생의 선도가능성 및 피해학생의 보호를 고려하여 시행령 제14조제5항에 따라 학교폭력 대책심의위원회 출석위원 과반수의 찬성으로 가해학생에 대한 조치를 가중 또는 경감할 수 있음</td><td rowspan="14">피해학생이 장애학생인 경우 가해학생에 대한 조치를 가중할 수 있음</td></tr>
<tr><td colspan="2">3점</td><td>높음</td><td>높음</td><td>높음</td><td>낮음</td><td>낮음</td></tr>
<tr><td colspan="2">2점</td><td>보통</td><td>보통</td><td>보통</td><td>보통</td><td>보통</td></tr>
<tr><td colspan="2">1점</td><td>낮음</td><td>낮음</td><td>낮음</td><td>높음</td><td>높음</td></tr>
<tr><td colspan="2">0점</td><td>없음</td><td>없음</td><td>없음</td><td>매우 높음</td><td>매우 높음</td></tr>
<tr><td rowspan="9">가해학생에 대한 조치</td><td colspan="2" rowspan="3">교내 선도</td><td>1호</td><td>피해학생에 대한 서면사과</td><td colspan="5">1~3점</td></tr>
<tr><td>2호</td><td>피해학생 및 신고 · 고발 학생에 대한 접촉, 협박 및 보복행위의 금지</td><td colspan="5">피해학생 및 신고 · 고발학생의 보호에 필요하다고 심의위원회가 의결할 경우</td></tr>
<tr><td>3호</td><td>학교에서의 봉사</td><td colspan="5">4~6점</td></tr>
<tr><td colspan="2" rowspan="2">외부 기관 연계 선도</td><td>4호</td><td>사회봉사</td><td colspan="5">7~9점</td></tr>
<tr><td>5호</td><td>학내외 전문가에 의한 특별 교육 이수 또는 심리치료</td><td colspan="5">가해학생 선도 · 교육에 필요하다고 심의위원회가 의결할 경우</td></tr>
<tr><td rowspan="4">교육 환경 변화</td><td rowspan="2">교내</td><td>6호</td><td>출석정지</td><td colspan="5">10~12점</td></tr>
<tr><td>7호</td><td>학급 교체</td><td colspan="5">13~15점</td></tr>
<tr><td rowspan="2">교외</td><td>8호</td><td>전학</td><td colspan="5">16~20점</td></tr>
<tr><td>9호</td><td>퇴학처분</td><td colspan="5">16~20점</td></tr>
</table>

부록

나는 학교폭력 유형을 어느 정도 알고 있는가

※ 다음 자가 점검표는 학교폭력 유형을 어느 정도 이해하고 있는지 살펴보기 위한 것입니다. 내용을 읽어 보시고, 선택한 학교폭력 유형의 번호를 적어 주세요.

① 신체폭력 ② 언어폭력 ③ 금품갈취 ④ 강요 ⑤ 따돌림 ⑥ 성폭력 ⑦ 사이버폭력 ex.) 신체폭력이면 ①, 따돌림이면 ⑤		
1	목을 졸라 기절시키고 깨어나면 때리고 다시 기절시키는 행동 반복	
2	아무 이유 없이, 지나가면서 하루에도 몇 번씩 머리를 때림	
3	'5만 원 가지고 놀이터로 오지 않으면 죽어.'라고 문자를 보냄	
4	싸움 잘하는 학생이 약한 학생에게 자신의 청소를 대신 시킴	
5	말을 듣지 않으면 끌고 가서 때리겠다고 함	
6	돈을 갚을 확실한 약속 없이 자꾸 빌려 달라고 하고 갚지 않는 경우	
7	"나는 네가 너무 재수 없어."라는 말을 상대방 학생을 볼 때마다 함	
8	종이에 "죽여 버리겠다.", "몸 조심해"라는 말을 적어 보냄	
9	뒷담화를 했다며, 가서 다짜고짜 때림	
10	"넌 얼굴이 너무 환자같이 생겨서 기분 나빠."라고 말함	
11	학교 짱이 학생들에게 2,000원씩 일괄적으로 걷어 오라고 시킴	
12	마주칠 때마다 '빼큐(fuck you)'를 하며, 주먹을 쥐고 무서운 표정을 지음	
13	사이버상에서 자신의 게임 아이템을 상대방에게 대신 키우도록 협박	
14	야한 동영상을 캡처하여 자신이 싫어하는 학생에게 이메일로 보냄	
15	싫은 학생의 운동화에 락스를 부음	
16	지나갈 때 부딪히는 척하면서 가슴을 만지는 행동을 두세 번 반복함	
17	조별 숙제를 하면서 같은 반 학생들이 한 학생을 의도적으로 배제시킴	

18	선배가 자신의 생일이라고 비싼 선물을 달라고 해서 운동화를 사 줌	
19	싫어하는 학생의 가방에 여러 번 뱀 모양의 모형을 넣어 두어서 놀라게 함	
20	여러 명이 한 명의 학생이랑 놀지 말자면서 인사도 받지 않음	
21	"쟤네 집은 가난해서 놀이공원도 가지 못할 거야."라고 소문을 냄	
22	수업 시간에 바로 뒷자리에서 샤프나 볼펜으로 계속 찌름	
23	학교 화장실에서 일진 신고식을 한다면서 학생들 뺨을 때림	
24	일부러 이상한 소문을 내서 다른 학생들이 피해학생을 싫어하도록 조장함	
25	게임 아이템을 주지 않으면 '가만두지 않겠다.'고 협박하여 빼앗음	

문항	1	2	3	4	5	6	7	8	9	10	11	12	13
정답	①	①	⑦	④	②	③	②	②	①	②	③	②	④
문항	14	15	16	17	18	19	20	21	22	23	24	25	
정답	⑦	③	⑥	⑤	③	⑤	⑤	②	①	①	⑤	③	

출처: 교육과학기술부(2012). 학교폭력 근절을 위한 종합대책.

참고문헌

강유정, 박진희, 정동희(2017). 영유아교사 인성교육의 이론과 실제. 서울: 동문사.

곽금주(2004). 학교폭력 예방 및 대처: 학교폭력대책국민운동 추진을 위한 전문가 워크숍 자료집. 학교폭력대책국민협의회.

관계부처 합동(2005). 제1차 학교폭력 예방 및 대책 5개년 기본계획.

관계부처 합동(2009). 제2차 학교폭력 예방 및 대책 5개년 기본계획.

관계부처 합동(2014). 제3차 학교폭력 예방 및 대책 5개년 기본계획.

관계부처 합동(2020). 제4차 학교폭력 예방 및 대책 5개년 기본계획.

교육과학기술부(2012). 학교폭력 사안대응 기본지침(총괄). 서울: 교육과학기술부.

교육과학기술부(2012). 학교폭력 근절을 위한 종합대책. 서울: 교육과학기술부.

교육부(2012). 학교폭력 전수조사 결과. 서울: 교육부.

교육부(2014). 학교폭력 사안처리 가이드북. 서울: 교육부.

교육부(2015). 초등학생 맞춤형 학교폭력 대책(안). 서울: 교육부.

교육부(2020). 인성교육 종합계획[2021~2025]. 서울: 교육부.

교육부(2022). 2022년 1차 학교폭력 실태조사 결과 발표. 교육부 보도자료(2022.9.6.화).

교육부(2023). 2023년 1차 학교폭력 실태조사 결과 발표. 교육부 보도자료(2023.12.14.목).

교육부(2019). 우리아이를 위한 사이버폭력 예방 도우미(학부모 교육자료).

교육부(2019). 학교 내 성희롱·성폭력 대응 매뉴얼. 서울: 교육부.

교육부(2024). 학교폭력 사안처리 가이드북.

교육부·이화여자대학교 학교폭력예방연구소(2024). 학교폭력 사안처리 가이드북. 교육부·이화여자대학교 학교폭력예방연구소.

국가법령정보센터 「성폭력범죄의 처벌 등에 관한 특례법」 http://www.law.go.kr.

국가법령정보센터 「성폭력범죄의 처벌 및 피해자보호 등에 관한 법률」 http://www.law.go.kr.

권동택, 최지연, 김한별, 이태석(2012). 교원양성, 임용, 연수에서의 인성교육 강화방안 연구. 교육과학기술부. 충청북도교육청.

권정생(2006). 길 아저씨 손 아저씨. 경기: 국민서관.

김경은, 윤혜미(2012). 청소년의 사이버폭력에 관련된 생태체계변인의 영향. 청소년복지연구.

김다현, 임성숙, 정석환(2013). 학교폭력의 예방과 대책. 서울: 동문사.

김선애(2003). 초등학생의 학교폭력 실태와 경향에 대한 연구. 한국생활과학회지, 12(3), 321-336.

김언지(2005). 청소년의 대인관계경험이 학교폭력에 미치는 영향. 석사학위논문, 대구대학교

대학원.

김윤환(1997). 인성교육의 이해, 아이들이 달라졌어요. 새교실(1월호), 1-10.

김은하, 고홍월, 조애리, 조원국(2017). 학교 생활지도와 상담. 서울: 학지사.

김종연(2006). 중학교 인성교육의 실태와 개선방안에 관한 연구. 석사학위논문, 경주대학교 교육대학원.

김주희(2012). 먹통가족의 소통캠프. 서울: 길벗스쿨.

김춘경, 이수연, 이윤주, 정종진, 최웅용(2016). 상담학 사전. 서울: 학지사.

대한민국전자민원. https://help.scourt.go.kr.

데일리한국(2015). 온라인으로 확대된 은밀한 폭력 '사이버 왕따'(2015. 12. 19 기사)

동아일보(2014). 1년간 왕따 시달린 美10대, 결국 세상 등져(2014. 3.28.)

문용린(2006). 학교폭력예방과 상담. 서울: 학지사.

문재현(2012). 학교폭력 멈춰!. 서울: 살림터.

박교선(2009). 효과적인 생활지도 및 학교폭력 예방. 생활지도 장학자료, 경기도 포천교육청.

박범규(2009). 학교폭력의 심리적 원인과 그 대책. 인권복지연구, 5, 27-57.

박성희, 김경수, 김기종, 남윤미, 이동갑, 이재용, 장희화(2012a). 학교폭력 상담 1:초등학교편. 서울: 학지사.

박성희, 김경수, 김기종, 남윤미, 이동갑, 이재용, 장희화(2012b). 학교폭력 상담 2:중학교편. 서울: 학지사.

박성희, 김경수, 김기종, 남윤미, 이동갑, 이재용, 장희화(2012c). 학교폭력 상담 3:고등학교편. 서울: 학지사.

박효정(2013). 노르웨이의 학교폭력 실태와 대책, 그리고 한국교육에서의 시사점. 서울: 한국교육개발원.

방송통신심의위원회(2008). 사이버권리 침해 대응 안내서.

법제처. https://www.moleg.go.kr.

보안뉴스(2020). 인터넷 3명 중 1명이 사이버폭력 가해 또는 피해를 경험했다(2020. 2. 1. 기사)

송선희, 김항중, 박미진, 이현주(2017). 생활지도와 학교폭력의 이해. 서울: 학지사.

송재홍, 김광수, 박성희, 안이환, 오익수, 은혁기, 정종진, 조붕환, 홍종관, 황매향(2016). 학교폭력의 예방과 상담:이론과 실제(2판). 서울: 학지사.

송재홍, 김광수, 박성희, 안이환, 오익수, 은혁기, 정종진, 조붕환, 홍종관, 황매향(2013). 학교폭력의 예방 및 대책. 서울: 학지사.

신재한, 장기덕, 조용개(2017). 학교폭력예방 및 학생의 이해. 파주: 양성원.

신재흡(2017). 학교폭력 예방과 학생의 이해. 서울: 동문사.

양명희, 김희정, 임유경(2018). 유아교사를 위한 학교폭력 예방과 학생의 이해. 서울: 학지사.

에듀인뉴스(2020). [에듀인 현장] 학교폭력 취약 여학생, 이들을 구하려면? (2020. 7.13 기사)

여성가족부, 한국양성평등교육진흥원(2019). 이제는 알아야 할 폭력예방교육 사례 모음집. 서울: 여성가족부.

오혜영 외(2009). 학교폭력 (학부모개입 지침서 5). 한국청소년상담복지개발원(구 청소년상담원).

우현옥(2015). 세상에서 가장 맛있는 밥. 경기: 키위북스(어린이).

원혜옥, 김자용(2009). 학교폭력 피해청소년 보호조치의 문제점 및 개선방안. 피해자학연구, 17(1), 291-311.

윤정진, 김병만, 김성원, 김정주, 김형재, 엄세진(2017). 인성교육의 이론과 실제. 경기: 공동체.

윤태현(2017). 학교폭력예방 및 대책의 실효성 제고 방안: 학교폭력예방 및 대책에 관한 법률 검토를 중심으로. 박사학위논문, 한양대학교 법학전문대학원.

이승현(2012). 학교폭력예방 및 대책에 관한 법률의 개정내용 및 개선방안. 형사정책연구, 23(2), 157-190.

이인학, 이기영, 류관열, 김도진, 김숙복, 신은정, 최성열(2017). 학교폭력 예방 및 학생의 이해. 경기도: 공동체.

임영식(1998). 청소년의 학교폭력에 영향을 미치는 요인에 관한 연구. 청소년학연구, 5(3), 1-26.

자녀 안심하고 학교보내기운동 국민재단(2012). 학교폭력 예방-교사용.

정미경(2008). 학교폭력 예방 프로그램 적용효과 분석 연구. 서울: 한국교육개발원.

정종진(2012). 제대로 알고 대처하는 학교폭력 상담. 서울: 학지사.

정한라(2013). 국내외 사이버폭력 사례 및 각국의 대응방안. Internet & Security Focus, 10월호, 31-46.

정현주, 김하나, 최보영(2012). 학교폭력 부모 지침서. 한국청소년상담원.

조남두(2014). 학교폭력 예방의 이론과 실제. 서울: 동문사.

조주영(2014). 청소년의 학교폭력 경험 유형 변화 및 사회정서변인 간의 관계. 석사학위논문, 이화여자대학교 교육대학원.

지영환(2013). 학교폭력학: 학교폭력예방과 해결 실마리. 서울: 그린.

천세영, 김왕준, 성기옥, 정일화, 김수아(2012). 인성교육 비전수립 및 실천방안 연구. 교육과학기술부정책연구 2012-41.

청소년폭력예방재단(1996). 학교폭력, 고통받는 아이들을 위해 무엇을 할 것인가?. 청소년폭력예방재단.

청소년폭력예방재단(2012). 2011년 전국 학교폭력 실태조사 연구(청예발간 12-001). 서울: 청예단.

한국교육개발원(2012). 2012년 2차 학교폭력 실태조사 결과보고서. 기술보고 TR 2012-94.
한국교육개발원(2014). 어울림 학교폭력예방 프로그램: 공감 중학교 학생용.
한국교육개발원(2014). 학교폭력예방 표준 프로그램 개발 연구.
한국교육개발원(2014). 학교폭력예방을 위한 학교문화 형성요인분석 연구.
한국교육개발원(2023). 2022년 1차 학교폭력 실태조사 분석보고서. (CTR2023-01)
한국교육학회(2001). 인성교육. 서울: 문음사.
한국초등상담교육학회(2013). 학교폭력의 예방 및 대책. 서울: 학지사.
한영경, 김은정(2011). 초기청소년기 관계적 공격성 하위유형의 특성 탐색. 한국심리학회지, 30(4), 985-1002.
황성숙(1998). 학교 내 집단 괴롭힘에 대한 일 연구: 실태 및 피해-가해의 중첩성을 중심으로. 고려대학교 대학원 석사학위논문.
황혜경, 윤희경, 김지영, 박호정, 김성화(2020). 학교폭력 예방 및 학생의 이해. 경기: 양서원.
황혜자, 김종운 공역(2006). 학교따돌림의 지도와 상담-여러 나라의 연구사례. 서울: 동문사.
1388 사이버청소년상담센터. https://www.cyber1388.kr:447

Gresham, F. M., & Elliott, S. N. (1990). *The Social Skills Rating System.* MN:American Guidance Service.
Lickona, T.(1993). The Return of Character Education. *Education Leadership*, 51(3), 6~11.
Olweus, D.(1993). *Bullying at school: What we know and what we can do.* Cambridge, MA: Blackwell Publishers.
Olweus, D.(1994). Annotation: Bullying at school: Basic facts and effects of a school based intervention program. *Journal of Child Psychology & Psychiatry & Allied Disciplines,* 35(7), 1171-1190.
Olweus, D.(2000). Norway. In P. K. Smith et al. (Eds.). *The nature of school bullying: A cross-national perspective*(pp. 22-48). London: Routledge.
pmg 지식엔진연구소(2010). 시사상식사전. 서울: 박문각.
Salmivalli, C., Poskiparta, E., Ahtola, A., & Haataja, A.(2013). The implemen tation and effectiveness of the KiVa antibullying program in Finland. *European Psychologist,* 18(2), 79-88.
Stetson, E. A., Hurley, A. M., & Miller, G. E. (2003). Can universal affective education program be used to promote empathy in elementary aged children? A review of five curricula. *Journal of Research in Character Education,* 1(2), 129-147.

저자소개

장기덕

교육학박사
계명대학교 대학원 교육상담 전공
현. 김천대학교 유아교육과 교수

강유정

교육학박사
계명대학교 대학원 교육이론 및 정책 전공
현. 대구공업대학교 유아교육과 교수

신연희

교육학박사
계명대학교 대학원 교육심리 및 공학 전공
현. 가야대학교 교육혁신원 교수학습지원센터 연구교수

최성열

교육학박사
계명대학교 대학원 교육심리 및 공학 전공
전. 경북과학대학교 유아교육과 교수

제2판

학교폭력예방 및 학생의 이해

초 판 1쇄 발행 2020년 9월 8일
제2판 1쇄 발행 2024년 8월 23일

지 은 이 | 장기덕 · 강유정 · 신연희 · 최성열
펴 낸 이 | 김기섭
편 집 인 | 이현남 · 최창숙
펴 낸 곳 | 창지사 www.changJisa.com
08589 서울시 금천구 가산디지털 1로 83 파트너스타워 1차 9층
전화 (02)719-2211~3
팩스 (02)701-9386
등 록 | 1977년 4월 28일 · 제1-421호

ISBN 978-89-426-1900-9 (93370)

값 24,000원